民法典时代 如何立遗嘱

CIVIL CODE ERA

HOW TO MAKE A WILL

陈洪忠 陈子钧 邢在峰◎著

【上篇】 解析遗嘱相关重要法律问题
【下篇】 精选经典案例巩固法律知识

中国法制出版社
CHINA LEGAL PUBLISHING HOUSE

序　言

作为“八五”普法规划重点内容，《民法典》要实施好，就必须让《民法典》走到群众身边、走进群众心里。要广泛开展《民法典》普法工作，将其作为“十四五”时期普法工作的重点来抓，引导群众认识到《民法典》既是保护自身权益的法典，也是全体社会成员都必须遵循的规范，养成自觉守法的意识，形成遇事找法的习惯，培养解决问题靠法的意识和能力。我国是世界上人口老龄化程度比较高的国家之一，老年人口数量较多，老龄化速度较快，应对人口老龄化任务繁重。有效应对我国人口老龄化，事关国家发展全局，事关亿万百姓福祉。

老年人如果没有留下遗嘱或者遗嘱无效，遗产按照法定继承处理。法定继承，是指根据法律的规定直接转移被继承人遗产的一种财产继承方式。根据《民法典》第1121条的规定，继承从被继承人死亡时开始。第1127条规定，遗产继承的第一顺序：配偶、子女、父母。第二顺序：兄弟姐妹、祖父母、外祖父母。继承开始后，由第一顺序继承人继承，第二顺序继承人不继承。没有第一顺序继承人继承的，由第二顺序继承人继承。《民法典》第1128条规定完善了法定继承中的代位继承制度。即在原《继承法》第11条规定的基础上，增加了旁系血亲的代位继承权。《民法典》也进一步明确了代位继承的遗产份额——“代位继承人一般只能继承被代位继承人有权继承的遗产份额”。《民法典》新规定拓宽了代位继承制度的适用范围，弥补了代位继承仅发生于直系血亲间的制度缺失，有助于保障旁系血亲间的遗产继承权，维护了代位继承权在直系、旁系血亲间的顺序实现。即被继承人的子女先于被继承人死亡的，由被继承人的子女的晚辈直系血亲代位继承。被继承人的兄弟姐妹先于被继承人死亡的，由被继承人的兄弟姐妹的子女代位继承。代位继承人一般只能继承被代位继承人有权继承的遗产份额。丧偶儿媳对公、婆，丧偶女婿对岳父、岳母，尽了主要赡养义务的，作为第一顺序继承人。同一顺序继承人继承遗产的份额，一般应当均等。对生活有特殊困难又缺乏劳动能力的继承人，分配遗产时，应当予以照顾。对被继承人尽了主要扶养义务或者与被继承人共同生活的继承人，分配遗产时，可以多分。有扶养能力和有扶养条件的继承人，不尽扶养义务的，分配遗产时，应当不分或者少分。继承人协商同意的，也可以不均等。对继承人以外的依靠被继承人扶养的人，或者继承人以外的对被继承人扶养较多的人，可以分配给他们适当的遗产。

以上是法定继承的有关法律规定，没有遗嘱则按法定继承，通过法律推定在最亲近的人中均等分配，有证据证明的，也可以在同一继承顺序继承人中不均等继承。限于本书篇幅，关于法定继承仅在序言中点到为止。

遗嘱，是指遗嘱人生前在法律允许的范围内，按照法律规定的方式处分其个人财产或者处理其他事务，并在其死亡时发生效力的单方法律行为。《民法典》在原《继承法》规定的自书、代书、录音、口头遗嘱的基础上，将遗嘱形式扩展为自书、代书、打印、录音录像、口头遗嘱[①]，使我们在立遗嘱的选择上形式更多，也更加规范。为了促进遗嘱人意思自治的实现，《民法典》还取消了公证遗嘱的最高效力地位，构建起多种遗嘱形式效力平行的格局，有助于保障人们利用遗嘱形式处分财产的权利。

遗嘱不仅可以解决老年人遗产继承问题，使老年人拥有财产处分的自主权利，还能引导老年人的子女积极履行赡养义务，是避免因继承产生纠纷和家庭不睦的最佳方案。老年人的财产都是用毕生勤俭节约积攒或超常勤奋创造而来的，他们想立遗嘱的意愿比较普遍，而法律对立遗嘱的形式规定又非常严格，往往因为所立遗嘱无效而留下无法弥补的遗憾。根据法律规定，被继承人所立遗嘱未处分的财产、所立遗嘱无效所涉及的遗产、遗嘱继承人放弃继承或者受遗赠人放弃受遗赠的遗产、遗嘱继承人或受遗赠人先于遗嘱人死亡所涉及的遗产等，适用法定继承。实践中，在没有律师帮助立遗嘱的情况下往往存在很多问题，如遗嘱没有签名，仅写“父”“老爸”等类似字样，不写日期，或签日期仅写年、月未写日，遗嘱保管不好被虫蛀了、被雨水泡了，被个别继承人盗走、销毁、篡改，还有的写了存折给某某却被认定为存

---

① 至于公证遗嘱，原《继承法》将其规定在了遗嘱形式条款中，导致很多人认为公证遗嘱是一种法定的遗嘱形式。遗嘱是遗嘱人生前处理自己所有的财产及其他事务，并在其死后发生法律效力的行为。遗嘱公证是公证机关根据遗嘱人的申请，依法证明其立遗嘱的行为真实、合法的行为。笔者认为，公证遗嘱不属于法定遗嘱形式，公证遗嘱是经过国家公证机构公证过的遗嘱，只是一种由特殊证明主体进行的证明形式。

折中存款没有处分，自录遗嘱、立口头遗嘱等，都可能导致遗嘱无效、主张无法实现或遗嘱载体意外消失，有遗嘱却得不到执行。即便遗嘱书写得很规范，法院有时也会认定遗嘱人笔迹存疑、受胁迫、无民事行为能力等而判决遗嘱无效。本书对于老年人如何自书遗嘱、立遗嘱为什么要见证、如何寻求见证人的帮助等，都给出了具体建议。

《民法典时代如何立遗嘱》是老百姓立有效遗嘱、做好家庭财富传承、安排好身后事的好指引、好帮手、好参谋。本书尽量用通俗易懂的语言指导中老年人如何立适合自身情况的有效遗嘱，如何安排晚年人生，如何规划好身后安排。本书从全国各地各级人民法院 15 年间审理的 3000 余件遗嘱纠纷案件中，选用了近百个典型案例进行解析，下篇更是精选了 33 个经典案例，通过以案释法的方式来巩固遗愿事务法律知识。

在本书写作的同时，笔者还创作了一本姐妹篇——《民法典时代遗嘱见证实务》是一本律师实务用书。《民法典时代如何立遗嘱》《民法典时代遗嘱见证实务》，是继作者 2018 年出版的《老年人权益维护案例精选与解析》及 2019 年出版的《老年人防骗维权攻略》后又一本“老年人之友”，为“法护老人”系列丛书再添两本专著。

近年来，北京老龄法律研究会遗嘱见证部①的专家、学者从老年人遗嘱权益保护视角专注老年人遗嘱的深入研究与实践，跟

① 遗嘱见证部是北京老龄法律研究会依法设立的一个专业研究部门，办公地址在北京市石景山区古城地铁站红绿灯西南角，遗嘱事务联系电话：010—68430148。

踪典型案例裁判，为继承法律完善贡献智慧，承担了多期遗嘱见证专员的培训任务，建设了3个遗嘱见证行为标准化研究基地，取得了很多有益研究成果。本书写作得到了遗嘱见证部的大力支持，在此对其全体专家、律师、志愿者表示衷心感谢！

是为序。

陈洪忠

2021年4月于中关村寓所

目　录
Contents

上篇　遗嘱的基本法律知识

随着改革开放的持续推进，我国经济社会飞速发展，老百姓的个人财富也从无到有、由少到多迅速累积，伴随而来的，是财产继承相关法律纠纷的增多。透过裁判文书网的司法大数据可以清晰地看到：

一是继承纠纷案件逐年攀升。以上海为例，2014 年继承纠纷案件为 6616 件，2015 年为 7274 件，2016 年为 7697 件，2017 年为 8913 件，2018 年为 10317 件，2019 年为 10898 件。[①] 五年间，继承纠纷案件增长了 65%。

二是继承纠纷案件数量与经济发展程度和城市化率呈正相关。2014～2019 年全国继承纠纷案件数的前五名分别是：上海市 62009 件、北京市 54469 件、重庆市 44993 件、黑龙江省 38330 件、山东省 35088 件。[②]

三是老年人立遗嘱的比率偏低。从 2014～2016 年案例检索显示，北京市有关继承纠纷类案件的裁判文书为 16291 件。其中法定继承纠纷占 53.16%，比重较大。虽说社会大众的法律意识已

① 单训平、许多曦：《2019 年上海市继承纠纷案件大数据分析》，网址：https://www.sohu.com/a/381194386_806432?sec=wd，最后访问日期：2020 年 6 月 2 日。

② 单训平、许多曦：《2019 年上海市继承纠纷案件大数据分析》，网址：https://www.sohu.com/a/381194386_806432?sec=wd，最后访问日期：2020 年 6 月 2 日。

经普遍增强，但真正能够做到立遗嘱（含以遗嘱、遗赠以及遗赠扶养协议方式）提前安排身后事的仅占 17.83%。[①]

四是以自书遗嘱和代书遗嘱为主。统计样本中自书遗嘱和代书遗嘱所占比重最大，合计达到 69%；另外，为保证遗嘱效力，越来越多的人也会选择遗嘱公证或律师见证的方式，其占比为 25%；而录音遗嘱和口头遗嘱占比最少，分别为 2% 和 4%。[②]

五是遗嘱效力有待提高。统计样本中 30% 的遗嘱因有瑕疵或重大缺陷而部分无效乃至全部无效，其中部分无效的占 14%，全部无效的占 16%。遗嘱无效的原因主要集中在以下方面：被继承人立遗嘱能力、遗嘱内容、遗嘱形式。如被继承人被认定为无或限制民事行为能力的占 17%；无权处分其他人（主要是被继承人配偶）的财产而导致遗嘱部分无效的占 39%；遗嘱形式不符合法律规定的占 18%；遗嘱意思不明的占 18%；见证人存在利害关系占 3%。在无效的遗嘱中，人们习惯采用的自书遗嘱和代书遗嘱分别占 39% 和 41%，口头遗嘱占 11%，被法院认定为无效的遗嘱中公证遗嘱占 8%。[③]

六是律师见证可大大提高遗嘱有效性。在统计样本中，律师进行见证乃至代书遗嘱的比例为 11%，律师见证下，遗嘱的有效率为 96%。但仍然有 4% 的比例为无效。所以，最好能委托在相关领域较为专业的律师进行见证。[④]

---

① 梅兰团队：《北京市继承纠纷大数据可视化分析》，网址：https://mp.weixin.qq.com/s/L_bPLSBSL74XgeL2LYIdxw，最后访问日期：2020 年 6 月 2 日。

② 继来律师事务所：《继承纠纷 | 2016 年度北京法院大数据报告》，网址：https://mp.weixin.qq.com/s/XUf0Hm8-ftWGnIpNm9uYAg，最后访问日期：2020 年 6 月 2 日。

③ 继来律师事务所：《继承纠纷 | 2016 年度北京法院大数据报告》，网址：https://mp.weixin.qq.com/s/XUf0Hm8-ftWGnIpNm9uYAg，最后访问日期：2020 年 6 月 2 日。

④ 继来律师事务所：《继承纠纷 | 2016 年度北京法院大数据报告》，网址：https://mp.weixin.qq.com/s/XUf0Hm8-ftWGnIpNm9uYAg，最后访问日期：2020 年 6 月 2 日。

第一章　立遗嘱概述

失智、死亡是生命难以避免的阶段和必然终点，智力丧失后的人身监护、经济打理、家庭调治应当事先安排，无法带走的物质财富、精神情感应当留下遗嘱。其中，安排好自己的意定监护和身后事，可以让自己的生命完美谢幕，让在世亲人减少纷争。立一份合法有效的遗嘱，是中老年人①的必修课。

---

① 中老年，一般是指45岁以上的人。虽然任何人都可以立遗嘱、作遗嘱见证，但是对于中老年人，一般已是事业有成，立遗嘱的情况较为相似，中老年人遗嘱见证是本书研究的特定对象。

第一节 遗嘱

中国古代宗祧继承制度一直占据着主导地位，立法中虽亦早有关于遗言、遗书的记载，但遗嘱继承却一直未能脱离法定继承附属的弱势地位。《大清民律草案》首次通过立法草案的形式开创性地确认了遗嘱继承制度，规定了自书、代书、口头遗嘱以及特定情形遗嘱的设立规则。新中国成立后颁布的继承方面的法律规范，废除了国民政府的继承制度，建立了全新的财产继承制度，遗嘱继承制度得到了快速发展。1985 年颁布的《继承法》，第一次以法律的形式，将遗嘱继承确立为我国的基本继承方式之一。《民法典》继承编，进一步完善了遗嘱的法定形式，发展了我国的遗嘱继承制度。

一、什么是遗嘱

遗嘱是公民安排身后事的一种重要法律行为。

1. 遗嘱的概念

遗嘱，是指人生前在法律允许的范围内，按照法律规定的方式对其遗产或其他事务所作的个人处理，并于立遗嘱人死亡时发生效力的法律行为。

遗嘱内容违反法律、法规规定的，或者违背公序良俗的，该部分内容无效，无效部分涉及的遗产按照法定继承办理。

法律也允许设立共同遗嘱。所谓共同遗嘱，是指两名或两名以上的遗嘱人共同设立的遗嘱。比如，老两口立一份共同遗嘱。在共同遗嘱中，应当明确遗嘱变更、撤销及生效的条件。只要共同遗嘱在形式和内容上不为法律所禁止，不违背公序良俗，系遗嘱人的真实意思表示，符合《民法典》第 143 条关于民事法律行为构成要件的规定，遗嘱就有效。

2. 立遗嘱的意义

绝大多数中老年人都是从贫困或无资无产中成长起来的，其财富积累一般都是用辛勤汗水一点点铸就出来的，他们有权利根据每个子女的尽孝道表现或顺从自己意志的程度来决定每个人所应继承的财产份额，有权利根据自己的好恶将遗产捐赠给国家、组织或个人。立遗嘱既能体现个人的自主意识，也能促使子女的伦理与法律义务得到履行，具有强大的社会风尚引导作用。

财产多的人立遗嘱可以厘清遗产。如果有经营的企业，拥有大量股权、股票、基金、黄金、艺术品等，或者拥有多处房产，提前立好遗嘱可以厘清财产，避免去世后遗产意外流失。

继承人多的人立遗嘱可以理顺赡养、遗产分配和奖优罚劣。子女多、家庭关系复杂，如涉及再婚子女、养子女，或者儿子与儿媳、女儿与女婿有离婚潜在风险等，可以通过立遗嘱调整家庭关系，避免遗产纷争导致的家庭矛盾。

职业风险较高的人立遗嘱可以安排好意外以后的家务事。一些职业风险高、过度劳累、工作压力大容易猝死的职业，如军人、警察、医生、记者、律师、替身演员、极限运动员等，这些从业者风险相对较高，提前写好遗嘱，安排好父母、未成年子女、配偶等的生活，很有必要。

有慢性疾病的老年人更应提前安排好身后事。立遗嘱人应当意识清醒，精神状态良好，保证遗嘱内容是其真实意思表示，否则可能会被认定遗嘱无效。许多药物会影响人的精神，早立遗嘱可以避免立遗嘱能力的意外丧失。

3. 遗嘱的基本要求

遗嘱是生前设立，死后生效的法律文件，法律要求非常严格。

（1）有立遗嘱能力

《民法典》第 1143 条规定："无民事行为能力人或者限制民事行为能力人所立的遗嘱无效。遗嘱必须表示遗嘱人的真实意思，受欺诈、胁迫所立的遗嘱无效。伪造的遗嘱无效。遗嘱被篡改的，篡改的内容无效。"

《最高人民法院关于适用〈中华人民共和国民法典〉继承编的解释（一）》第 28 条规定："遗嘱人立遗嘱时必须具有完全民事行为能力。无民事行为能力人或者限制民事行为能力人所立的遗嘱，即使其本人后来具有完全民事行为能力，仍属无效遗嘱。遗嘱人立遗嘱时具有完全民事行为能力，后来成为无民事行为能力人或者限制民事行为能力人的，不影响遗嘱的效力。"

立遗嘱人必须具备完全民事行为能力，遗嘱能力是所立遗嘱合法有效的前提。所以，老年人在出现老年痴呆症状前，应当提前做打算，早立遗嘱。

特别值得注意的是，如果老年人因病被诊断为限制民事行为能力人或无民事行为能力人，在经过恢复重新具有遗嘱能力以后，必须先取得相应的医学鉴定明确改变以往诊断，方可以立遗嘱，否则遗嘱效力可能不被认定。

（2）意思表示真实

遗嘱人所立的遗嘱必须是其真实意思表示，受胁迫、受欺诈所立的遗嘱无效。患有聋、哑、盲等生理缺陷而无精神病的成年人，他们是有完全行为能力的，因此他们也可以立遗嘱。

（3）遗产处分明确

遗嘱的内容应该以清晰明确的方式处分其财产权。若遗嘱人未有清晰明确的主张，如房屋遗产的指向不够明确，则视为遗嘱未对财产进行处分，未处分遗产按照法定继承办理。

比如，金某某老人生前立遗嘱一份，标题为“金某某遗嘱”，主要内容：“毛某某……恳请你们办理后事一切事从简：1. 不用叫120救护车，不送医院抢救；2. 衣服能用的就凑合着用，不用买新的寿衣；3. 尸体火化后将骨灰埋到树下、撒海里，不用存陵墓里……所有存折、钥匙都在写字台中间抽屉皮夹里，你自己取用。金某某绝笔多谢了。”① 金某某自己没有子女，老伴于十年前去世，两个姐姐也都早已过世，金某某耄耋之年一直住在最小的

---

① 摘自2020年6月1日笔者接待法律咨询的案件。

外甥毛先生家里，在最后身体极其不好的七八年间一直由毛先生一家人悉心照料。为了看病，金某某将房产全都变卖了，立遗嘱时尚剩余40余万元存款，其本想将存款留给极其孝顺并付出了巨大牺牲的毛先生一家，“报答你们的恩情”。但是，“存折你自己取用”并不等于明确了存折里的存款遗赠给毛先生。金某某去世时第一顺序、第二顺序继承人都已经不在，两个姐姐共有六名子女，如果根据《民法典》由兄弟姐妹的子女代位继承的规定，金某某的遗愿就难以实现。

遗嘱处分的遗产只能是个人合法所有的财产，处分其他财产无效。《最高人民法院适用〈中华人民共和国民法典〉继承编的解释（一）》第26条规定：“遗嘱人以遗嘱处分了国家、集体或者他人财产的，应当认定该部分遗嘱无效。”这充分说明了遗嘱人在遗嘱中处分遗产只限于个人财产，凡超越这个界限的无效。

（4）遗嘱内容合法

遗嘱的内容应该符合社会公共秩序以及善良风俗的要求，不得违背遗嘱人所处社会背景的一般道德准则。比如，立遗嘱将遗产让宠物继承，因不合法而无效；遗嘱人立遗嘱将夫妻共同财产给婚外同居的情人继承，可能会因违背公序良俗而无效。

（5）遗嘱应遵守必留份规定

遗嘱中不得取消缺乏劳动能力又没有生活来源的继承人的继承权。《民法典》第1141条规定“遗嘱应当为缺乏劳动能力又没有生活来源的继承人保留必要的遗产份额”[①]，这部分人缺乏劳动

① 原《继承法》第19条。

能力或者丧失劳动能力，没有生活来源，或者虽有生活来源但不足以维持基本生活，如果剥夺其继承权，无异于造成其生存危机，因此没有为其保留必要份额的遗嘱无效。

有胎儿出生后是继承人的，遗嘱中应保留胎儿的继承份额。《民法典》第1155条规定，“遗产分割时，应保留胎儿的继承份额”。这是因为，被继承人死亡，承担抚育子女的责任、义务也随之消失，但胎儿是需要抚育的，保留胎儿的继承份额，可以最大限度地满足其成长需要，减轻生存压力。《最高人民法院适用〈中华人民共和国民法典〉继承编的解释（一）》第31条规定：“应当为胎儿保留的遗产份额没有保留的，应从继承人所继承的遗产中扣回。为胎儿保留的遗产份额，如胎儿出生后死亡的，由其继承人继承；如胎儿娩出时是死体的，由被继承人的继承人继承。”也就是说，扣回胎儿应继承的份额后，其他继承人继承的遗产才有效。

（6）符合遗嘱的形式要件要求

《民法典》第1134条至第1139条，针对每种遗嘱形式都规定了制作、见证人、代书人、签名和日期标注等明确具体的形式要求，遵守法定形式要件，遗嘱才可能有效。

二、遗嘱的种类

遗嘱分为自书遗嘱、代书遗嘱、打印遗嘱、录音录像遗嘱、口头遗嘱五种形式。

1. 自书遗嘱

自书遗嘱[①]，是指遗嘱人生前亲自书写的遗嘱。特征为：亲自书写遗嘱全文，打印的不属于自书遗嘱；须有遗嘱人的亲笔签名；须注明年、月、日。

2. 代书遗嘱

代书遗嘱[②]，是指由遗嘱人口述遗嘱内容，由无利害关系的他人代为书写或打印的遗嘱。特征为：遗嘱人口述；两个以上无利害关系的人见证，其中一人代书；遗嘱人、代书人、见证人签名；须注明年、月、日。写好的遗嘱须经遗嘱人认可。

3. 打印遗嘱

打印遗嘱[③]，是指遗嘱人以打印的形式设立的遗嘱。特征为：遗嘱正文打印而成；两个以上无利害关系的见证人在场见证；遗嘱人和见证人在每一页遗嘱上签名；须注明年、月、日。打印遗嘱是《民法典》新规定的遗嘱形式，顺应了社会发展趋势，回应了民众的遗嘱诉求，解决了遗嘱纠纷法律诸多适用方面的不统一状况。

代书遗嘱与打印遗嘱有哪些区别与联系呢？

两种遗嘱均可以通过打印方式形成，都必须有两个以上无利

① 《民法典》第 1134 条。
② 《民法典》第 1135 条。
③ 《民法典》第 1136 条。

害关系的见证人在场见证。两者的主要区别有：一是立法起因不同，前者是因为有的遗嘱人不会写字需有他人帮助而设立，后者是因为随着书写方式的发展，打印成为主要书写方式而设立；二是前者可以是代书人亲笔书写，后者非经打印不能成立；三是前者遗嘱如果是打印须是由代书人打印，并且需要注明代书人，后者对于由谁打印并没有明确要求，但是打印遗嘱的每一项内容都必须在见证人面前得到确认。

4. 录音录像遗嘱

录音录像遗嘱①，是指由遗嘱人口述，以录音录像为记录载体形式的遗嘱。特征为：遗嘱形式为影视资料；遗嘱人亲自叙述遗嘱的全部内容，记录姓名和肖像，以及年、月、日；两个以上无利害关系的见证人在场见证。录音录像遗嘱制作完毕后，通常需将存储介质当场封存，并由遗嘱人、见证人在封存好的录音录像遗嘱的封口上签名，注明年、月、日，由遗嘱人、遗嘱执行人或见证人保管。录音录像遗嘱是《民法典》在原《继承法》“录音遗嘱”的基础上新确立的一种遗嘱形式，不仅要有声音，还要求有影像。

5. 口头遗嘱

口头遗嘱②，是指遗嘱人用口头表述的遗嘱。特征为：遗嘱人在危急的情况下口述；两个以上无利害关系的见证人在场见证；

---

① 《民法典》第1137条。
② 《民法典》第1138条。

当危急情况过后可以立录音录像或书面遗嘱时，口头遗嘱失效。

由于口头遗嘱这种形式具有极易被人篡改、伪造，容易失实，难以认定等特点，故法律对于口头遗嘱形式提出了更加严格的要求。

在司法实践中，对于体现被继承人清晰意志的夫妻共同遗嘱、有符合遗嘱实质内容的遗言、分家协议、赡养协议等文件，只要符合法律所规定的遗嘱实质要件和形式要件的要求，也被视为有效遗嘱。

三、立遗嘱后的反悔权

《民法典》第1142条规定："遗嘱人可以撤回、变更自己所立的遗嘱。立遗嘱后，遗嘱人实施与遗嘱内容相反的民事法律行为的，视为对遗嘱相关内容的撤回。立有数份遗嘱，内容相抵触的，以最后的遗嘱为准。"《民法典》对于遗嘱继承完善了有关反悔权的规定。

1. 新遗嘱替代旧遗嘱

《民法典》废除了关于公证遗嘱效力优先的规则。新规定确立了遗嘱效力的判断标准，即以被继承人的最后意思表示为准，不再考虑遗嘱是否属于公证遗嘱。换句话说，遗嘱人可以通过新立遗嘱改变以前的遗嘱，甚至可以通过其他遗嘱形式变更、撤销公证遗嘱。《民法典》改变了公证遗嘱的最高效力位阶，构建多种遗嘱形式效力平行的格局，有助于保障人们利用遗嘱形式处分财产的权利，促进了遗嘱人意思自治的实现。

2. 相反民事行为变更遗嘱

《民法典》明确了遗嘱人通过民事行为行使反悔的权利，规定遗嘱人实施与遗嘱内容相反的民事法律行为的，视为对遗嘱相关内容的撤回。

《民法典》规定的完善，充分显示了我国法律的人性化特点，对于充分保护老年人的合法权益，保障老年人安度晚年具有非常重要的现实意义。实践中，老年人在立遗嘱之后，有的受益人自觉目的已经达到，于是开始原形毕露，从而出现虐待、遗弃老人的现象；有的老年人在立完遗嘱以后，其家庭出现了变故，如“史某是位退休老人，老伴已经去世，有两个儿子大史和小史。平时主要是由大史来照顾史某，史某也表示将来遗产由大史继承，并立下了自书遗嘱，但后来史某与大儿媳产生了矛盾。此时小史又对史某特别好，于是史某就将遗嘱中的部分财产给了小史。数年后，史某去世。大史拿着遗嘱找到小史，要讨回史某给小史的那部分财产，但小史不同意归还”。老年人遇到此类情况，可以根据上述法律规定，即可以通过反悔权变更遗嘱的部分内容，也可以通过任何合法形式撤回或者重新立遗嘱，即便以前立的是公证遗嘱也不例外。所以，案例中大史的主张是得不到法律支持的，法院认定史某反悔权成立。

案例：立遗嘱后将遗嘱房屋过户其他继承人视为对遗嘱的撤销。

被继承人张某5、张某6原系夫妻，张某4、张某1、张某2、张某3系二人之子女。张某6于2013年2月15日去世，张某5

于2018年4月7日去世。502房屋与201房屋原登记于张某5名下，系张某5与张某6婚姻关系存续期间取得，属夫妻二人共同财产。庭审中，各方均认可502房屋现市场价值为400万元，201房屋现市场价值为650万元。

一审法院认为……本案争议焦点在于：第一，张某5及张某6有无有效遗嘱；第二，张某5就两房屋分别与张某1与张某4签订的买卖合同已被法院确认无效，导致的后果为何。

就前者，张某1称张某6与张某5共同订立过遗嘱，将201房屋留给其个人继承，因该遗嘱遗失，故张某5在张某6去世后自行对二人的共同遗嘱进行了确认，其就张某6与张某5共同订立遗嘱之事未进行举证，一审法院对此不予采信，张某5亦无权以个人名义重申共同遗嘱，故张某6与张某5不存在将201房屋遗留给张某1个人继承的共同遗嘱。就张某5在2013年2月23日自行书写的文件第二页与第三页内容是否构成张某5个人遗嘱一节，虽不具备完整形式，但该文件明确表达了张某5将其个人所有的全部财产由张某1继承的意思，目前亦无证据表明张某5在此期间行为能力存在瑕疵，故上述张某5个人遗嘱应认定为合法有效。

就后者，张某5生前分别与张某1、张某4签署买卖合同，依据该合同将201房屋和502房屋分别过户给张某1、张某4，张某1、张某4未支付对价，双方真实意思并非买卖，双方表示意思与真实意思并不相符，张某5真实意思系将201房屋和502房屋中其所享有的份额分别赠与张某1、张某4，就两房屋的处理实际已变更了其于2013年书写的遗嘱。张某5系将两房屋分别与张某4、张某1签订买卖合同，时间前后相继，前次诉讼中张某4与张某1对此陈述并不相同，因张某5已去世，现只能从其客观行为推知其真意，张某4在前次诉讼中的陈述，并不影响一审法院依据张某5生前行为对其真实意思的认定。

上述两房屋系张某6与张某5的夫妻共同财产，张某6去世后遗产未经处理，其所享有的二分之一份额应由张某5与本案四名当事人按照法定继承处理，故就201房屋和502房屋，张某5所应享有的份额为二分之一及其应继承张某6的份额（十分之一），共计五分之三的份额，张某1、张某4、张某3、张某2分别自张某6遗产中继承十分之一的份额。故201房屋张某1应享有十分之七的份额，张某2、张某4、张某3分别享有十分之一的份额；502房屋张某4应享有十分之七的份额，张某1、张某2、张某3分别享有十分之一的份额。综上，201房屋应归张某1继承，其按房屋市场价值分别支付张某2、张某4、张某3各十分之一折价款。502房屋应归张某4继承，其按房屋市场价值分别支付张某1、张某2、张某3各十分之一折价款。[①]

本案判决就是根据原《最高人民法院关于贯彻执行〈中华人民共和国继承法〉若干问题的意见》第39条“遗嘱人生前的行为与遗嘱的意思表示相反，而使遗嘱处分的财产在继承开始前灭失，部分灭失或所有权转移、部分转移的，遗嘱视为被撤销或部分被撤销”的规定。在张某5书写上述具有遗嘱意思的文件之后，将其名下两套房屋分别以买卖的形式过户给张某1、张某4且未

---

① （2020）京03民终3363号。

收取房屋对价，虽然该房屋买卖合同经法院的生效判决被确认无效，但判决仅否定了双方之间的房屋买卖合同关系，并未扩展到双方隐藏的其他真实意思表示。从张某5以买卖合同的形式将房屋过户到张某1、张某4名下的行为来看，符合父亲以名为买卖实为赠与的方式将房屋处分给自己子女的真实意思，而且该行为亦反映出其对之前遗嘱内容的部分变更。

本案张某5生前证明其与张某6共同立了遗嘱，并证明了遗嘱的内容，但遗嘱丢失导致举证不能，因此不会得到法院的支持。实践中，老年人所立遗嘱很多因不符合法律规定而无效，也常有丢失找不到的，像本案中张某5、张某6遗留的房产价值就超过了千万元，可以花2万元做一个律师见证遗嘱，保质、保密、保险，其实很有必要。

四、对立遗嘱人的法律保护

《民法典》第1125条规定："继承人有下列行为之一的，丧失继承权：（一）故意杀害被继承人；（二）为争夺遗产而杀害其他继承人；（三）遗弃被继承人，或者虐待被继承人情节严重；（四）伪造、篡改、隐匿或者销毁遗嘱，情节严重；（五）以欺诈、胁迫手段迫使或者妨碍被继承人设立、变更或者撤回遗嘱，情节严重。继承人有前款第3项至第5项行为，确有悔改表现，被继承人表示宽恕或者事后在遗嘱中将其列为继承人的，该继承人不丧失继承权。受遗赠人有本条第1款规定行为的，丧失受遗赠权。"

1. 丧失继承权的法定情形

《民法典》在原《继承法》第 7 条规定的基础上，增补了丧失继承权的法定情形。一是《民法典》第 1125 条第 4 项增加了“隐匿”遗嘱的情形；二是增加了第 5 项情形，即“以欺诈、胁迫手段迫使或者妨碍被继承人设立、变更或者撤回遗嘱，情节严重”。

2. 丧失继承权的绝对和相对情形

《民法典》第 1125 条明确了丧失继承权的绝对事由与相对事由。即“（一）故意杀害被继承人；（二）为争夺遗产而杀害其他继承人”为绝对丧失继承权的事由；其余第 3 项至第 5 项，则为相对丧失继承权的事由。即在被继承人表示宽宥或者在事后将其指定为遗嘱继承人的，不丧失继承权。

原《继承法》只规定了继承权被剥夺的相关情形，《民法典》之所以增设了丧失继承权的宽宥制度，是对被继承人处理遗产权利和处理私有财产权利的尊重。除了杀害被继承人或其他继承人的情形，其他法定丧失继承权的行为发生的，被继承人都可以对确有悔改表现的继承人表示宽恕，恢复其继承权利。这一方面是尊重被继承人处理自身财产的权利，另一方面也是缘于鼓励继承人悔改，促进亲情和家庭关系和睦的立法目的。

3. 丧失受遗赠权的法定情形

《民法典》规定了丧失受遗赠权的法定情形，规定受遗赠人有第1125条第1款规定行为的，丧失受遗赠权。继承权丧失制度的完善与拓展，有助于整肃继承秩序、维护公平正义；有助于维护被继承人、继承人的人身权益和财产权益，彰显人伦风范与诚信理念。

五、《民法典》增设了遗产管理人制度

《民法典》继承编第四章完善了原《继承法》未确立遗产管理制度的立法缺陷，明确了遗产管理人的产生路径、争议解决程序、职责内涵、过错责任的承担，以及报酬请求权，实现了遗产管理的制度化、规范化，在保障遗产安全的同时，贯彻了权利与义务相统一的原则。

1. 遗产管理人的产生程序

根据《民法典》第1145条规定，继承开始后，遗嘱执行人为遗产管理人；没有遗嘱执行人的，继承人应当及时推选遗产管理人；继承人未推选的，由继承人共同担任遗产管理人；没有继承人或者继承人均放弃继承的，由被继承人生前住所地的民政部门或者村民委员会担任遗产管理人。也就是说，遗嘱执行人、继承人推选的人、全体继承人、被继承人生前住所地的民政部门或者村民委员会，可以依次担任遗产管理人。可见，确定的遗嘱执行人最优先成为遗产管理人。

2. 遗产管理人争议的解决

根据《民法典》第1146条规定："对遗产管理人的确定有争

议的，利害关系人可以向人民法院申请指定遗产管理人。”

3. 遗产管理人的职责

根据《民法典》第 1147 条规定，遗产管理人应当履行下列职责：（一）清理遗产并制作遗产清单；（二）向继承人报告遗产情况；（三）采取必要措施防止遗产毁损、灭失；（四）处理被继承人的债权债务；（五）按照遗嘱或者依照法律规定分割遗产；（六）实施与管理遗产有关的其他必要行为。

4. 遗产管理人应承担的民事责任

根据《民法典》第 1148 条规定，遗产管理人应当依法履行职责，因故意或者重大过失造成继承人、受遗赠人、债权人损害的，应当承担民事责任。

案例：继承人放弃继承后仍应承担遗产管理人职责

法院经审理认定事实如下：2016 年 3 月 17 日，张某向法院起诉陈某某［（2016）闽 0206 民初 2042 号］，请求判令陈某某偿还借款 25 万元并支付利息（按月利率 2% 的标准，自 2014 年 12 月 30 日起计至实际还款之日止）……2016 年 8 月 22 日，法院作出（2016）闽 0206 民初 2042 号民事判决，判决陈某某于本判决生效之日起十日内返还张某借款本金 25 万元并支付自 2014 年 12 月 30 日始的利息（按月利率 2% 计至实际还款之日止）。2016 年 9 月 7 日，法院向张某、陈某某分别送达了民事判决书。2016 年 9 月 12 日，陈某某死亡。2017 年 3 月 16 日，张某申请执行，法院执行立案［（2017）闽 0206 执 748 号］后，扣划了陈某某名下银行存款1819.85元并将该款退给张某。2017年9月18日，法院作出（2017）闽0206执748号之一执行裁定书，以陈某某在立案执行前死亡，其不具备执行主体资格为由，裁定驳回申请执行人张某的执行申请。

本案审理过程中，陈某1、陈某2表示，对（2016）闽0206民初2042号民事判决的判决结果无异议；陈某某没有遗嘱，陈某某的父母早于陈某某死亡，陈某某的法定继承人只有陈某1、陈某2。陈某2、陈某1还明确表示放弃陈某某遗产的继承权，且未继承过陈某某的遗产。

法院认为，陈某某对其尚欠张某借款本金25万元及自2014年12月30日后的按月利率2%计算的利息没有异议，且陈某1、陈某2亦表示对判决结果无异议，后张某在执行过程中收取了陈某某名下款项1819.85元，因双方无约定，该1819.85元依法应先抵充利息，故法院依法认定陈某某尚欠张某借款本金25万元及自2014年12月30日起按月利率2%计算的利息（其中利息应扣除1819.85元）。因陈某某已经死亡，无证据表明陈某某生前立有遗嘱或签订遗赠扶养协议，陈某2、陈某1作为陈某某的法定继承人，陈某某的遗产依法应由陈某2、陈某1继承，虽陈某2、陈某1表示放弃对陈某某遗产的继承权，但其仍有义务协助处理陈某某的遗产，并协助在陈某某遗产的实际价值范围内清偿陈某某本案所涉债务。王某与陈某某在陈某某死亡前已经离婚，王某并非陈某某的法定继承人，故张某要求王某在继承陈某某遗产范围内偿还其借款及利息的诉讼请求，没有事实及法律依据，法院不予支持。故判决陈某1、陈某2应于本判决生效之日起十日内，协助在陈某某遗产的实际价值范围内向张某清偿陈某某的如下债务：借款本金25万元及利息（以25万元为基数，按月利率2%的标准，自2014年12月30日起计至实际还款之日止，其中应扣除1819.85元）。[①]

本案中，被继承人陈某某死亡后，其第一顺序继承人即被告陈某1、陈某2均明确表示放弃继承权，且也无其他法定继承人或受遗赠人。依原《继承法》第32条的规定，无人继承又无人受遗赠的遗产，归国家所有；死者生前是集体所有制组织成员的，归所在集体所有制组织所有。故被继承人陈某某的遗产应归国家或集体所有。案中二被告均明确表示放弃继承，故对陈某某依法应当清偿的债务便无偿还责任。然而，二被告陈某1、陈某2作为被继承人的子女均是陈某某的第一顺序继承人，在被继承人陈某某死后，其自当承担原《民法总则》所规定的财产代管人的责任。同时，他们也必须承担原《继承法》第24条所规定的存有遗产的人应妥善保管遗产的责任，以防止任何人侵吞或者争抢。故法院判决二被告在陈某某遗产的实际价值范围内清偿原告的借款正确，如果该二被告在依法履行遗产管理职责过程中因故意或者重大过失造成遗产损失的，还应承担赔偿责任。

关于案涉债务利率，原告主张按年利率24%的标准计算，不违反法律规定，判决偿付利息无可厚非，但只应计算至陈某某死亡时止。陈某某死亡以后，其作为承担民事责任的主体已经不复存在，本案判决偿付年利率24%利息至陈某1、陈某2实际还款

① （2019）闽0206民初13769号。

之日止，笔者认为没有法律根据。

5. 继承开始后的通知义务

根据《民法典》第 1150 条规定，继承开始后，知道被继承人死亡的继承人应当及时通知其他继承人和遗嘱执行人。继承人中无人知道被继承人死亡或者知道被继承人死亡而不能通知的，由被继承人生前所在单位或者住所地的居民委员会、村民委员会负责通知。

案例：不愿意通知其他继承人，两审法院均驳回诉求

二审法院认为，根据《继承法》第 23 条的规定，上诉人作为知道被继承人死亡的继承人，应当及时通知其他继承人，上诉人负有通知其他继承人的法定义务，故上诉人主张其不负有提供其他继承人住址、联系方式的义务于法相悖……除上诉人外的其他继承人并不属于继承法中规定的知道被继承人死亡而不能通知的情形，不能适用《最高人民法院关于贯彻执行〈中华人民共和国继承法〉若干问题的意见》第 44 条的相关规定。人民法院无法确定参加诉讼的当事人对涉诉遗产依法享有的份额，亦不能依法对涉案房产的拆迁补偿款进行分割，本案无法继续审理。故原审法院裁定驳回上诉人的起诉，有事实和法律依据，予以维持。①

继承开始后，知道被继承人死亡的继承人有义务及时通知其他继承人和遗嘱执行人，但本案中五原告却以其不负有提供其他法定继承人住址、联系方式的义务为由来证明自己无过错，实属

---

① （2016）鲁 06 民终 2507 号。

与法不符。虽然法律规定在继承开始后，如果继承人中无人知道被继承人死亡或者知道被继承人死亡而不能通知的，可由被继承人生前所在单位或者住所地的居民委员会、村民委员会负责通知。但依本案情形，其并不是不能通知而是不愿通知，故自当承担败诉后果。

6. 遗产管理人的报酬请求权

根据《民法典》第 1149 条规定，遗产管理人可以依照法律规定或者按照约定获得报酬。

遗嘱管理人提供遗产管理服务，可以是有偿服务。在委托遗产管理人时，双方可以在服务合同中约定报酬的数额。律师担任遗产管理人的，可以按照律师收费标准确定服务费数额。

遗产管理人的报酬应当在遗产中支付，并享有优先权。

第二节　遗赠

遗赠也是遗嘱人以遗嘱处分其遗产的一种方式。《民法典》第 1133 条第 3 款规定，自然人可以立遗嘱将个人财产赠与国家、集体或者法定继承人以外的组织、个人。

一、什么是遗赠

遗赠，是指公民以遗嘱方式将个人财产赠给国家、集体或者法定继承人以外的人，于其死亡时发生法律效力的民事行为。立遗嘱的公民为遗赠人，接受遗赠的人为受遗赠人。遗赠的法律特点有：

1. 遗赠是一种单方民事法律行为

只要将遗赠内容载入遗嘱，不需要受遗赠人的意思表示即可产生法律效力。但遗赠受领人可以拒绝接受，也可以放弃受遗赠。拒绝接受或者放弃遗赠后，该项被放弃的遗赠财产按法定继承分配。

2. 遗赠主体符合法律规定

遗赠人只能是自然人，受遗赠人既可以是自然人，也可以是集体或是法人。但作为受遗赠人的自然人必须是法定继承人以外的人。

3. 遗赠是死后生效的法律行为

遗赠人生前所做的遗赠行为，只有到遗赠人死亡时才发生法律效力，受遗赠人才有权取得遗嘱中所遗赠给他的遗产。遗赠人在其生前可以随时变更或撤销自己的遗赠，任何人不得干涉。

4. 遗赠是一种无偿的民事法律行为

遗赠人只能通过遗赠给受遗赠人带来某种财产利益，包括债权等消极财产。遗赠人不能通过遗赠为他人设定债务，只有当遗产中的利益大于债务时，遗赠人方可将全部或部分遗产赠与受遗赠人，以使其最终获得利益。如果遗赠人将其全部遗产遗赠给国家、集体或某自然人，而其生前又有债务时，则受遗赠人只能接受清偿债务后剩余的财产，但这种清偿只能是对被继承人债务的处理，受遗赠人本身并不承受被继承人的债务。也就是说，即使遗赠人附加了债务等负担，所附加的负担也不是遗赠的对价，需无损于遗赠的无偿性。

5. 遗赠行为不能代理

遗赠是遗赠人给予特定的受遗赠人的，受遗赠的主体具有不可替代性。一方面，遗赠必须由遗赠人本人用遗嘱的形式直接进行意思表示，不可以委托他人代理为之。另一方面，接受遗赠也必须由受遗赠人亲自接受，只能由自己亲自享有，不得转让。如果受遗赠的自然人先于遗嘱人死亡，遗赠即不能发生效力。受遗赠人即使在遗赠人死亡后作出接受遗赠的意思表示前死亡的，遗赠也不能发生效力。如果遗赠人将财产遗赠给国家或者社会组织，由国家或者社会组织的代表予以接受。

6. 遗赠对象在法定继承人以外

遗赠是对特定范围内的人赠与财产的行为，即只能将财产赠给国家、集体或者法定继承人以外的人。也就是说，法定继承人范围之内的人只能成为指定的遗嘱继承人，不能成为受遗赠人。因此，在受遗赠人的范围上，遗赠具有特定性。

二、遗赠的认定

要掌握遗赠要领，需要了解与遗赠相似法律行为的界限。

1. 遗嘱继承与遗赠的主要区别

遗嘱继承和遗赠均属于被继承人根据自己的意愿处分其遗产的法律行为。遗嘱与遗赠虽然只有一字之差，但二者在法律上的区别还是十分明显的。

（1）遗嘱继承人与受遗赠人的范围不同

遗嘱继承人只能是法定继承人范围以内的自然人，包括第一顺序继承人的配偶、子女、父母和第二顺序继承人的兄弟姐妹、祖父母、外祖父母。而受遗赠人可以是法定继承人以外的自然人，也可以是国家或集体组织、社会团体。

法定继承人的范围，根据《民法典》第1127条规定，包括：配偶、子女（包括婚生子女、非婚生子女、养子女和有扶养关系的继子女）、父母（包括生父母、养父母和有扶养关系的继父母）；兄弟姐妹（包括同父母的兄弟姐妹、同父异母或者同母异父的兄弟姐妹、养兄弟姐妹、有扶养关系的继兄弟姐妹）、祖父母、外祖父母。配偶、子女、父母为第一顺序法定继承人；兄弟姐妹、祖父母、外祖父母为第二顺序法定继承人。根据《民法典》第1128条规定，被继承人的子女先于被继承人死亡的，由被继承人的子女的晚辈直系血亲代位继承；被继承人的兄弟姐妹先于被继承人死亡的，由被继承人的兄弟姐妹的子女代位继承。代位继承人不受辈数限制。根据《民法典》第1129条规定，丧偶儿媳对公婆，丧偶女婿对岳父母，尽了主要赡养义务的，作为第一顺序法定继承人。①

（2）受益人对权利主张的方式和时限要求不同

遗嘱继承人在继承开始后遗产分割前未明确表示放弃的，即视为继承。而受遗赠人在知道或应当知道受遗赠后两个月内未作出接受遗赠表示的，视为放弃，即丧失受遗赠权。

实践中，常有老年人把二者概念混淆，导致遗嘱人不能准确界定受益人的身份，或导致受遗赠人不能及时主张权利，从而不能合理维护各方合法利益，产生不必要的麻烦。比如，有的老年人立遗嘱把财产遗留给孙子女、外孙子女，或者自己的侄子女、外甥或外甥女，甚至还有老年人把财产遗留给关照自己较多的搭伴养老同居者、保姆、朋友、邻居等，这些都属于遗赠，务必记住：受遗赠人须在两个月内作出接受遗赠的表示，否则视为放弃遗赠。

案例1：全部财产遗赠给保姆

1988年12月26日，上海86岁高龄的邝先生与年仅23岁的家中保姆朱女士结婚。3年多以后的1992年8月2日凌晨，邝先生突然去世。给邝先生大殓后律师宣布了邝先生留有的遗嘱，称将属于其名下的动产、不动产悉数赠与朱女士，他人无权主张任何权利。1992年11月，邝先生的两个儿子以遗嘱继承纠纷向法院起诉，到2008年年底，提起的多个诉讼全部败诉。朱女士依法取得了巨额资产。邝先生与前妻于1940年结婚，婚后育有两子，即两原告。1976年前妻去世。②

① 原《继承法》第10条、第11条、第12条。

② （2008）沪高民一（民）终字第76号。

案例 2：两个月内未作出接受遗赠表示，丧失受遗赠权

法院判决认为，因张某某（遗嘱人再婚配偶的儿媳）不是案涉遗产的法定继承人，故根据其提供的 2017 年 10 月 16 日《遗嘱书》，其是案涉遗产的受遗赠人。《继承法》第 25 条第 2 款规定，“受遗赠人应当在知道受遗赠后两个月内，作出接受或者放弃受遗赠的表示。到期没有表示的，视为放弃遗赠”。根据上述规定，接受、放弃受遗赠必须有明确的意思表示，不能以默示的形式确定接受。在法定期限内不表态的，没有表示的，就视为放弃受遗赠。张某某在一审提供的证人张某表示张某某在 2018 年 3 月 15 日（遗嘱人陈某某去世）当天有在现场，则张某某应于 2018 年 5 月 15 日前作出接受或放弃受遗赠的表示。当事人对自己提出的诉讼请求所依据的事实或者反驳对该诉讼请求所依据的事实，应当提供证据加以证明。张某某未能提供证据证实其在知晓受遗赠后有作出放弃或接受遗赠的表示，故应视为其已放弃受遗赠。现张某某又依据该份遗嘱书主张应撤销案涉民事调解书，缺乏事实和法律依据，不予支持。①

接受遗赠需要在两个月内做出有效表示，受遗赠人的权利才能受到法律保护。以上两个案例表明，在处理继承法律事务中，律师提供专业法律服务很有必要。

2. 遗赠和遗赠扶养协议的主要区别

《民法典》第 1158 条规定：“自然人可以与继承人外的组织或

---

① （2019）闽 03 民终 2349 号。

者个人签订遗赠扶养协议。按照协议，该组织或者个人承担该自然人生养死葬的义务，享有受遗赠的权利。”遗赠和遗赠扶养协议均是1985年《继承法》中规定的财产继承制度中的特殊形式。尽管二者都是基于所有人的意思而实施的财产流转方式，二者的行为都发生在所有人的生前，都是对自己死亡后财产的归属所作出的处分行为，它们的遗赠接受人都是除法定继承人以外的公民或其他组织，但是二者之间仍然存在着明显不同：

（1）遗赠是单方法律行为，只要有遗赠人单方面的真实意思表示就可以达成，立遗嘱人可以随时单方面变更或者撤销原遗赠，也可以随时另立新遗赠，无须得到受遗赠人的同意；遗赠扶养协议是双方民事法律行为，它的成立依赖于双方当事人的平等、自愿和协商一致，它的变更、解除也需要双方共同协商，任何一方不得擅自变更或解除。

（2）遗赠中的受遗赠人范围较为广泛，不仅包括公民、法人或其他组织，还包括国家；遗赠扶养协议的受遗赠人即扶养人，只能是与被扶养人签订扶养协议的公民、法人或其他组织。

（3）遗赠是单务、无偿的民事法律行为，它通常没有设置对应的义务，受遗赠人一般只表现为享有获得遗赠财产的权益，即使是附条件的遗赠也没有改变遗赠的无偿性，通常其所附条件与遗赠并非对价关系；遗赠扶养协议是双务有偿的民事法律行为，其体现的是权利义务相一致的原则，遗赠人在享受获得被扶养权利的同时也承担起了对应的义务，即在其死亡后把遗产遗赠给扶养人，扶养人履行扶养义务后就可以依照协议约定享有受遗赠的权利。

（4）遗赠是属于死后生效的行为，它生效的时间是从遗赠人死亡之后；遗赠扶养协议则是死后生效行为与生前法律行为的结合，它自双方协商一致达成协议时成立并开始发生法律效力，虽然要在遗赠人死亡后遗赠才能生效，扶养人接受遗赠的权利才得以实现，但自协议成立之时，扶养人所承担的扶养义务和被扶养人不得擅自处分遗赠财产的义务也就都开始发生约束力了，遗赠人就能够享受到扶养人对其履行“生养死葬”的权利了。

（5）遗赠扶养协议的法律效力优先。法律规定，继承开始进行遗产分割时，按照优先适用遗赠扶养协议，再按照遗嘱继承和遗赠，最后按照法定继承的顺序进行。

（6）受遗赠人在知道或应当知道受遗赠后两个月内未作出接受遗赠表示的，视为放弃，即丧失受遗赠权；遗赠扶养协议没有这样的法律限制，遵循协议约定和有关诉讼时效的规定。

案例：遗赠扶养协议效力优先

刘某某于2008年10月29日死亡。其生前建有一座二层楼房计六间房屋。2008年8月2日，刘某某因患肾癌没钱医治，向其弟即第三人刘某丁借款10万元，同年9月8日，刘某某与刘某丁签订一份《遗赠扶养协议》，约定：1. 财产情况。遗赠人刘某某有房屋一栋。2. 遗赠人刘某某过世后，将上述房屋赠送给胞弟受赠人刘某丁所有。3. 受赠人刘某丁为遗赠人刘某某生前支付医疗费用、生活费、护理费等，为遗赠人刘某某过世后办理丧事并支付相关费用。刘某某第一顺序法定继承人有：儿子刘某甲（即原告）、女儿刘某丙（即被告）、父亲刘某乙（即被告）、母亲郑某

(即被告)。刘某某的死亡丧葬费由第三人刘某丁支付。原审法院认为，遗赠扶养协议优先于法定继承和遗嘱继承。刘某某生前与第三人签订《遗赠扶养协议》真实、合法、有效，根据《遗赠扶养协议》，刘某某的遗产应由第三人继受取得。原告主张其父刘某某曾立下口头遗嘱，讼争房屋全部归原告，该主张不符合法律规定，对原告的请求不予支持。一审判决二层共六间房屋由第三人刘某丁继受取得。

刘某甲不服原审判决提起上诉。二审法院认为，遗赠扶养协议是指遗赠人与扶养人之间订立的关于扶养人承担遗赠人生养死葬义务、遗赠人的财产在其死后转归扶养人所有的协议，由于其系双务有偿的法律行为，因此在适用上依法优先于遗嘱继承和法定继承。本案中遗赠协议双方系亲兄弟，在刘某某病重且子女不在身边的情况下，被上诉人刘某丁先出资医治，后在亲友见证下，刘某某与刘某丁签订了遗赠扶养协议，系其真实意思表示，且未违反法律法规的强制性规定，合法有效，上诉人刘某甲所提刘某丁乘人之危、遗赠协议不是刘某某真实意思表示的上诉理由没有事实依据，二审法院不予采纳；刘某丁在刘某某生前为其支付了医疗费、生活费、护理费等，在刘某某过世后为其办理了丧事并支付了相关费用，已履行遗赠扶养协议的义务，依法享有在刘某某死后承受其遗赠财产的权利，刘某某和刘某丁不仅系亲兄弟，且为同一村民集体组织成员，刘某丁基于遗赠扶养协议承受刘某某所有的房屋及其集体土地使用权并不违反法律规定，与单方、无偿、死后法律行为且须符合遗嘱成立、有效要件的遗赠不同，遗赠扶养协议系双务有偿的法律行为，一经订立即具有法律效力，非经双方协商一致或法定事由，任何一方均不得变更或解除，因此，刘某甲所提刘某丁未明确表示接受即为放弃的上诉理由没有法律依据，二审法院不予采纳。①

3. 遗赠扶养协议与附义务赠与合同的主要区别

根据《民法典》第661条规定，附义务的赠与，是指赠与人在赠与时使受赠人负担一定义务的赠与。附义务赠与合同，是受赠人承担相应约定义务的一种特殊赠与合同。在受赠人获得较大利益，负担较小义务的同时，满足了赠与人或赠与人指定的第三人的特定权益，因而成为赠与合同的主流形式。赠与人在赠与自己财产的同时，对受赠人另行做出了其他限制性规定，并非无偿取得。

二者的相似之处在于，都是附义务取得财产的方式。差异性主要体现为：

（1）赠与财产交付时间不同：遗赠扶养协议中财产的交付是在被扶养人去世之后，在其生前一直由被扶养人占有，扶养人在履行其义务后才能按照协议约定获得遗留的财产；附义务的赠与合同中赠与行为发生在赠与人去世之前，一般是赠与人履行交付赠与财产的义务后，始发生受赠人履行其所附义务的义务，也有受赠人在履行了附随的义务后才取得赠与财产的权利。

（2）纠纷解决法律依据不同：遗赠扶养协议的纠纷主要参照《民法典》继承编的相关规定来解决，若出现协议不能履行

---

① （2015）榕民终字第3982号。

的情形，则不履行一方将失去既定的权利；在附义务赠与合同履行过程中出现的合同纠纷问题，则要依照《民法典》合同编的规定，若受赠人故意违反协议中约定的扶养或者其他义务，由于赠与人拥有合同的单方面撤销权，可以要求受赠与人返还其已发生的赠与财产，同时，由于赠与合同为单务无偿合同，因此，附义务赠与所附的义务不是赠与的对价，赠与人不能以受赠人不履行义务为抗辩。

（3）两者在合同性质上不同：遗赠扶养协议属于双务合同，合同双方主体均负有义务；附义务赠与是一种单务无偿合同，在附义务的赠与合同中，受赠人虽然也负担一定的义务，但双方签订合同的主要目的仍是将赠与物的所有权转移给受赠人，赠与人对合同进行变更、撤销的，不需要得到受赠人的同意，其单方实行行为即可发生相应的法律效力。在附义务赠与中，赠与的财产有瑕疵的，赠与人只需在附义务的限度内承担与出卖人相同的违约责任。

（4）受赠人的行为能力要求不同：遗赠扶养协议的扶养人原则上必须是有行为能力的人，能够负担得起被扶养人生养死葬的义务；附义务赠与合同中的受赠人则没有类似的严格限制，只需要受赠人具有与其所负担的义务相应的行为能力即可，没有更高的要求和限制。

第三节

如何自书遗嘱

遗嘱人自己亲笔书写遗嘱即为自书遗嘱，自书遗嘱是立遗嘱的最主要方式之一。

一、自书遗嘱

1. 自书遗嘱的范围

自书遗嘱，是指遗嘱人亲笔制作的书面遗嘱，遗嘱人依照法律的规定，根据自己的意志对去世后的财产或其他事务预先作出的亲笔书面处分。

在所有的遗嘱形式中，自书遗嘱最为基础，最能体现遗嘱人的自由意志，是古今中外广大中老年人最多采用的遗嘱形式。法律意义上的自书遗嘱，应当由遗嘱人亲笔书写遗嘱的全部内容，并签名，注明年、月、日。

如果自然人在遗书、遗言或某些规范文件中涉及死后个人财产处分的内容，确为死者真实意思的表示，有本人签名并注明了年、月、日，又无相反证据的，视为自书遗嘱。但随着《民法典》的颁布施行，很快会对遗嘱的形式和实质要件进一步规范，相关司法解释很可能随之被废除或修改，法律对遗嘱的规范性越来越会提出更高的要求，遗嘱人还是要尽可能地立一份规范严谨、合法有效的遗嘱，有效“擦边球”遗嘱范围则会越来越小。

实例1：自书遗嘱形式合法最重要

如2018年7月13日，严某亲笔书写立下一份《遗嘱书》，内容大致是：“坐落于某某市某区（详见《房屋征收补偿安置协议书》）的房产系严某名下个人产权。为避免今后因财产继承发生纠纷，现我在神志清楚的情况下特立遗嘱如下：待本人去世后，上述房产全部产权份额由女儿严某1（公民身份号码：×××0409）一人继承，产权归严某1个人所有，与其配偶无关，其他任何人不得干涉。特立此遗嘱。”① 该遗嘱被法院确定有效。

实例2：符合遗嘱要件的《声明书》被视为有效遗嘱

如法院判决认为，“原告提交的《声明书》系被继承人的自书遗嘱，是被继承人的真实意思表示，合法有效。原告关于按照该声明书的内容将涉案房产中被继承人遗产部分归原告继承的主张，有事实和法律依据，法院予以支持”。②

实例3：符合遗嘱要件的遗书可视为有效遗嘱

如2016年8月28日，被继承人李某以打印与自书相结合的形式立住房遗书一份，明确涉案房屋遗留给李某1继承。2017年2月25日，被继承人李某因病死亡。法院判决认为：“根据法律规定，自书遗嘱由遗嘱人亲笔书写，签名，注明年、月、日。公

---

① （2019）闽0104民初4937号。

② （2018）粤0303民初20798号。

民在遗书中涉及死后个人财产处分的内容，确为死者真实意思表示，有本人签名并注明了年、月、日，又无相反证据的，可按自书遗嘱对待。本案中，李某于2016年8月28日亲笔书写了住房遗嘱的主要内容，亲自签名并注明了年、月、日。同时，李某书写的‘住房遗嘱’与证人王某的证言、(2016) 新0103民初1432号民事判决书之间能够相互印证，共同证实李某将涉案房屋遗留处分给李某1的表示系其真实意思表示……根据法律规定，2016年8月28日，被继承人李某以打印与自书相结合的形式立住房遗嘱应当视为自书遗嘱，涉案房屋中李某所享有的份额应当按照其所书写的住房遗嘱进行继承，即被继承人李某在涉案房屋中享有的31.25%份额由李某1继承。”①

实例4：早年离婚协议书的内容被视为有效遗嘱

如法院判决认为：“被继承人王某某与冯某某在离婚协议中指定王某2为诉争房屋唯一继承人，仅依有关法律关于自书遗书和代书遗嘱的形式要件的规定，固然有一定的瑕疵，但双方签订的相关协议书并不违反法律禁止性规定，内容应属合法，并已由人民法院及司法所审查并归档，应为双方真实意思表示，故该条款可视为自书遗嘱，对原、被告均具有法律约束力。”② 可见，因为《离婚协议》本身不是遗嘱，而是视为自书遗嘱，所以法律并不要求必须亲笔书写，反观对自书遗嘱的严苛要求，体现了法律对遗嘱形式上要求的无情。

---

① (2018) 新01民终3377号。

② (2018) 豫13民终1919号。

实例5：未写时间的遗书仍不能视为遗嘱

如法院判决认为："在开篇阶段，陆某某已经明确了这是一份写给亲友的心声流淌；从内容来看，涉及陆某某对自己90多年人生历程的回顾、案涉房屋的来源和在其去世后如何进行分配等内容。该材料兼具回忆录和遗书的性质。《倾吐》材料共计10页，前9页行文流畅连贯、书写工整规范，应当认为是陆某某内心真实思想和心理状态的表达。但根据《最高人民法院关于贯彻执行〈中华人民共和国继承法〉若干问题的意见》第40条的规定，公民在遗书中涉及死后个人财产处分的内容，确为死者真实意思的表示，有本人签名并注明了年、月、日，又无相反证据的，可按自书遗嘱对待。陆某某虽然在《倾吐》材料第二行落名，但并未注明具体的年、月、日，不符合法律规定的视为自书遗嘱的形式要件。"① 可见，遗嘱的年、月、日要写并要写全，签名要签全名且要与身份证上的名字相一致。法律规范如此严苛，证明了自书遗嘱在人们生活中极其重要的社会地位。

实例6：遗言的形式要件不完备的无效

如已故陶某7自书信件，载："源、亚兰：你们好！我现在已94岁了，大概时日无多；所以我想和你们说：这个房子，当时我是以7万余元买到的，按现在的市值五环以内单价都在1万元以上，这幢房现价在70万元左右，除去折旧10万元（已住了9年，一年1万元）净值在60万元之间，我的初步意见，以30万元还给你们两位，剩余30万元分配给四位哥哥、姐姐、妹妹，按你们

① （2017）苏06民终2465号。

现在的经济条件，拿出30万元还能承受得了（这是我的估计）。你们认为如何？还没有和你哥哥提及，这是草案！父09、3、21”。按理说，老人的交代已经很清楚。法院判决认为：“通观该信件全文，首先，信件中并未写明房屋的具体地址；其次，关于房屋产权归属并未提出明确意见；再次，关于房款支付及价款数额均系陶某7个人估计陶某5能力后提出方案、与陶某5商议之态度；最后，信件中陶某7本人并未签名。综合以上因素，法院认为该信件并不具备自书遗嘱的内容要件及形式要件，故法院对该证据的真实性予以认定，对证明目的不予确认。”① 这里的“证明目的”，就是指陶某5视其为遗嘱的举证目的。信件落款“父”虽然已是特指，但判决认为“本人并未签名”；房屋虽然是老年人的唯一，未写明房屋的具体地址也可能导致遗嘱的无效。由此可见，对于遗嘱的外在形式，法律规定是无情的。

以上案例侧重介绍了视为自书遗嘱的一些情形，人死不能复生，这些案例首先体现了法律对故人真实意愿的充分尊重，同时也告诉后人订立遗嘱法律形式上的重要性。

2. 自书遗嘱无效的情形

虽然出于自己的真实意愿，但是如果遗嘱与法不符，或者违背了社会的公序良俗，或者不可操作，或者法定形式缺项，都可能导致自书遗嘱的无效。

---

① （2017）京0102民初21842号。

案例1：违法的自书遗嘱无效

如“我去世后，如果妻子在孩子成年前没有再婚，那么我与妻子共有的××小区×楼××号房产中属于我所有的部分留给妻子所有”。

从遗嘱人角度来看，留下了如此巨额资产，只是换取年轻配偶的晚点再婚，还是为了双方共同的孩子。这虽合情却不合法。遗嘱中设立这样的继承条件限制了配偶的再婚权利，有悖于婚姻法婚姻自由的原则。如果其去世后有法定继承人主张该自书遗嘱无效，孩子也的确尚未成年，即使妻子决定不再婚，遗嘱也可能因违法而被判无效，毕竟法律是无情的。

再如，法院判决认定：“‘如我妻蔡某某今后嫁人，三间平房归我侄子张某某所有’，该约束内容有违法律规定，故涉及遗赠的内容无效。”①

婚姻自由是我国宪法规定的一项公民的基本权利，是我国法律规定的基本婚姻制度，体现了婚姻自主权这一人格权利，即自然人有权在法律规定的范围内，自主自愿决定本人的婚姻，不受其他任何人强迫与干涉。张某去世后，蔡某某是否再婚应完全由蔡某某自行决定，如蔡某某选择再婚也是人之常情，故张某立下遗嘱但设定了约束内容，限制蔡某某的婚姻自由，违反了有关婚姻自由的法律规定，故所立遗嘱中该部分内容应属无效，即张某某受遗赠的内容无效。可见，遗嘱内容因自身不懂法而无法实现，意愿成了浮云，意定受益人的处境十分尴尬。

① （2012）锡法湖民初字第0307号。

案例 2：存在法律障碍的遗嘱易起纠纷

如“我去世后，我个人所有的××小区×××房产归我的子女继承，但我的再婚妻子有权一直居住，除非她再婚”。

该自书遗嘱存在法律概念上的冲突，如果子女继承了房子，随后出售，产权变更了，使用权就会跟着产权而转移，“一直居住”权利就会丧失，遗嘱人的本意可能无法实现，还容易引发家庭遗产的纠纷。

案例 3：违背公序良俗的遗嘱无效

经法院审理查明：“蒋某某（被告）与黄某某（逝者）于1963 年 5 月登记结婚，婚后夫妻关系较好。因双方未生育，收养一子（黄某，现年 31 岁）……1996 年，遗赠人黄某某与原告张某某相识后，二人便一直在外租房非法同居生活……（黄某某）2001 年 4 月 18 日立下书面遗嘱，将其所得的住房补贴金、公积金、抚恤金和卖房款的一半 4 万元及自己所用的手机一部，赠与原告张某某所有。2001 年 4 月 22 日，遗赠人黄某某去世，原、被告双方即发生讼争。”法院判决认为：“遗赠属一种民事法律行为，民事行为是当事人实现自己权利，处分自己权益的意思自治行为。当事人的意思表示一旦作出就成立，但遗赠人行使遗赠权不得违背法律的规定。且根据《民法通则》第 7 条①的规定，民事行为不得违反公共秩序和社会公德，违反者其行为无效。本案中遗赠人黄某某与被告蒋某某系结婚多年的夫妻，无论从社会道德角度，还是从《婚姻法》的规定来讲，均应相互扶助、互相忠

---

① 《民法典》第 8 条规定：“民事主体从事民事活动，不得违反法律，不得违背公序良俗。”

实、互相尊重。但在本案中遗赠人自1996年认识原告张某某以后，长期与其非法同居，其行为违反了《婚姻法》第2条规定的一夫一妻的婚姻制度和第3条禁止有配偶者与他人同居，以及第4条夫妻应当互相忠实、互相尊重的法律规定，是一种违法行为。遗赠人黄某某基于与原告张某某有非法同居关系而立下遗嘱，将其遗产和属被告所有的财产赠与原告张某某，是一种违反公共秩序、社会公德和违反法律的行为。而本案被告蒋某某忠实于夫妻感情，且在遗赠人黄某某患肝癌晚期住院直至去世期间，一直对其护理照顾，履行了夫妻扶助的义务，遗赠人黄某某却无视法律规定，违反社会公德，漠视其结发夫妻的忠实与扶助，侵犯了蒋某某的合法权益，对蒋某某造成精神上的损害，在分割处理夫妻共同财产时，本应对蒋某某进行损害赔偿，但将财产赠与其非法同居的原告张某某，实质上损害了被告蒋某某依法享有的合法的财产继承权，违反了公序良俗，破坏了社会风气。原告张某某明知黄某某有配偶而与其长期同居生活，其行为法律禁止，是社会公德和伦理道德所不允许的，侵犯了蒋某某的合法权益，于法于理不符，法院不予支持。"①

遗赠人黄某某还不能算是事业有成，并无多少遗产。在现实中，一些成功男士在外包养"二奶""小三"，临终还立遗嘱将依法属于夫妻的共同财产赠与"二奶""小三"，这样的遗嘱是不受法律保护的。

---

① （2001）纳溪民初字第561号。

案例4：盖章不签名的自书遗嘱无效

法院判决认为：“该遗嘱并非高某英亲笔书写，为代书遗嘱，但该代书遗嘱签字亦非高某英所签，仅盖有高某英的名章，不符合代书遗嘱的形式要件，同时订立该代书遗嘱时，仅有高某英的弟妹高某1、高某2、高某3在场，高某1、高某2、高某3系高某英第二顺位继承人，不能作为代书遗嘱中的见证人，因此该代书遗嘱无效，对高某英名下份额，应当按法定继承进行分割。”①

无论是自书遗嘱还是代书遗嘱，抑或打印遗嘱，遗嘱人签名必不可忽视，不签名只是盖名章或是按指印，都会导致遗嘱的无效。自书遗嘱必须是遗嘱人亲笔书写，这是必备的法律要件。

案例5：不亲笔的打印遗嘱无效

法院判决认为：“两份遗嘱均为打印遗嘱，且原、被告均确认这两份遗嘱不是由遗嘱人自己打印制作的，故该两份打印遗嘱应视为代书遗嘱……因原、被告均确认上述两份遗嘱打印形成时三名见证人均不在场，该两份遗嘱均不是由见证人代书的，该两份代书遗嘱违反了继承法的法定形式要件，法院认定该两份代书遗嘱无效。”②

再如，一起案件法院判决认为：“根据庭审中查明的事实，被继承人李某于2016年12月28日订立遗嘱一份，指定涉案房屋的70%份额由崔某3个人继承，其余30%份额由崔某2、崔某4、崔某5、牛某四人平均继承。崔某4自认该遗嘱由打印制作而成，故该遗嘱无法认定为自书遗嘱。打印遗嘱由被继承人以外的人制

---

① （2019）云0112民初11813号。

② （2019）苏0113民初2449号。

作的，应符合法律规定的代书遗嘱形式要件，即有两个以上见证人在场见证，由其中一人代书，注明年、月、日，并由代书人、其他见证人和遗嘱人签名，而该遗嘱落款处仅有李某一人签名，无代书人、见证人签名，不符合代书遗嘱的形式要件，故法院认定李某于2016年12月28日订立的遗嘱无效，本案应按法定继承处理。”①

以上两案都是以原《继承法》为法律依据的判例，都是不符合自书遗嘱的形式。《民法典》已将打印遗嘱列为法定遗嘱，但是即使按照打印遗嘱的法定形式要求，因缺少2名以上合法见证人现场见证，也将被确认为无效。

案例6：语焉不详的遗嘱无效

张某与郭某某婚后生育三子三女，郭某某于1978年3月16日去世，张某于2018年12月22日去世。长子张某1育有二子，即本案二原告，张某1于2017年6月4日去世。

张某生前留有自书遗嘱一份，写明“本人有某区海颂园2－××号和26－××号房产两套，本人决定将海颂园2－××号给二儿子所有，按收房时的价格二儿子拿出60万元给本人大儿子张某1和三儿子每人各30万元作为补偿。本人现在居住的海颂园26－××号房在本人百年之后由三个女儿共同拥有。海颂园22－××号房为大女儿张某2所有，与本人无关。立字人：张某，2016年12月30日”。

法院查明，海颂园22－××号房屋建筑面积47.1平方米的

① （2018）京0102民初19886号。

构成为：张某2及其儿子享有的小户型面积各15平方米，合计30平方米，张某名下平房拆迁选房后剩余的15.44平方米，张某2出资购买的1.66平方米，共计47.1平方米。该房屋现由被告张某2占有。

“法院认为，本案的争议焦点为，被继承人张某生前是否将选房后剩余的15.44平方米赠与给张某2或遗嘱由张某2继承。张某遗嘱中载明：海颂园22－××号房为大女儿张某2所有，与本人无关。从字面意思理解，张某自认为海颂园22－××号房屋是张某2所有的房产，并未明确其选房后剩余的15.44平方米赠与给张某2，亦没有明确该15.44平方米由张某2继承，因此，法院确认该15.44平方米并没有赠与给张某2，亦没有遗嘱明确该15.44平方米由张某2继承，故该15.44平方米系张某的遗产。”①

本案遗嘱中“海颂园22－××号房为大女儿张某2所有，与本人无关”，老人是否将该套房中自己曾经选房后剩余的15.44平方米赠与给了大女儿或遗嘱由大女儿继承呢？老人已经将自己两套房近200平方米遗嘱分给了子女，老人生前房产面积非常充盈。从字面上看，包含在大女儿房产中的15.44平方米面积老人其实早就送给大女儿了，结果遗嘱中“与本人无关”这一句又没有说清楚，反倒画蛇添足。

二、遗嘱的内容

根据《民法典》第1134条规定：“自书遗嘱由遗嘱人亲笔书

① （2019）津0110民初8329号。

写，签名，注明年、月、日。”书写遗嘱的法定形式必须严格遵守。自书遗嘱需要亲自书写并应当包括以下内容：

1. 遗嘱头部

题目写：×××遗嘱。

开头写：遗嘱人的姓名、性别、身份证号、住址。

2. 遗嘱内容

（1）遗嘱所处分财产的基本状况

包括有形资产的名称、数量、所在地点以及是否共有、抵押等；无形资产的类型、权利文件、名称、密码、估值、权利转移限制情况等。

（2）遗留债务情况

债务种类、数量、产生或形成原因、需要说明的情况等。

（3）遗产处理决定

在自己去世后，对财产、债务和其他事务的具体处理意见。

（4）遗嘱执行人

有遗嘱执行人的，应当写明遗嘱执行人的姓名、性别、年龄、住址、联系方式等。

3. 遗嘱结尾

遗嘱人的签名，以及遗嘱制作的日期（年、月、日）。

三、遗嘱的写作范例

比较简洁的写作范例，如“……上述财产中属于我的部分，在我去世（百年）后归×××所有。遗嘱人签名：×××。遗嘱制作日期：×年×月×日”。

自书遗嘱是人生中非常重要的历史性文件，也可适当选加一些内容，使遗嘱成为留世的文字艺术遗产，主要有：

1. 自己的由来和足迹

人生总有来处、理想、辉煌和遗憾，遗嘱是传给后人的最佳载体，可以简明扼要地留下一定的精神财富。

如：“××××年×月××日我出生在××××。家里共×口人……全家财产总额不足百元。为了将来生存才努力学习考学……”

再如，1982年7月27日，吴某某亲笔立遗嘱即《遗传书》，内容如下[①]：“吴某某为房屋一事生前遗传书。我是吴某古、胡某友之子，二老生前居住在某某县城关镇东长街82号，该栋房屋坐西朝东，砖瓦屋，从上至下共三层，前至大街后至城墙走道，并有厕所一间，南与服装厂共垛，北与县镶牙所和后段与李某某房屋共垛，遵照我母亲生前嘱咐和我本人现在生前文字，将此栋坐落在某某县城关镇东长街82号房屋移交给我长子吴某杰管理财产，并有我母胡某友生前亲手移交给我长子吴某杰该栋房屋管理证为凭据，我母胡某友生养死葬和该栋房屋的换垛修理等，全部是我儿吴某杰负担的，房屋的产权应当归吴某杰所有，其他任何人无权管理。长子吴某杰一周岁时就跟着我母在城关镇吃商品粮，坐落在本县城南公社农村的房屋田亩土地长子吴某杰无权管理。

① （2019）湘1022民初2433号。

以上之事空口无凭，现我特将生前遗嘱交与吴某杰存照。”

这是一份非常好的自书遗嘱，遗嘱全文 300 余字，通过对不动产的来历、具体描述和精准措辞，与客观证据相互印证来证明遗嘱人的思维睿智。立遗嘱的原因简洁明了，还借机传颂了自己所经历的一段家史。

2. 家庭情况概述

对于闯荡一生、事业有成、生活坎坷的，可以在遗嘱中对家人做好交代。前面吴某某的《遗传书》也属此类。

如：“我的父母是 × ×、× ×，生育我和兄妹 × ×、× ×。我和 × ×系原配夫妻，生育子 × ×、女 × ×……”

再如：“本人李某某于 1951 年 10 月 2 日出生于某丰县。1973 年经人介绍娶张某某为妻。婚后于 1974 年 5 月 27 日生育长子李某 1，1977 年 3 月 3 日生育次子李某 2。二十多年来妻贤子孝，人睦年丰，先后出资创建了某丰选厂、某丰和尚洞铜矿两个私营企业，两个儿子尚未成年就参加企业经营管理，与父母同甘苦、与企业共命运，成年之后仍共同居住生活在一个大家庭，多年来经营企业的收益除日常生活开支外，仍由我统一管理支配。然而天有不测风云，1997 年 12 月 30 日，爱妻张某某因病突然去世。遗下我父子三人相依为命。2000 年 1 月 18 日，经人介绍我又与离异后的张某 1 女士再婚，同时接纳张某 1 带来的 12 岁女儿张某 2 为继女。从 2016 年 1 月以来，我因患上严重的哮喘疾病，生活不能自理，依赖吸氧维持生命，身体随时可能发生意外。故特立此遗嘱，表明我对自己所有的财产在去世后的处理意愿。1. 我自愿将坐落于……”遗嘱尾部有李某某签名捺印，落款时间为2019年1月28日。[①]

3. 立遗嘱原因

可载明遗嘱人立遗嘱的具体原因，以及财产分配的原则和意义。

如：“北京市海淀区黄庄小区×号楼×单元××号房产是长子××出资为我购买的养老居所，故我去世后……”

“1998年房改时，我主持了家庭会议，说明谁出资购买位于××小区××楼的房产，将来这个房子就留给谁。当时只有小女儿××表态愿意出资……故我去世后……”

“我的子女都在国外生活，邻居×××一家多年来对我悉心照料……故我去世后……”

“我有五个子女，其中大女儿×××因身体不好一直未婚，随我生活，对我照料最多，故我去世后……”

2017年7月24日，被继承人蔡某某立下一份《遗嘱》，内容为：“我去世后，我的所有财产二儿子吴某1分一半，四儿子吴某2和五儿子吴某9各分四分之一。其他子女：长子吴某3，三儿子吴某6，长女吴某4，二女儿吴某5，三女儿吴某7、四女儿吴某8都不孝，所以都不分”[②]。这是一份代书遗嘱，在《遗嘱》落款处，王某1在“执笔人”一栏签字捺手印，王某3在“见证人”一栏签字捺手印，蔡某某在“立遗嘱人”一栏签字捺手印。法院

① （2019）云2331民初1149号。判决书确认该遗嘱有效。
② （2019）闽0104民初3666号。

经审理判决确认该遗嘱合法有效……

4. 遗嘱人的神志状态

主要是表明具有完全民事行为能力。因为法律规定，受欺诈、胁迫所立遗嘱无效，必要的交代也有益无害。

如："本人神志清楚，立此遗嘱完全出于自愿，未受他人胁迫……"

再如："本人曾患过××病，但于×年×月×日治愈。现在思维正常、神志清楚且无影响精神健康的疾病。"

5. 设有动态条件的遗嘱

如："××小区×××房产归A所有。如A先于我去世，则该财产归B所有。"

6. 遗产份额的保留

根据《民法典》第1141条规定，遗嘱应当对缺乏劳动能力又没有生活来源的继承人保留必要的遗产份额。《最高人民法院关于适用〈中华人民共和国民法典〉继承编的解释（一）》第25条的规定，遗嘱人未保留缺乏劳动能力又没有生活来源的继承人的遗产份额，遗产处理时，应当为该继承人留下必要的遗产，所剩余的部分，才可参照遗嘱确定的分配原则处理。《老年人权益保障法》第22条规定，老年人以遗嘱处分财产，应当依法为老年配偶保留必要的份额。可见，如果有此类继承人，自书遗嘱时一定不要忘了需要关爱的法律要求，而订立的遗嘱未予预留，虽然不必然导致遗嘱无效，但是在遗嘱生效时如果有继承人缺乏劳动能力又没有生活来源，会被参照遗嘱确定的分配原则依法改变遗嘱确定的内容。

如：“配偶××长期住院且无工作，如果本人先去世，上述财产中属于我的部分要保留30%的份额给她。”这是符合法律规定的。

又如：“目前，本人不存在缺乏劳动能力又没有生活来源的继承人。将来如果出现这样的情况，本人愿将上述遗产中保留30%的份额给这些人（出现这些情况的人各自平分这部分的份额，均不作为其夫妻共有财产）。”这里的“将来”指的是遗嘱人去世之时，这一条件设置也是符合法律规定的。

再如：原告马某与被继承人汪某义于2001年8月7日登记结婚，双方均系再婚。被继承人与被告汪某某、汪某系父子（女）关系。被继承人于1999年8月18日取得私有房屋一处，房屋所有权人：汪某义。汪某义原有某铁路局公有住房一处（铁路住宅14号楼），铁路职工住宅租赁契约（证）登记的姓名为汪某某。2010年10月15日，汪某义在杨某某、巴某某的见证下自书遗嘱2份，将其私有房屋指定由马某继承，将铁路住宅14号楼房屋指定由汪某某继承。2013年7月26日，汪某义在郑某某、唐某在场见证下由郑某某代书遗嘱1份，将其私有房屋指定由汪某某继承，任某某对汪某义立此遗嘱的过程进行了录像。2013年8月汪某义死亡，抚恤金为155494.34元，丧葬费为4000.00元。原告马某诉至法院，请求法院依法分割二被告之父汪某义死亡后所留下的遗产、死亡抚恤金和丧葬费及其他共有财产。原审认为，遗产限于公民个人所有的财产，不动产所有权以登记为准。本案中，私有房屋的所有权登记在被继承人汪某义名下，应当认定为汪某义的遗产。汪某义对该房屋有遗嘱，应当按照遗嘱继承办理。汪某义对该房屋立有 2 份遗嘱，应以后立的遗嘱为准，原告马某要求继承该房屋，不予支持，该房屋应由被告汪某某继承；汪某义立此遗嘱没有为其老年配偶即马某保留必要的份额，考虑本案的实际情况，汪某某应当给付马某补偿款 2 万元。铁路住宅 14 号楼房屋的所有权并未登记在汪某义名下，不能认定为汪某义的遗产。马某要求继承该房屋，不予支持。原告马某要求分割汪某义抚恤金 155494.34 元，符合法律规定，予以支持，马某应当分得汪某义抚恤金 51831.46 元，被告汪某某、汪某各自应当分得汪某义抚恤金 51831.44 元。汪某某、汪某主张汪某义抚恤金归其所有，没有法律依据，不予支持。原告马某同意被告汪某某、汪某提出的汪某义丧葬费 4000.00 元归汪某某、汪某所有的要求，予以准许，汪某某、汪某应当各自分得汪某义丧葬费 2000.00 元。原告马某要求分割并继承汪某义名下存款 47481.57 元，被告汪某主张分割马某与汪某义婚姻关系存续期间工资，均无证据证明，不予支持。

宣判后，原告马某、被告汪某某均不服判决提起上诉。原告马某上诉称：《老年人权益保障法》规定，老年人以遗嘱处分财产，应当依法为老年配偶保留必要的份额。汪某义所立的两份遗嘱将两户房产全部留给汪某某，违反了上述规定，该遗嘱应为无效，原审应判定汪某义为马某保留份额的比例，而不是汪某某给予补偿，且数额比例过低；原审判决在分配抚恤金时没有考虑马某与汪某义共同生活的紧密程度、马某系老年人等因素而平均分配，系属不当。请求二审法院依法撤销原审判决依法改判。被告汪某某上诉称：汪某义与马某登记后，已充分考虑到马某日后的老年人权益保障问题，日常生活的一切开销都由汪某义一人承担，马某的工资存起来，用于汪某义死亡后的养老钱，且马某有子女，有存款，有退休金，并不是老无所养，没有生活保障，原审判决汪某某给付马某2万元补偿款毫无道理；汪某义对马某在婚姻存续期间实行供养制，马某无权对汪某义死后补发的工资进行分割并继承份额。汪某姐俩均无工作，该款应归其二人所有，请求二审法院予以改判。被告汪某服从原审判决。

二审法院认为，被继承人汪某义去世后，按照其生前所立的遗嘱，所有权人为汪某义的私有房屋由其儿子上诉人汪某某继承。但汪某义立遗嘱处分该房屋时，并没有给其配偶上诉人马某保留必要的份额，原审法院依据《老年人权益保障法》第22条第3款的规定，根据本案的实际情况，判决上诉人汪某某给付上诉人马某2万元补偿款并无不当。上诉人汪某某以上诉人马某与汪某义生活期间，存有养老金，且有子女，有退休金，有存款为由，不同意给付2万元的上诉请求，因无法律依据，不予支持。上诉人马某提出铁路住宅204室房屋应视为汪某义遗产，汪某义所立遗嘱将两户房屋全部由上诉人汪某某继承，原审应判定汪某义为马某保留份额的比例，而不是给予补偿，且数额比例过低的上诉请求，二审法院认为，鹤岗铁路住宅房屋在铁路职工住宅租赁契约住房情况上记载的姓名并未体现系房屋所有权人，该契约为租赁契约，上诉人马某主张该房屋为汪某义遗产的理由，不能成立，上诉人马某如有证据证实该房屋的所有权人为汪某义，可另行主张权利。上诉人马某要求为其保留份额的请求，因无法律依据不予支持。上诉人马某提出汪某义所立遗嘱违反了《老年人权益保障法》的规定，遗嘱应为无效的主张，因无法律依据，亦不能成立。原审法院按照比例分割汪某义抚恤金 155494.34 元，并无不当。上诉人马某提出应考虑其与汪某义生活的紧密程度及老年人等因素应多分割抚恤金的请求，因无法律依据，不予支持。上诉人汪某某提出 155494.34 元不是抚恤金，应是汪某义补发的工资，不应平均分配，而应归其与被上诉人汪某二人所有的上诉请求，因无事实和法律依据，不予支持。上诉人汪某某提出汪某义死后，马某在诉争房屋居住至今，已构成非法侵占，要求上诉人马某进行赔偿的上诉请求，因该请求与本案并不是同一法律关系，法院不予审理。原审法院按照双方当事人的各自主张及判决结果分配诉讼费的承担，亦无不当。判决驳回上诉，维持原判。①

再如：某区单元及附属间系被继承人陈某某与傅某 2 的夫妻共有财产。陈某 1、陈某 2 系陈某某与前妻林某某之女。傅某系傅某 2 与前夫蒋某某之女、被继承人陈某某继女。

法院认为，公民对自己的财产，依法享有处分的权利，陈某某有权以遗嘱形式处分自己的财产。某区单元房屋及附属间属被继承人陈某某和被告傅某 2 夫妻共有的财产。现陈某某已经逝世，被告傅某 2 依法享有涉案房产 50% 份额，剩余 50% 份额方属被继承人陈某某的遗产。陈某某生前立有遗嘱，有见证人及录像为证，

① （2015）鹤民终字第 71 号。

傅某2、傅某对遗嘱的真实性亦不持异议。故该份遗嘱内容系陈某某的真实意思表示，法院予以认定。傅某自愿放弃对陈某某的继承权，不违反法律规定，法院予以确认。依据《老年人权益保障法》第22条之规定，老年人以遗嘱处分财产，应当依法为老年配偶保留必要的份额。故陈某某虽然以遗嘱处分财产，但依法应为其老年配偶傅某2保留必要的份额，剩余部分方可按遗嘱内容予以分配。综合考虑到陈某某去世时，傅某2同陈某某结婚已有二十余年，其间对陈某某多有照料。法院酌定傅某2可分得陈某某遗产中涉案房产的10%份额，即傅某2享有涉案房产50% + 10% =60%的份额。陈某1、陈某2共同继承陈某某遗产中涉案房产50% −10% =40%的份额。①

以上两个案例均体现了“老年人以遗嘱处分财产，应当依法为老年配偶保留必要的份额”的规定。

7. 债务的处理

尽管继承人将来可以依法选择放弃遗产来拒绝继承留下的债务，但是债务的处分也应是遗嘱的组成部分。如果有债务而忘记了处理，可能会给家人带来不必要的麻烦。

如：“本人死亡时如有债务遗留，由受益人按照受益比例分别偿还。”

8. 遗嘱执行人

有遗嘱执行人的，通常需写明执行人姓名、性别、年龄、身

---

① （2018）闽0111民初2021号。

份证号码、住址、联系方式等。执行人执行遗嘱的方法，以及执行遗嘱所发生的合理费用承担等问题，也可写入遗嘱的财产处分之中。遗嘱执行人可以是遗嘱继承人或遗嘱受益人，也可以是指定他人或有关组织、机构等。

如 2013 年 10 月 21 日，被继承人柴某某留有《遗嘱》一份[①]，载明："我因年事已高深恐去世后子女为继承遗产发生纠纷，故将遗产分配如下：坐落在某某市上城区 119 平方米的房产壹套，除房产一半的面积属于亡妻的遗产，按法律程序由继承人继承外，属于我名下的房产由我儿子柴某 2 和女儿柴某 1 平均分配。本遗嘱仅壹份，由其中一位遗嘱继承人柴某 1 收执。继承发生后，此遗嘱由遗嘱执行人柴某 1 执行。"

再如："本人指定 YYY（性别、年龄、身份证号码、住址、联系方式）为遗嘱执行人。本遗嘱所涉的财产以及债务请遗嘱执行人按照本遗嘱确定的方式进行处理。如果 YYY 先于本人去世或因其他原因无法执行遗嘱，可由 ZZZ（性别、年龄、身份证号码、住址、联系方式）执行本遗嘱。"

9. 遗嘱中的声明

不少人在立最后一份遗嘱前还曾立过一份或多份遗嘱。虽然根据《民法典》的规定，遗嘱以最后一份遗嘱的内容为准，但是对于某些遗嘱人而言，往往还会对曾经立过的遗嘱有所保留。如明确哪些内容以新遗嘱为准，哪些内容以曾经的某遗嘱所述形式

---

① （2019）浙 0102 民初 2496 号。

处分。

如："本人声明本遗嘱是本人目前所订立的唯一遗嘱，先前未以遗嘱形式处分过财产。"

再如："本人曾经也以遗嘱形式立过数份遗嘱。本人声明先前所作关于上述财产的所有遗嘱全部作废。本遗嘱系有关上述财产的目前最后一份有效遗嘱。"

10. 遗嘱份数及持有情况

关于遗嘱份数与持有情况的说明，一是可以防止有人企图变造、隐匿遗嘱；二是对持有情况进行认证可以避免一些不必要的怀疑；三是能够进行必要的灾备；四是即使有泄露遗嘱内容的也方便及时倒查泄露源。

如："本遗嘱共一式四份——本人执一份，执行人执一份，受益人执一份，北京厚大合川律师事务所存档一份。"

11. 遗嘱的其他内容

遗嘱固然是处理财产为主的法律文书，但这并不影响在其中夹带几句其他留世内容，如殡葬、劝诫、嘱托、希望继承人理解等。往往简单一句带有温情的话，不仅可能化解存在的误解与纠纷，也有可能对后人的生活、学习、事业等有所启迪。

如："口说无凭，立此遗嘱为证。望大家能够尊重本人遗愿，和睦相处。"

再如，2018 年 7 月 4 日，毛老汉老两口含泪立共同遗嘱："在我们俩离开人世后的大、小生活用品和住房都归小儿毛某2 所有。在此应由毛某 2 备好 66000 元，交给大哥毛某 1 留思为好，既有骨肉情，又有含泪瘛！”[①]

二老就养育了毛某 1、毛某 2 这么两位儿子，为什么会有这样“偏心”的遗嘱？看看原告毛某 2 在法庭上的陈述：“被告毛某 1 作为父母的长子，父母辛苦将被告抚养成人，甚至帮忙将其儿子照顾长大。但至今 20 多年，被告对父母不闻不问，甚至在路上看见父亲时都不会主动上前与其打招呼，对父亲宛若陌生人一般；更不要奢望其在父母生病时在旁照顾。多年来，一直由原告担任赡养父母的担子。母亲去世当天，被告作为儿子回到家中，就像看客一样站在一旁，什么事情都不做，甚至都不去帮忙整理自己母亲的遗容，被告的无动于衷，再次伤害了原告及父亲。母亲的丧礼上，仅有被告一人参加，被告的妻子、儿子从头至尾都未露面。母亲去世后，父亲多次与被告协商处理遗产事宜，被告均拒绝处理，甚至扬言等父亲去世后再和原告掰扯。”法院判决认定遗嘱有效，支持了原告的所有诉讼请求，原告支付给被告 66000 元。

12. 添加内容注意事项

一是遗嘱中一般不得包括与处分财产及处理死亡后事宜无关的其他内容。

二是法律规定，伪造、变造的遗嘱是无效的。所以，自书遗嘱尽可能不要有改动和添加。如有不得不删改或增加的内容，应当重新誊写成为正式遗嘱。

---

① （2019）云 0102 民初 3324 号。

第二章　遗嘱见证

遗嘱是生前留言，遗嘱见证是指看到遗嘱制定的过程并证明的行为。

第一节

遗嘱见证的必要性

> 遗嘱可以是人生中最重要的阶段性总结文件，当然也可以包含未来人生最后的一个大规划。遗嘱的有效性、可执行性非常重要。

一、遗嘱有严苛的法律要求

立遗嘱的主体（遗嘱人）、遗嘱内容、遗嘱形式都有严苛的法律要求，判定遗嘱有效性的法律规范最为严苛，形式要件必不可少。为确保遗嘱的有效性，立遗嘱时最好有一位懂法律的专业人士，有两个以上无利害关系的见证人现场证明，并在遗嘱上签名确认。这是遗嘱效力的保护伞，有利于实现立遗嘱人的真实合法意愿。同时，可以最大限度地减少矛盾或纠纷的出现，维护好家庭和睦和促进社会稳定。

二、遗嘱无效会导致不可弥补的遗憾

遗嘱一旦无效，一切都将无法弥补，必将留下不可弥补的人间憾事。

案例1：世纪遗产争夺案

案件的继承人是已故香港华懋集团主席龚某心，时称亚洲女首富，身价超过30亿美元。遗嘱纠纷的另一方为龚某心的公公王某歆。1990年，龚某心的丈夫王某辉被绑架后神秘失踪，1999年9月22日，香港高等法院宣布王某辉法律死亡。根据王某辉1968年所立遗嘱，他的父亲王某歆将继承他的400亿港币遗产，而就在此时，龚某心突然声称自己才是丈夫王某辉遗产的唯一继承人，还向法院提交了一份密封信件，说是王某辉在被绑架前一个月立过新的自书遗嘱。为此双方进行了历时9年的诉讼。2002年11月，一审判决1990年遗嘱王某辉签名不实，龚某心败诉。但龚某心聘请我国著名文检专家徐某根再次检验。2005年9月，二审最终认可了王某辉的签名，龚某心合法继承了王某辉近400亿港元的遗产。[①]

案例2：自书遗嘱长期保管不善毁损案

法院判决认为："关于陈某某生前有否立下自书遗嘱以及遗

① 该案报道颇多，摘录案情系综合多篇网文。

嘱是否有效的问题。首先，在庭审中，原告（陈某某的长女）提供认为是陈某某自书的遗嘱，并认为是陈某某在去世前七八年前告诉原告并把遗嘱放在其居住房屋的抽屉里的，但由于该遗嘱书写的日期显示为 1987 年，至今已超过了 30 年，是否由陈某某书写，在被告表示不知情以及否认是陈某某书写的情况下，现阶段无法核实是否是陈某某书写，亦无相关鉴定检材进行鉴定。同时，原告自称该遗嘱父亲生前只给过被告（陈某某的次女）以及一个叫陈某枝的街坊看过，但被告否认，原告也无法找到陈某枝到庭核查，故原告的该陈述亦未能得到证实。陈某某是于 2001 年死亡的，死亡至今已超过 18 年，但从原告申请的证人的陈述可知，证人与原、被告存在亲属关系，但都只是在 2018 年才从原告口中知道有遗嘱一事，此前原告存有遗嘱，却在十多年间未向外人提及，不合常理。其次，即使遗嘱为陈某某书写，但遗嘱有部分内容被虫蛀烂的情况，一些字体难以辨认，还有遗嘱内容中所称的'×建的屋'也没有清楚指明是哪一间房屋，因此即使遗嘱是真实的，也难以凭遗嘱内容而确定陈某某的真实意思表示……法院不确认陈某某已在生前通过自书遗嘱的方式对涉案房屋作出处理，故对原告的继承房屋不作补偿的请求不予支持。"①

如果本案陈某某遗嘱是真实的，30 多年间已有部分被虫蛀烂的部分，所谓的见证人陈某枝也未能找到，这是法院无法确定遗嘱效力的主因。另外，本案原、被告是亲姐妹，其间双方也找了亲属出庭作证，因为对于涉及房屋和所有动产的归属，证人都未

---

① （2019）粤 0606 民初 13327 号。

作出对其中任何一方很有利的证明。客观上，亲属、朋友、邻居作遗嘱见证人弊多利少。“世纪遗产争夺案”更是关系到400亿港币资产的得失，如果自书遗嘱经过专业的遗嘱见证机构见证，内容合法性、现场见证、遗嘱保管、遗嘱执行人等也就样样有了着落，就不会像这两个案子一样令人纠结、堪忧了。

案例3：多份遗嘱全都被判无效，因违反法定形式屡诉屡败

一审法院判决认为：被继承人李某某于2011年5月写下“旧房子给亚宁”的字条。2012年10月，由被告孙某1（李某某之子女）书写，见证人张某、韦某签名的“补充材料”和“补充材料”系对“旧房子给亚宁”的补充说明，“补充材料”为代书遗嘱，但代书遗嘱应由两个以上见证人在场，由其中一人代书，本案的代书人系继承人，因不符合代书遗嘱法定的形式要件，故该遗嘱无效。后被继承人李某某于2013年11月5日又由被告孙某1代书立下“遗嘱”一份，2013年年底通过录音的形式对遗产归属问题作出处分，但均没有见证人在场，代书人为继承人，不符合法律规定，故无效。被继承人李某某生前虽多次以口头和书面形式立下遗嘱，但均不符合遗嘱的形式要件，其所立遗嘱无效。原、被告双方应按法定继承分配遗产。

二审法院判决认为，上诉人孙某1提交的李某某的录音遗嘱、代书遗嘱，因录音遗嘱没有见证人，代书遗嘱由继承人代书，不具备遗嘱成立的形式要件，不能认定为被继承人李某某的真实意思表示，遗嘱无效。

再审法院认为，孙某1提交了李某某的“自书遗嘱”“代书遗嘱”“录音遗嘱”，但因自书遗嘱没有具体日期，代书遗嘱和录音遗嘱没有见证人，均不符合上述遗嘱形式的法定要件，不能认定为被继承人李某某的真实意思表示，遗嘱无效，故孙某某和李某某的遗产应当按照法定继承处理。①

根据法律规定，除了自书遗嘱无须见证以外，代书遗嘱、打印遗嘱、录音录像遗嘱、口头遗嘱，都必须有 2 个以上见证人现场见证，方为有效。

自书遗嘱虽然没有规定必须经过见证，但由于将来一旦出现纷争调查取证工作很难进行，经常会导致审判机关无从认定遗嘱的效力。在本案中，如果不考虑遗嘱的形式要件，遗嘱人李某某于 2011 年 5 月至 2013 年年底先后 4 次立遗嘱，也有过证人现场见证，遗嘱真实性可能会被认定，但因为 4 次遗嘱形式均不合法，也就不会再考察是否是李某某的真实意思表示了，形式不合法就等于遗嘱人意思表示真实性不能确定。“世纪遗产争夺案”也是因为自书遗嘱真伪难定才导致了家庭矛盾爆发和巨大的诉讼成本支出的，如果逝者王某辉当初自书遗嘱时能采取见证形式，可能这场“世纪争产案”就不会发生了。

案例 4：遗赠更需专业人士把关保障

2018 年 1 月 19 日，因遗赠人林某某年事已高，其本人委托某遗嘱见证机构为其代书及见证立下遗嘱，明确：立遗嘱人林某某对个人搬迁安置协议及证明可获得的安置房全部赠与侄子林某 1 个人所有；对其名下或持有的其他一切财产，包括现金、银行存款及其他物品，在过世后全部赠与侄子林某 1 个人所有，与他

① （2019）云 25 民再 8 号。

人无关。2018 年 2 月 21 日，遗赠人林某某因病过世。2018 年 3 月 6 日，原告林某 1 登报发表接受遗赠声明，明确表示接受遗赠。2018 年 3 月 13 日，原告又委托遗嘱见证机构工作人员罗某、郑某办理接受遗赠的见证，同日通过邮政 EMS 快递给两被告遗赠告知书。最后，法院支持了原告林某 1 继承财产的诉讼请求。

反观许多遗赠都是因为遗嘱形式要件不合法而无效，或是受遗赠人错过了 2 个月法定的接受遗赠表示期限，而丧失了获遗赠权，不得不提起诉讼还要再承担诉讼费、律师费的现象，可见专业见证机构的服务非常有必要。

第二节 如何去做遗嘱见证

遗嘱见证很有必要，选择见证途径也很重要。

一、遗嘱见证分类

法律对遗嘱见证的规范较多，遗嘱见证形式也是多种多样，准确区分有利于正确选择。

1. 从遗嘱种类分类

从遗嘱种类上分，包括自书遗嘱见证、代书遗嘱见证、打印遗嘱见证、录音录像遗嘱见证和口头遗嘱见证共五种。

自书遗嘱不是必须见证，其他遗嘱形式均必须有 2 名以上见证人见证。

2. 从见证主体分类

从见证行为主体上分，包括遗嘱公证、遗嘱律师见证、遗嘱专业见证、遗嘱组织见证、遗嘱一般见证人见证共五种。

遗嘱公证，是指通过公证处办理，由 2 名以上公证员（特殊情况下可以是 1 名公证员和 1 名以上见证人）见证。

遗嘱律师见证，是指通过律师事务所办理，由 2 名以上律师进行见证。

遗嘱专业见证，是指通过专业社会组织办理，由 2 名以上专业人士办理。

遗嘱组织见证，是指基层社区、村民委员会、居民委员会组织安排的见证人见证。

一般见证人见证，是指前列见证组织以外的自然人见证。

其中，遗嘱公证、遗嘱律师见证、遗嘱专业见证，属于专业见证，见证人承担的是专家证人责任。

3. 从见证环境分类

从见证环境上分，包括到见证机构遗嘱见证和见证人现场遗嘱见证。

口头遗嘱见证一般只能在现场遗嘱见证。

遗嘱和遗嘱见证都必须遵循法定的形式，否则不发生法律效力。

二、遗嘱见证分述

遗嘱见证，主要分为遗嘱公证、遗嘱律师见证和遗嘱其他见证。需要说明的是，公证的核心工作就是公证员的见证活动，从人民群众的角度观察，遗嘱公证划在遗嘱见证的大范围内，相对更容易理解与应用。

1. 遗嘱公证

遗嘱公证，是公证员代表国家进行的见证，也就是指公证机构按照法定程序证明遗嘱人设立遗嘱为真实、合法的活动。经公证员见证的遗嘱为公证遗嘱。

原《继承法》将公证遗嘱规定在了遗嘱类型之中，并列为首位，同时赋予了公证遗嘱的最高法律效力。《民法典》以最后遗嘱为最高效力，取代了公证遗嘱的至高无上的尊位，公证遗嘱也规定在了见证人的条件规定之前，所以，将遗嘱公证纳入遗嘱见证系列也是必然趋势。

《公证程序规则》第 53 条规定："公证机构办理遗嘱公证，应当由二人共同办理。承办公证员应当全程亲自办理，并对遗嘱人订立遗嘱的过程录音录像。特殊情况下只能由一名公证员办理时，应当请一名见证人在场，见证人应当在询问笔录上签名或者盖章。公证机构办理遗嘱公证，应当查询全国公证管理系统。出具公证书的，应当于出具当日录入办理信息。”①

2. 遗嘱律师见证

遗嘱律师见证，是指律师根据立遗嘱人的请求，运用自己的法律专业知识，以律师事务所和律师个人的名义，依法对遗嘱或者遗嘱订立行为的真实性与合法性进行证明的法律服务活动。

因为受制于遗嘱见证风险审查能力的限制，并不是所有的律师事务所都能承接遗嘱律师见证服务，也不是每个律师都具有作遗嘱见证的业务能力。作遗嘱见证业务的律师事务所，一般应设有遗嘱见证服务的独立工作环境、装备遗嘱见证需要的现代化工作设施、有一支专业的遗嘱见证律师团队。遗嘱见证律师不仅应是合格的执业律师，还应当接受过一定的专门业务培训，如参加“遗嘱见证专员培训班”学习，不仅要精通遗嘱见证工作流程，还应当熟悉服务老年人监护、以房养老、财富传承、家族信托、长期照护、搭伴养老等专业法律业务知识。

遗嘱见证业务的专业性、社会性、复杂性和承担风险的长期性，要求律师事务所必须坚持长远走专业发展或者品牌发展的道路，律师团队要有“一群人，一辈子”的奋斗理念，努力树立公平、公正、严谨、规范的社会形象。人们可以选择设有专门遗嘱见证业务部门的律师事务所咨询或代理家事法律事务，这样的律师事务所不仅社会形象比较好，专业能力一般也都很强大，律师有专攻，服务才有保障。

---

① 受本书写作目标和篇幅限制，对遗嘱公证本书不作专门的写作，请读者谅解。

3. 遗嘱其他见证

(1) 遗嘱专业见证

随着人们生活水平的持续改善和我国老龄化程度的快速发展，人民群众对遗嘱法律服务需求越来越急迫，遗嘱见证数量持续攀升。现有的公证机构、专业律师事务所的遗嘱见证服务力量已经远远不能满足客观实际需要，一些社会组织的专业遗嘱见证服务应运而生。

比如，目前国内法学界唯一研究老龄法的社会团体——北京老龄法律研究会，不仅拥有北京老龄法研究的庞大法学研究力量，也将全国老龄法律论坛、京津冀老龄法律研讨会两大平台的老龄法专家悉数聘为特邀研究员。近年来，研究会组织广大老龄法专家学者、49 家律师事务所的近百名专业律师、退休法官、退休检察官或监察官、退休公证员等法律人建设的遗嘱见证部，定期开展“遗嘱见证专员培训班”，设立了“律师见证行为标准化研究厚大合川基地”“律师见证行为标准化研究弘嘉基地”“律师见证行为标准化研究慧海天合基地”，在北京市法学会、北京市高级人民法院指导下专门开展遗嘱见证法律实务的系列研究，2019 年 12 月 10 日，学界、实务界、司法界专家在北京市石景山区中国电科大厦举办了首次“律师见证行为标准化研讨会”，总结了丰厚的成果。目前，北京老龄法律研究会的各见证研究基地、遗嘱见证专员均在同步开展老年人遗嘱见证服务的专门研究和实践。

遗嘱见证专员，是指执业满 3 年的执业律师，或者退休法律人，没有任何执业或司法工作上的不良记录，通过北京老龄法律研究会组织的“遗嘱见证专员培训班”学习，考核合格的专业人员。遗嘱见证专员必须志愿为中老年人开展遗嘱见证服务，为老龄法律研究提供实证素材，提供见证服务活动须接受研究会的监督管理。

（2）基层社会组织参与的遗嘱见证

除了北京老龄法律研究会这样老龄法学的社会团体以外，还有依法设立的相关社会组织、部分基层法律服务机构，也对外开展遗嘱咨询、遗嘱见证法律服务。

实践中，一些村民委员会、居民委员会、社区基层组织等，也有根据村居民申请指派见证人进行遗嘱见证的情形，有的地方遗嘱基层组织见证还形成了本土政策。

基层社会组织在我国社会治理中发挥了重要作用，在遗嘱见证方面也常有所作为。但是，遗嘱见证专业性强，基层组织参与见证的遗嘱也容易被判无效。

案例1：司法所、村委会派人见证遗嘱被判无效

王某与崔某（被上诉人、原审原告）系夫妻关系，王某与前妻生有一子王某1（上诉人、原审被告），王某与崔某婚后生有一子王某2（被上诉人、原审原告）。2017年1月6日，王某死亡。

王某1出示2014年5月16日，王某与崔某各自书立遗嘱两份，载明：一、本人现已年老，恐将不久于人世，为防止以后因本人遗产问题继承人之间发生纠纷，本人特聘请贾某、王某3两人作为遗嘱见证人，立此遗嘱；二、本人在作出该遗嘱时，神志清醒，意思表示真实，没有受到任何人的欺诈或胁迫；三、对于本人的四间房所拥有的遗产范围内的房屋归王某1所有；四、对于本人的存款、家具、电器、抚恤金及各种其他生活用品，归王某1所有；五、本人现无外债，对于本人在订立本遗嘱后可能产生的各项债务，由王某1在其继承本人遗产的范围内，予以偿还；六、本遗嘱一式两份，由本人持有一份，由王某1持有一份；七、备注：王某1为王某与崔某的大儿子。该两份遗嘱部分打印、部分手写。现崔某对该遗嘱不认可，崔某表示：签字是其本人签字，但对内容不知情。崔某与王某2不认可王某的遗嘱，理由为见证人没有出庭作证，遗嘱中的笔迹明显不一致。

经法院前往村民委员会调查，王某3表示：崔某是本村老党员，几年前（具体时间记不清了）崔某找到村委会，说要立遗嘱，后村委会协调镇司法所、司法所派了两个小伙子去崔某家，当时村委会让我和贾某跟着去。我不知道遗嘱是谁打印的，不知道手写部分是谁写的，也不知道遗嘱的内容，记不清崔某和她老伴是否本人签字，我没有全程在场，中间有时出来抽烟，我的名字是我本人签的。贾某表示：几年前（具体时间记不清了）镇司法所派人去崔某家帮她立遗嘱，村委会让我和王某跟着去，当时有崔某、王某、他们的大儿子、司法所的人在场；我不知道遗嘱是谁打印的，不知道手写部分是谁写的，也不知道遗嘱的内容，记不清崔某和她老伴是否本人签字，我全程在场，我的名字是我本人签的。经法院与司法所联系，该所表示：本案涉及的遗嘱年代久远，该所人员流转更换，无法查询到当时是否有工作人员到崔某家办理代书遗嘱。

一审法院认为：继承开始后，按照法定继承办理；有遗嘱的，按照遗嘱继承或者遗赠办理；有遗赠扶养协议的，按照协议办理。公民可以立遗嘱将个人财产指定由法定继承人的一人或者数人继承。代书遗嘱应当有两个以上见证人在场见证，由其中一人代书，注明年、月、日，并由代书人、其他见证人和遗嘱人签名。王某1提交的王某《遗嘱》，系打印与手写结合的书写方式，性质为代书遗嘱，经法院调查，代书人王某3、贾某见证代书遗嘱的过程不符合法定形式，遗嘱打印人无法确定，遗嘱手写部分填写人无法确定，遗嘱是否为王某签字无法确定，故该代书遗嘱为无效遗嘱，王某的遗产应当按照法定继承处理。

二审法院认为，关于案涉遗嘱的效力问题，遗嘱是被继承人生前做出的处分其合法财产的行为，确认被继承人立遗嘱时具备相应行为能力及遗嘱内容确系被继承人的真实意思表示系确认遗嘱效力的关键因素。从形式上看，案涉遗嘱内容部分打印、部分手写，王某1作为主张遗嘱真实性一方并未提供充足证据证明案涉遗嘱系王某、崔某打印并手写，且亲自打印之行为与王某、崔某当时之年龄、文化程度等不相符，而遗嘱中手写内容之字体亦与遗嘱中王某、崔某之签名存在明显差异；同时案涉遗嘱所记载的见证人之一王某3明确表示不知晓遗嘱的制作过程及内容，另一见证人贾某亦明确表示不知道遗嘱是谁打印的，不知道手写部分是谁写的，也不知道遗嘱的内容；且崔某作为在世的立遗嘱人亦明确否认遗嘱效力。故，根据上述分析，二审法院认为一审法院认定案涉遗嘱为无效遗嘱并无不妥。[①]

---

① （2019）京02民终11526号。

本案房屋位于京城的城六区，王某1法定继承王某的遗产仅仅相当于遗嘱继承的一半，继承房产、存款等遗产的数额差距比较大。如果该遗嘱的确是王某生前的真实意思和慎重态度，遗嘱的无效可能会令逝者死不瞑目。

在大多数类似案件中，法庭只会示明原告承担举证义务，或者为原告律师签发调查令而已，法官在休庭以后能够亲往村委会、司法所展开庭外调查核实，难能可贵。同时，无论是涉案司法所还是村委会，对于社区群众的服务也是有求必应，作为两个组织的负责人的工作态度，应当给予肯定。但是，如果指派的4名工作人员中有一人懂得一些遗嘱见证的法律知识，本案遗嘱的形式要件就不会如此不堪一击了。

本案在打印遗嘱上补充了手写内容，如果不是一次性形成的遗嘱会因存疑而被认定为无效，应当重新打印，或者重新全部手写，或者重新全部代书，然后再亲笔签名、签日期。为慎重起见，遗嘱见证最好是委托专业见证机构见证才稳妥。

案例2：该签名的不签，不该签名的乱签，代书遗嘱无效

法院判决认定，本案双方争议所涉《遗嘱》系由某法律服务所工作人员赵某某代书完成，虽经某法律服务所见证，但仍属代书遗嘱。赵某某作为该遗嘱的代书人，未在遗嘱中签名，遗嘱人“雷某某”的名字也属其代签，并且作为遗嘱见证人之一李某6陈述其不知道是由谁代书遗嘱，写遗嘱时其不在现场，其是遗嘱形成后在“遗嘱中在场见证人处”签名按印，与代书人赵某某陈述其代书遗嘱时见证人才陆续到场能相互印证，由此说明该遗嘱不是在代书人、见证人同时在场的情况下形成。综上，该份代书遗嘱的形成不具备上述法律规定的形式要件，且该遗嘱中对于李某某死亡后应当由其他法定继承人继承的房产份额也一并进行了处理，因此，该份遗嘱应为无效。

二审法院认为，本案涉诉的《遗嘱》由赵某某代书，但其未在该遗嘱上签名；另根据该遗嘱的代书人赵某某、见证人李某6的陈述，可以确认该遗嘱上除赵某某外的其他见证人未能全部在场参与遗嘱的整个见证过程，因此该遗嘱不符合上述法律规定，系无效遗嘱，且不因经法律服务所见证而改变该遗嘱为代书遗嘱的性质，也不因经法律服务所见证而变为有效。[①]

基层法律服务所，是在乡镇和街道设立的法律服务组织，是基层法律服务工作者的执业机构；基层法律服务所按照司法部规定的业务范围和执业要求，面向基层的政府机关、基层群众性自治组织、企业事业单位、社会组织和承包经营户、个体工商户、合伙组织以及公民提供法律服务，维护当事人合法权益，维护法律正确实施，促进社会稳定、经济发展和法治建设。由于部分基层法律服务工作者对继承法律具体规定掌握不到位，遗嘱见证服务存在的问题相对较多，选择时应当慎重。

在本案中，遗嘱由基层法律服务工作者赵某某代书，却没有代书人签名；任何形式的遗嘱，遗嘱人亲笔签名都是必然要求，赵某某代签实属不该；见证人没有实际见证只签名，见证无效也就是必然的。

---

① （2019）云04民终356号。

案例3：某法律中心盖公章见证被判无效

曹某7与钟某1系夫妻，二人共育有四名子女，分别是长子曹某3、长女曹某4、次子曹某1、三子曹某2。曹某7于2000年11月8日去世，钟某1于2018年5月11日去世。在一审法院审理过程中，曹某3、曹某1提供钟某1遗嘱一份，主要内容为：钟某1将××村×号院落内属于自己的1.5间及继承丈夫曹某7部分的房屋均留给曹某1继承。该遗嘱为打印件，立遗嘱人签名处的“钟某1”三字亦为打印字，钟某1在此按了指印。该遗嘱无代书人及见证人签字，在见证人签字处加盖了法律咨询服务中心的公章。曹某3、曹某1还向一审法院提交了视频资料一份，用以证明钟某1立遗嘱的过程。曹某2承认视频资料中的立遗嘱人为钟某1本人，但认为上述遗嘱不符合法定形式，且该所谓遗嘱是在《钟某1所居住的三间老上房安排决议》签订后形成，违法处分了曹某2的财产，遗嘱无效。

二审法院认为，曹某3、曹某1提交的钟某1遗嘱亦不符合《继承法》对遗嘱法定形式的要求，故该遗嘱应属无效。曹某1要求继承位于××村×号院内北房三间中东数2.1间的上诉请求，无事实及法律依据，二审法院不予支持。①

××××法律咨询服务中心虽然是经过登记注册的法律咨询机构，在本案见证遗嘱过程中，见证遗嘱却没有见证人签名，见证人签名处以加盖公章代替，代书人也没有签字，遗嘱人名字为直接打印……显然提供法律服务的工作人员并不掌握原《继承

① （2019）京03民终6815号。

法》的有关规定，不具有提供相关法律服务的专业能力。

实践中，社会上有一些人冒充律师提供法律服务，老年人在咨询立遗嘱时一定要谨慎甄别。一是可以通过查验其律师执业证来验真假，二是如查北京律师的身份，还可以通过政府网站“北京法律服务网”点击“律师”进入，输入律师姓名进行查验。

（3）遗嘱一般见证人

除了公证员、遗嘱见证律师、遗嘱见证专业人士，满足以下条件的自然人也可以作为遗嘱见证人：

一是遗嘱见证人应当是具有完全民事行为能力的人。

按照《民法典》第17条、第18条规定，18周岁以上的自然人为成年人，为完全民事行为能力人，可以独立实施民事法律行为。16周岁以上的未成年人，以自己的劳动收入为主要生活来源的，视为完全民事行为能力人。

限制民事行为能力人和无民事行为能力人，不能作为遗嘱见证人。根据《民法典》第19条、第20条、第21条、第22条规定，不满8周岁的未成年人，不能辨认自己行为的成年人（如精神病人），为无民事行为能力人。8周岁以上智力健全的未成年人，不能完全辨认自己行为的成年人（如间歇性精神病人），为限制行为能力人。

二是遗嘱见证人应当是能够理解遗嘱的内容、看懂遗嘱文字的人。

虽然具有完全的民事行为能力，但没有从事遗嘱见证活动的能力，如不识字的人，也不能作为遗嘱见证人。一般聋、哑、盲人，即使具有完全民事行为能力，也不能作为遗嘱见证人。

三是遗嘱见证人应当是与遗嘱内容无利害关系的人。

继承人、受遗赠人不能作为遗嘱见证人。即使继承人表示放弃继承，遗嘱也没有给其分配遗产，该继承人也是被法律禁止作为遗嘱见证人的。这些规定，主要出于对遗嘱的客观性、真实性的保证需要而划的法律红线。

与继承人、受遗赠人有利害关系的人，也不能作为遗嘱见证人。所谓有利害关系的人，是指系继承人或受遗赠人的亲属、同学、同事、近邻等关系密切，或者有其他密切联络的人。公证员、律师或其他遗嘱见证专业人员，如果是遗嘱继承人、受益人或者与遗嘱有其他利害关系的，也是不可以作为遗嘱见证人的。

因为法律明确规定见证人必须是无利害关系者，继承人、受遗赠人及其近亲属、密切关系者都被排除了见证人的选项，否则就会导致遗嘱的无效。

遗嘱人自己的邻居、朋友、同事等固然可以作为见证人，但因遗嘱往往牵涉到财产处分，并涉及熟人家人的利益，将来一旦涉及诉讼，见证人会因重重顾虑不愿出庭作证。实践中，见证人先于遗嘱人去世、遗嘱人找的见证人现已无从查找、见证人没有见证能力（如聋哑盲人、不识字的人等）、见证人缺少民事行为能力（未成年人、精神病人、脑瘫患者）等，这些都为以后的遗嘱效力留下了隐患。有些老年人还会因担心隐私难以保全而不愿选择身边的人作为见证人。

聘请专业的遗嘱见证人，对于老年人进一步规范遗嘱内容、确保遗嘱安全与效力，都具有重要作用。律师见证是以律师事务所的名义进行的，不仅可以避免上述因情感问题遇到的障碍，而且不会发生自然人作为见证人死亡无法作证的意外。所以，立遗嘱选择专业遗嘱见证机构提供的服务，应当是一个比较好的选项。

案例1：见证人由继承人、受益人邀请存在风险

法院查明……2019年7月12日，李某某立《遗嘱》一份，主要载明“立遗嘱人：李某某……本人目前拥有的主要财产和权益包括但不限于位于……房产一套，以我或者姚某（配偶）名义在各银行等金融机构开户账号内各类存款及利息、购买的理财产品及收益等（包括附件所列）都属于我与姚某的共同财产。本人去世后，包括但不限于上述所列举的本人届时实际拥有的全部财产及权益，均由女儿李某1个人继承……”，该遗嘱底部有：立遗嘱人“李某某”、见证人“田某”及代书人“白某”字样。庭审中，证人白某、田某称其二人与本案原告（李某1）的爱人系农友[①]关系，在被继承人李某某住院期间，原告爱人邀请白某、田某作为案涉《遗嘱》的见证人，并称系白某代书的《遗嘱》。

两审法院均认为：“见证人白某、田某与原告的爱人系农友，与原告有利害关系，不能作为代书遗嘱的见证人”[②]，因此认定遗嘱无效。

案例2：见证人没见证只签名遗嘱无效

一审原告何某与被告何某1系同胞兄弟。其母亲刘某尧于2016年8月30日去世，父亲何某国于2017年9月16日去世。何某国、刘某尧去世前，于2012年11月30日立下书面遗嘱，对其

---

① 农友：在当地是指20世纪70年代一起下过乡的人。

② （2019）豫01民终24610号。

合法财产进行了处理。2013年5月8日，何某国、刘某尧及见证人张某成、何某明、何某成在该遗嘱上签名。《遗嘱》载明："该遗嘱系立遗嘱人真实意思表示，且立遗嘱时立遗嘱人头脑清醒。一、立遗嘱人共同所有住房一套、面积约93.32平方米，由遗嘱继承人长子何某1继承享有。二、立遗嘱人的林地，由遗嘱继承人何某1在承包经营期间内继续承包。三、何某华（立遗嘱人之三女）向立遗嘱人的借款人民币壹拾万元，待立遗嘱人逝世后，何某华未归还部分由遗嘱继承人何某1继承享有。四、立遗嘱人从立遗嘱之日起至逝世止的生养死葬由遗嘱继承人何某1全权负责。与何某没有任何关系。立遗嘱人：何某国、刘某尧。证人：张某成、何某明、何某成。2013年5月8日。"该遗嘱有社区居委会于2013年5月15日盖章证明其属实。

一审法院认为，本案中，遗嘱的主要内容虽系打印，但打印遗嘱以书面形式表达了被继承人的真实意思表示，遗嘱上有被继承人的亲笔签名盖章，并由三名无利害关系见证人共同见证。同时，何某无相反证据证明被继承人生前遗嘱的意思表示不是其真实意思表示，该遗嘱可按自书遗嘱处理，应当认定该遗嘱有效。何某称该遗嘱不符合自书遗嘱的形式要件，应当认定无效的理由不能成立，不予采纳。

二审法院查明：1. 何某1现持有的打印遗嘱系由何某1口述，郭某然根据何某1的口述打印而成。2. 何某1未举示充分证据证明该遗嘱上其父何某国、其母刘某尧的名字是否系何某国、刘某尧本人签署以及具体的签署时间。二审法院认为，代书遗嘱有效的条件是：代书人、见证人及立遗嘱人同时签名。但本案中，代书人郭某然并未在遗嘱上签名。且何某1也未举示充分证据证明何某国、刘某尧的名字系在见证人张某成、何某成等人的见证下亲笔签署。因此，该打印遗嘱不符合有效代书遗嘱的要件。一审法院认定该遗嘱有效不当，法院予以纠正。①

本案何某华系立遗嘱人何某国、刘某尧的三女儿，加上何某1、何某哥俩，推算遗嘱人至少有5位继承人。如果遗嘱有效，何某1将根据遗嘱继承房产、林地和债权，终审判决否定了遗嘱效力，判按照法定继承，何某1只享有不超过20%的遗产份额。本案代书人郭某然是一名执业律师，他帮助整理和打印的遗嘱，却没有在遗嘱上代书人或见证人位置上签名，可能是因为他未能真正见证遗嘱，否则将承担违规见证的责任。然而，另三位签字的“见证人”，以及社区居委会盖章证明其属实，都是没有实际见证的“见证”，因为不懂得法律的规定，他们可能并不以为然，但是这样的遗嘱无效具有必然性。

案例3：对立遗嘱过程说不清，代书遗嘱无效

詹某1提交打印件“证明”一份，内容为：我叫詹某（詹某1之父），现年78岁。因我现住房屋年久失修，破烂不堪，故同意次子詹某1在我现住房后面新建房屋四间，由我次子詹某1独自出资兴建，建成后，我与次子詹某1共同居住直至我百年，待我百年后，所建新房四间产权归我次子詹某1个人所有。原有东房两间，均是由我次子詹某1个人出资所建，产权也归其个人所有。空口无凭，特立此证明！立证明人处有詹某的签名，代书人

① （2019）渝04民终1373号。

处有宋某的签名，证明人处有董某、蒋某的签名。落款时间为2002年10月10日。

詹某1同时申请证人宋某、董某出庭作证。宋某陈述其与詹某1系邻居，其本人在“证明”的代书人处签名，在落款处写日期，其本人不会打字，不清楚是谁打印的“证明”，当时詹某、詹某1均在场。落款的时间系笔误，应为2012年10月10日。董某陈述其系给詹某1盖房的工人，房子是詹某1出资，盖房时詹某写了一份证明，证明房子的归属。对于“证明”形成的过程不清楚，只在上面签了字，不清楚证明内容是否是詹某本人所述，不知道证明是谁打印的，当时詹某、詹某1均在场，还有一个姓宋的，另外一个人不认识，时间是2012年10月10日。詹某1二审提交“证明”并申请证人出庭作证，用以证明被继承人詹某生前留有遗嘱，46号院房屋应归其所有。

法院认证意见为：该“证明”内容并非詹某本人书写，宋某作为代书人仅在代书人处签名，其本人不会打字，不清楚是谁打印的“证明”，并未实际代书；董某作为见证人亦仅签字，并未见证“证明”形成的全过程，故对该证据法院不予采信。[①]

本案詹某与李某系夫妻关系，二人婚后生育四个子女。李某于1999年去世，詹某于2019年6月26日去世。“代书人”宋某、见证人董某均是在立遗嘱人詹某在场时签名签日期，但是存在见证人没有看到詹某立遗嘱的过程的情况，其见证行为存在瑕疵，遗嘱故被判决无效。

---

① （2020）京01民终4232号。

案例 4：立遗嘱人未当场在代书遗嘱上签名，代书遗嘱无效

刘某（遗嘱人张某某再婚妻子）、黄某（刘某之女，张某某之继女）为证明张某某生前留有遗嘱，向法院提交如下证据：1. 代书遗嘱，载：“立遗嘱人：张某某。证明人：赵某、金某某、邓某某、郜某某。执笔人：王某。依照张某某生前遗愿（立）张某某现配偶刘某立为法定第一继承人。本人自愿将生前所有名下（房产财产）留给夫人刘某一人所有。刘某对张某某所留财产有转让支配权、买卖权。此遗嘱自 2011 年 11 月 20 日起生效。注：其他人无任何权力争夺。特立此遗嘱为证。立遗嘱人：张某某。立嘱时间 2011 年 11 月 20 日晚 17:00。”2. 证人王某证言，王某称遗嘱系其与赵某共同去张某某家时，根据张某某的要求由张某某说，再由其本人书写的，当时在场的人有张某某、赵某、其本人、刘某及黄某。其本人写后给张某某复述了一遍，后由张某某按手印，其与赵某签名字，当时张某某并未在遗嘱中签名字。庭审中，刘某、黄某方认可该遗嘱为代书遗嘱，认可订立遗嘱时张某某只是按手印，遗嘱中张某某的名字是立遗嘱几天后代书人不在场时由张某某补签，且见证人除赵某、王某外其余人员的签名也是后续补签的。韩某、张某对该遗嘱不认可，认为张某某的签字属于后补，补充签字时见证人亦未在场。

本案中，代书人在庭审中作证称其在书写遗嘱后，张某某只是按了手印，并未签名。刘某、黄某亦认可遗嘱中张某某签名系代书人未在场的情况下由张某某后续补签，该代书遗嘱的形成不符合法律规定的代书遗嘱的形式要件，故对张某某所留遗嘱的效力不予确认。[①]

遗嘱必须由立遗嘱人本人签名、签日期，按指印不签名只有在立遗嘱人不会签名或者客观上不能签名（如因病手抖）时才可能有效。本案的代书人王某、见证人赵某在场见证了代书遗嘱的全过程，王某代书后给张某某还复述了一遍，后由张某某按手印，王某与赵某才签了名字。但是，张某某并不是当着代书人、见证人的面在遗嘱中签的名字，而是在二人走后自己补签的。客观上，王某、赵某没有见证立遗嘱人张某某在遗嘱上签名的过程，结果法院因此判决张某某的代书遗嘱不符合法律规定而无效。

4. 各类遗嘱的见证

除了自书遗嘱没有强制要求见证以外，其他遗嘱形式都必须采用 2 名以上见证人见证，遗嘱才依法成立。

（1）自书遗嘱的见证

法律并没有规定自书遗嘱必须见证。但是，据北京老龄法律研究会的各见证研究基地、各专业律师事务所的统计，对自书遗嘱的见证，占到了见证总数的四成左右。

对自书遗嘱存档保管、出具专业见证证书，能够有效减少无效遗嘱、避免遗嘱丢失、提高遗嘱的仪式感，以及还有许多增值服务，遗嘱专业见证的保险意义非常大。同时，对于遗嘱人审查遗嘱时开阔视野、普及法律知识等，也具有积极意义。

老年人在作自书遗嘱见证过程中，或因有了新的想法，或因

---

① （2020）京 02 民终 4347 号。

想改成打印遗嘱，或因就是想用代书遗嘱，一部分带着自书遗嘱来的老年人，最终采用的却是代书遗嘱或打印遗嘱见证。

（2）代书遗嘱的见证

《民法典》第 1135 条规定：代书遗嘱应当有两个以上见证人在场见证，由其中一人代书，并由遗嘱人、代书人和其他见证人签名，注明年、月、日。

代书遗嘱见证，是遗嘱律师见证业务中最主要的形式之一。遗嘱律师见证最多的两种形式，一个是对自书遗嘱见证，另一个就是代书遗嘱见证，几乎占到了遗嘱律师见证业务的八成以上。

如果不想去律师事务所或遗嘱专业见证机构作代书遗嘱见证，我们可以选择有专项遗嘱见证服务的社会组织，由村民委员会、居民委员会、社区组织或者单位工会组织指派的 2 人以上担任见证人。

因为代书遗嘱必须要有见证人见证，所以对见证人的选择也非常重要。比如，一起遗嘱纠纷案法院判决认为："经查明李某某在立该代书遗嘱时，在场人有李某 2、李某 4、柯某某（代书人）；其中李某 2、李某 4 为继承人，根据《继承法》第 18 条第 2 项、第 3 项规定，李某 2、李某 4 为遗嘱继承人身份，不能作为见证人，柯某某作为李某 2 之夫是与受遗赠人有利害关系的人，也不能作为见证人。故李某某所立的代书遗嘱无适格的见证人在场见证并签字。该代书遗嘱虽为李某某真实意思表示，但不符合法定的形式要件，故李某某所立代书遗嘱应为无效，本案适用法定继承处理。”①

在司法实践中，代书遗嘱被判无效的比例比较高。比如，没有代书人的、没有见证人的、仅有1名见证人的，见证人未实际见证的，遗嘱人没有签名的，遗嘱人签名为代签的，见证人没有签名的，没有签日期的，见证人找不到了的，有见证人是继承人的，有见证人是遗嘱受益人的，有见证人与继承人或遗嘱受益人有利害关系的，见证人是未成年或患精神疾病或没有见证能力的人等情况经常出现，还有的遗嘱财产指向不够明确、处分了他人的财产、违反了法律规定……这些都会导致代书遗嘱的无效。此外，出现签字不用签字笔，签名或日期是打印的，代书人不明的等情形，也有可能导致代书遗嘱的无效。

案例：遗嘱人因客观原因不能签名的不影响遗嘱效力

法院判决认为，本案中，王某4的代书遗嘱有两位见证人（王某1、王某2）在场见证，由其中一人代书（王某1），注明年、月、日，代书人及见证人均签名和按手印。其中代书人王某1一审时还出庭作证，另一名见证人虽未出庭但也提供了相关视频和文字说明。问题关键在于代书遗嘱中没有立遗嘱人王某4的签字，只有（红色）手印。按手印能否与王某4的签字效力一致。王某4在立代书遗嘱中特别写明“由于我身体情况不能写字，可以按手印”，从上述内容可以看出，王某4因病书写困难，讲明了不能签字的原因。另外以按手印的形式代替签名，且在遗嘱中予以明示，故代书遗嘱的立遗嘱人：有王某4（红色）手印，有

① （2019）鄂0203民初1418号。

立遗嘱全程视频佐证，应认为手印与签名效力等同。另外代书遗嘱的内容清楚、意见明确。一审法院根据双方当事人陈述、证人证言、视频资料等证据认定王某4所立代书遗嘱内容及形式均合法并认定为有效是正确的，属于王某4的遗产应由许某继承。张某1、张某3坚持认为代书遗嘱无效的上诉主张，法院不予采信。①

现行法律对于代书人应该具备哪些条件尚未作出明确界定，但根据遗嘱见证的有关规定，代书人首先必须是具有完全民事行为能力人，与继承人、受益人不重合也无利害关系，代书人同时是见证人。

只有符合上述要求且内容合法的代书遗嘱，才是有效的代书遗嘱。

本案遗嘱人虽未签名只按了红手印，但在法庭上有充分证据证明遗嘱人不具有亲笔签名的能力，遗嘱中也客观明示了不能亲笔的原因，并有全程录像佐证，最终遗嘱才被判定有效。

（3）打印遗嘱见证

打印遗嘱是我国《民法典》新规范的遗嘱形式。根据《民法典》第1136条规定，打印遗嘱应当有两个以上见证人在场见证。遗嘱人和见证人应当在遗嘱每一页签名，注明年、月、日。

民法典颁布以前，打印遗嘱大都是按照代书遗嘱对待的，适用代书遗嘱形式的有关法律规定，个别认定为自书遗嘱，打印遗嘱没有法律身份较为尴尬。比如，一起案件法院判决认为：

---

① （2019）京02民终9943号。

“2019 年 1 月 28 日，被继承人李某某在其居住的地方用电话将自己的远房亲戚李某 3、原来的学徒罗某叫到其住处，拿出其事先打印好的遗嘱，并采用录音录像的方式宣读了遗嘱，宣读完后，李某某在遗嘱开头及最后签字捺印，签写了 2019 年 1 月 28 日的日期，见证人李某 3、罗某在遗嘱上签字捺印，签写了 2019 年 1 月 28 日的日期。对于本案中‘自书’问题，因为随着科学技术的进步，我国传统的书写方式已经发生了变化，由原来单一的用笔书写的方式改为用笔书写和打印两种方式，庭审中二被告及其代理人没有充分的证据证实该份遗嘱不是被继承人去打印的，也不能提供证据证实李某某 2019 年 1 月 28 日所宣读的打印好的遗嘱有受胁迫、欺骗的情形，故李某某 2019 年 1 月 28 日所宣读的遗嘱，有见证人的见证，且有同步的录音录像，其完全符合自书遗嘱的构成要件，李某某所写遗嘱真实、有效，法院予以认定。”① 民法典实施以后，李某某遗嘱即典型的合法打印遗嘱，可以减少争议。案中李某某明显不是法律人，因为他没有采取标准的遗嘱形式立遗嘱，但他的谨慎精神是值得学习的。2019 年 2 月 17 日李某某去世，虽然距离立遗嘱仅仅过了 20 天的时间，李某某不仅在遗嘱形式上尽了最大努力，其留下的丰富客观记录也佐证了李某某具有完全的民事行为能力，增强了遗嘱的法律效力。

打印遗嘱见证，遗嘱打印一般应当在见证人面前形成。遗嘱人和见证人应当在遗嘱每一页都要签名，注明年、月、日。打印

① （2019）云 2331 民初 1149 号。

遗嘱见证的程序，除了无须明确代书人，要求每一页都要签名和注明年、月、日以外，其他与代书遗嘱的见证程序相似。

（4）录音录像遗嘱见证

录音录像遗嘱也是我国《民法典》新完善的遗嘱形式，原《继承法》只有录音遗嘱。《民法典》第1137条规定，以录音录像形式立的遗嘱，应当有两个以上见证人在场见证。录音录像遗嘱应当在见证人面前形成，遗嘱人和见证人应当在录音录像中摄录其姓名或者肖像，以及年、月、日。录音录像遗嘱的明显特征是无书面遗嘱，只有录音录像资料，但需要有两个以上无利害关系人在场见证。

见证人须是两名以上，录音录像要完整、要涵盖全程，录像中能够清楚反映现场状况，录像中应记录遗嘱人、见证人的身份情况，包括姓名、性别、年龄、工作单位、职业、住址等基本情况，应当记载作出遗嘱的年、月、日和地点，要有每位见证人清楚的肖像。遗嘱人、见证人不可有浓妆、戴墨镜、戴帽子、戴围巾等影响肖像的情形，应留有清晰的肖像和音频。

录音录像遗嘱简便且能直接保留遗嘱人的肖像和声音，更能简单易行地证明遗嘱人的意思表示。录音录像遗嘱载体需要借助播放设备方可查阅，相对于书面遗嘱会更有利于保密。

录音录像遗嘱最好在专业遗嘱见证机构完成，录制前最好对自己拟制的遗嘱内容进行法律咨询，形成讲播稿。录音录像遗嘱录制完毕后，可以将录音录像遗嘱的载体封存，并由遗嘱人、见证人共同验证、签名，并注明封存的年、月、日，在见证机构办理存档。录音录像遗嘱实施时，见证机构在继承人或受益人、遗嘱执行人在场的情况下，当众开启封存的录音遗嘱载体，以确保录音遗嘱的真实性。

（5）口头遗嘱见证

根据《民法典》第1138条规定，遗嘱人在危急情况下，可以立口头遗嘱。口头遗嘱应当有两个以上见证人在场见证。危急情况解除后，遗嘱人能够用书面或者录音录像形式立遗嘱的，所立的口头遗嘱无效。

可见，口头遗嘱只能是立遗嘱人在危急情况下不得已而为之，而且必须要有两个以上有完全民事行为能力的无利害关系人的现场证明，如果有证据证明无危急情况或危急情况已解除，所立的口头遗嘱就不具有法律效力了，遗嘱人有必要采用录音录像形式或者书面形式重新立下遗嘱。因为手机智能化几乎全覆盖了，录音录像非常容易实现，口头遗嘱使用的概率大大下降，但是，口头遗嘱法律规定的示范价值还是存在的。

实践中，在我国农村地区，一些文化水平比较低的老年人容易在部分家人的见证下订立口头遗嘱，一旦出现纠纷经过法庭质证，这些口头遗嘱基本都会被认定为无效，遗嘱人的生前愿望就会落空。如法院判决认定："关于丁某4主张的口头遗嘱问题，因乔某某的口头表示发生在其去世前半个月左右，此期间乔某某一直处于头脑清醒、表达清晰的状态，但未将该口头表示以书面或者录音形式立遗嘱，故该口头遗嘱无效。"[1] 再如，法院判决认定："钱某1举证的钱某2等人出具的证明，拟证明钱某有口头遗

---

① （2019）吉0211民初1794号。

嘱将遗产由钱某1继承……但钱某生前并不具备任何危急情况，故钱某1主张钱某的遗产应按照遗嘱继承办理没有事实和法律依据，法院对其主张不予采信，钱某的遗产应当按照法定继承办理。”①

有效的口头遗嘱必须具备：（1）遗嘱人有立遗嘱的意愿，并明确表达。（2）紧急情况真实存在，并客观上无法录音录像。（3）有两名以上见证人，遗嘱人清楚见证人在履行见证人职责，自己有意识地向见证人口述遗嘱内容。（4）遗嘱内容具体可执行。此外，最好确定遗嘱执行人，将作了口头遗嘱之事告知受益人或者遗嘱执行人。

① （2019）京01民终9204号。

第三章　老年人常用的与立遗嘱相关的其他法律行为

老年人要学会运用法律武器维护好晚年生活的各项权益，立遗嘱是中老年人一项重要的法律行为，同时还有老年人意定监护、搭伴养老、家族财富传承、慈善信托等法律行为也很重要。

法律行为，即一种法律事实，是人有意识的自觉活动的结果，是能引起法律关系产生、变更和消灭的人的活动（行为）。法律行为成立要件：（1）必须是外部表现出来的作为或不作为，而不是人们的心理活动；（2）必须是人们有意识的活动，无行为能力人的行为不能成为法律行为。法律行为具有多样性。有单方的（如遗嘱）、双方的（如意定监护、家族信托）、共同的（如搭伴养老），有偿的（如获得养老服务）和无偿的（如赠与）等形式。

第一节 老年人意定监护

有人认为，遗嘱应当是老年人意定监护的一部分。说明遗嘱与意定监护我中有你，关系密切。

老年人监护[①]，主要是解决老年人因年龄的增长导致生理和智力的逐渐衰退而带来的生活照料、身心保护、财产管理、法律行为代理等问题。老年人监护，包括意定监护、法定监护和指定监护。其中，意定监护是从老龄化社会较早的发达国家首先发展起来的，是为解决老龄化问题的产物，是在充分体现了被监护人自主决定权的基础上，最大限度地维护被监护老年人的生活尊严和生活正常化的一项法律制度。本书仅简单介绍与遗嘱、遗赠扶养协议等密切相关，老年人在神志清醒时根据自己意志制定的意定监护制度。

① 老年人监护：根据2012年修订的《老年人权益保障法》第26条规定，60岁以上的老年人可以通过意定监护合同确定监护人。以2017年《民法总则》颁布为标志，成人意定监护制度正式建立。本书中老年人监护合同的被监护人并非只限于老年人，适用于具有民事行为能力的所有人。本书主要以45岁以上的中老年人为特定研究对象，所以使用老年人监护这一概念。

一、意定监护概述

2012年修订的《老年人权益保障法》第26条规定，老年人在丧失或者部分丧失行为能力前可以确定自己的监护人。老年人监护制度的目的，是保障具有完全民事行为能力的老年人与其近亲属、其他愿意担任监护人的个人或者组织事先协商，以书面形式确定自己的监护人，在该老年人丧失或者部分丧失民事行为能力时，由协商确定的监护人履行监护职责，即代理被监护老年人实施民事法律行为，保护被监护老年人的人身权利、财产权利以及其他合法权益等。我国成年人意定监护制度，是在2017年《民法总则》颁布以后才刚刚建立起来的。原《民法总则》将意定监护的被监护人由60岁以上老年人扩大为具有完全民事行为能力人的全体成年人，体现了我国法律对被监护人主观意愿的尊重和权利保障。

1. 什么是意定监护

意定监护，是指具有完全民事行为能力的成年人，可以与其近亲属、其他愿意担任监护人的个人或者组织事先协商，以书面形式确定自己的监护人。协商确定的监护人在该成年人丧失或者部分丧失民事行为能力时，应当履行监护职责。

老年人意定监护制度的核心，就在于老年人的自我决定权。[①]以意思自治优先原则为其法理基础，在中老年人具备完全民事行

---

① 自我决定权：具体是指主体能够按照自己的意思处理自己的事务而不受到他人的干涉与辖制，他人对此应当给予充分的尊重。

为能力时对自己将来的监护事项在法律范围内完全按照自己的意愿、想法来进行事先的安排、统筹。老年人意定监护不仅是为了合自己心意地去处理自己将来的财产事务，保证自己失智后生活的尊严和正常化，还可以避免老年人的配偶、子女可能出现的监护不作为、乱作为、无力作为而严重伤害老年人的合法权益、身心健康以及精神需求的现象，防止以后可能出现的一些麻烦、纠纷，节省维权成本。

2. 监护人的职责

监护人的职责，是指代理被监护人实施民事法律行为，保护被监护人的人身权利、财产权利，以及其他合法权益等。监护人应当按照最有利于被监护人的原则履行监护职责。除为维护被监护人利益外，监护人不得处分被监护人的财产。

老年人的监护人履行监护职责，应当最大限度地尊重被监护老年人[①]的真实意愿，保障并协助被监护老年人实施与其智力、精神健康状况相适应的民事法律行为。对被监护老年人有能力独立处理的事务，监护人不得干涉。监护人不履行监护职责或者侵害被监护老年人合法权益的，应当承担法律责任。

根据法律规定，监护人有下列情形之一的，人民法院根据有关个人或者组织的申请，撤销其监护人资格：

（1）实施严重损害被监护老年人身心健康行为的；

---

① 被监护老年人：因本书主要面对老年人读者群，在本章中被监护老年人与被监护成年人的概念通用，为了便于阅读未能使用现行法言法语，如有学者感觉不适，敬请见谅。

（2）怠于履行监护职责，或者无法履行监护职责并且拒绝将监护职责部分或者全部委托给他人，导致被监护老年人处于危困状态的；

（3）实施严重侵害被监护老年人合法权益的其他行为的。

被撤销监护人资格，并不意味着赡养、扶养义务的免除，依法应当负担被监护人赡养费、扶养费的子女、配偶等，必须继续履行相应义务。

监护人被撤销监护资格后，符合条件时可以申请恢复监护人资格，即被监护老年人的子女被人民法院撤销监护人资格后，除对被监护老年人实施故意犯罪的外，确有悔改表现的，经其申请，人民法院可以在尊重被监护老年人真实意愿的前提下，视情况恢复其监护人资格。

有下列情形之一的，监护关系终止：被监护老年人取得或者恢复完全民事行为能力（目前医学技术还较难达到）；监护人丧失监护能力；被监护老年人或者监护人死亡；以及人民法院认定监护关系终止的其他情形。

3. 意定监护与遗嘱的关系

订立意定监护协议和立遗嘱的人生阶段基本相同，包括变更和撤回，都必须是在老年人失智或者半失智之前，都是一种人生中的事先安排。其中财产都是对个人的合法财产作出的处置。

意定监护和遗嘱的区别也是很明显的。

（1）法律文件性质不同

意定监护，究其本质而言是一种成年人委托一个或多个自己信任的个人或组织在自己年老失智以后代为处理个人的人身、财产等相应事务的持续委托合同，是双务合同；遗嘱，是老年人以法定形式对自己身后事的预先安排，是单方法律行为。

（2）表现形式不尽相同

意定监护合同必须以书面形式订立；遗嘱除了书面形式，还有录音录像遗嘱，及紧急情况下的口头遗嘱等形式。

（3）预先安排的人生阶段不同

意定监护是解决老年人失智或半失智以后的生活问题，是对生前可能的最后一个阶段与监护人的具体约定，70%以上老年人临终前也不会发生失智状况，意定监护合同并不发生效力；遗嘱是解决对的遗产安排，死亡无法避免，遗嘱是更加现实的需要。

（4）解决的对象有区别

意定监护中对财产事务妥善处理只是一方面，更重要的是对老年人生活和身心上的关怀和照顾，以及法律行为的代理；遗嘱则主要是对遗留财产的处理，是对后人的嘱咐。

（5）财产处理方向不同

意定监护的财产约定主旨是用于保障老年人的生活；遗嘱可以将个人财产指定由法定继承人的一人或者数人继承，也可以将个人财产赠给国家、集体或者法定继承人以外的人。

（6）发生法律效力的时间不同

意定监护合同自老年人民事行为能力受限时开始生效，至老年人死亡时止；遗嘱是以遗嘱人的死亡作为生效的条件。

4. 意定监护与遗赠扶养协议的区别

遗赠扶养协议，是老年人与扶养人之间关于扶养人承担老年人生养死葬的义务，老年人将财产遗赠给扶养人的协议。意定监护与遗赠扶养协议，还有与“五保”供养协议和赡养协议，它们确有某些相近的地方。意定监护可以与遗赠扶养一样是一种有偿性养老照管契约，两者均需要一定程度的对价来维系双方的权利义务关系，都是以对老年人的生老病死为内容的监管或扶养制度。

但是，意定监护与遗赠扶养协议却是两项性质完全不同的法律制度。

（1）照顾义务人的责任不同

意定监护人的责任包括保护被监护人的身体健康，照顾被监护人的生活，管理和保护被监护人的财产，代理被监护人进行民事活动等，授权范围较宽；遗赠扶养协议之扶养人义务，则主要是负责被扶养人的生老病死，扶养的义务表现在经济上的供养和生活照护，并不当然包括代理被扶养人行使权利。

（2）被照顾老年人的义务不同

意定监护契约之被监护人义务，主要是支付监护人的报酬，且这种报酬系生前，甚至必须为事前设定和支付；而遗赠扶养协议的被扶养人的义务则是许诺于去世后将财产无偿赠与扶养人，偏向于财产的转移，而且撤销需要双方共同决定。

（3）合同生效条件不同

意定监护合同生效以老年人民事行为能力受限为前提；遗赠扶养协议一般自签订时起即生效。

5. 意定监护合同与委托合同的区别

意定监护合同在本质上属于持续性委托代理合同，是一种特殊的意定代理，与一般委托合同相比具有特殊性。

（1）委托代理的原因不同

意定监护代理，在发生原因上是有因行为，是本人为了预防将来可能处于意思表示能力欠缺的状态，才将代理权授予他人；而一般委托代理无须原因，表现为将一定范围事务的代理权限授予他人。

（2）委托人的民事行为能力不同

虽然，在意定监护合同签订之时本人具有完全民事行为能力，但合同生效，则代表其本人已经部分丧失或全部丧失民事行为能力，此时，老年人本人不仅无法对受托人的履职情况进行评价与监督，甚至其权益被监护人侵害了也难以进行自我保护；一般委托合同的委托人在合同履行过程中具有完全民事行为能力，能够对受托人履行和完成委托事项的效果进行有效的评价与监督。

（3）委托对象一般不同

意定监护注重的是生活照护、行为代理，因担心选择亲属之外的人担任监护人不受传统家庭伦理道德的约束作出侵害委托人的合法权益之事，实践中从亲属中选择更加亲近的人较多；而委托代理合同一般是委托律师等精通法律程序和业务的人较多。

（4）合同的监督不同

意定监护合同被监护老年人因缺少意志力，合同一般要约定第三方监督机制；委托代理合同是由委托人自己监督的，一般不会约定有第三方监督的条款。

（5）合同生效时间不同

意定监护在将来民事行为能力缺失时合同生效，有可能不会发生生效的条件，有生效未知性特征；委托代理合同签订后立即生效，不生效一般也就无委托发生。

（6）代理权稳定性不同

意定监护中的代理一旦生效，本人通常处于民事行为能力欠缺的状态，已经无力更改或转移代理权限，代理权稳定；委托代理即使已经授权，本人有权重新设定、更改或者转移授权。

6. 意定监护与委托监护的区别

我国的委托监护制度，出现在《民法典》第1189条的规定中："无民事行为能力人、限制民事行为能力人造成他人损害，监护人将监护职责委托给他人的，监护人应当承担侵权责任；受托人有过错的，承担相应的责任。"意定监护与委托监护的主要区别：

（1）监护主体不同

意定监护是本人（被监护人）与监护人（受托人）之间订立的合同，而委托监护则是监护人与受托人之间订立的合同，监护人就自己的监护职务委托给受托人。在意定监护中，受托人是本人的代理人，表现为意思自治；而在委托监护合同中，受托人是监护人的代理人，表现为他治。

（2）监护地位不同

意定监护合同生效后，意定监护人获得监护人的法律地位；

委托监护受托人与被监护人之间无法律关系，并没有取得监护人的法律地位。

二、意定监护的实现

知道意定监护制度而不去应用，这也是老年朋友的一种选择。多半老年人会一直清醒着走完人生路。即使20%多的老年人会因老年痴呆症而失去民事行为能力，法律也早已规定了被动监护制度。

失智[①]老年人由下列有监护能力的人按顺序担任监护人：（一）配偶；（二）父母、子女；（三）其他近亲属；（四）其他愿意担任监护人的个人或者组织，但是须经被监护人住所地的居民委员会、村民委员会或者民政部门同意。对监护人的确定有争议的，由被监护人住所地的居民委员会、村民委员会或者民政部门指定监护人，有关当事人对指定不服的，可以向人民法院申请指定监护人；有关当事人也可以直接向人民法院申请指定监护人。居民委员会、村民委员会、民政部门或者人民法院应当尊重被监护人的真实意愿，按照最有利于被监护人的原则在依法具有监护资格的人中指定监护人。在按规定指定监护人前，被监护人的人身权利、财产权利以及其他合法权益处于无人保护状态的，由被

---

① 失智：即阿尔茨海默氏症或老年痴呆症，是一种因脑部伤害或疾病所导致的渐进性认知功能退化，且此退化的幅度远高于正常老化的进展。其典型之起始症状为记忆障碍。病人会遗忘刚刚发生的事，而较久以前的记忆（长期记忆）则相对在发病初期不受影响。逐渐发展会影响到注意力、语言、解题能力。严重时会无法分辨人、事、时、地、物。摘自百度百科“失智症”词条：根据流行病学研究，65岁以上的人有5%有失智症，85岁以上则增加到20%。

监护人住所地的居民委员会、村民委员会、法律规定的有关组织或者民政部门担任临时监护人。监护人被指定后，不得擅自变更；如擅自变更的，不免除被指定的监护人的责任。同时还规定，没有依法具有监护资格的人的，监护人由民政部门担任，也可以由具备履行监护职责条件的被监护人住所地的居民委员会、村民委员会担任。

1. 如何起草意定监护协议

意定监护合同是一种附生效条件的合同，即合同成立时间与生效时间不一致，以发生特定法律事实，即老年人失智为生效条件，只有委托监护的老年人成为无民事行为能力人或限制民事行为能力人时，该合同方能生效。

（1）必备条款

鉴于成年人监护制度建立的时间比较短，我们固有的养儿即完成了防老的传统，目前采取意定监护的老年人寥寥无几，意定监护合同（协议）范本，在网上虽然也能够搜索到，但一般都不能完全符合意定监护的立法本意。笔者曾经参与写作的《老年人指定监护人确认书》[①]《意定合同书》[②] 等合同范本，虽然写作时《民法总则》尚未颁布，基本属于意定监护合同的 1.0 和 2.0 版本，但仍可以作为老年人监护合同的范本进行参考。

意定监护合同必须具备的基本条款有：老年人和监护人的基

---

① 陈洪忠、陈娟、韩洪、赵维娟、殷新丹编著：《养老法律那些事儿》，知识产权出版社 2015 年版，第 158 页。

② 陈洪忠、韩洪、童中礼、龙磊、翟晓静：《老龄产业法律文书精要详解及实务指南》，法律出版社 2017 年版，第 5～13 页。

本信息、监护人的确定、监护职责及履行、违约责任、合同生效或撤销条件等。

意定监护人，既可以从法定继承人中选任，也可以选择他人或组织机构。监护人可以是一人，也可以是多人。如果有多个监护人，还应当对分工进行约定。

监护职责，主要分为人身监护和财产管理两个方面，可以结合老年人的真实意愿，对未来自己的生活起居、人身照护、收益管理等作出细致的约定，监护人必须审慎履行监护职责义务，明确约定监护关系终止的特定条件。包括但不限于：对被监护人所有不动产以及其他重要的财产进行管理、处分；被监护人与金融机构相关的交易事项（如储蓄、金融理财）；受领退休金、房租等定期收入；支付房租、税收、医院医疗等费用；支付生活费和日用品等日常花销；被监护人与继承相关的事项；被监护人与保险相关的事项；保管各类权利证书等重要证书文件的事项；等等。

对于财产的处分要设置限制条件，如除非危及被监护老年人生命事由出现（如重病入院）或使被监护老年人纯收益（如房屋拆迁还建），监护人不得随意处分被监护老年人的重要财产。

合同的撤销，要在意定监护合同中以列举式、概括式条款相配合来规定具体的可终止事由，以最大限度规避意定监护的风险，保障老年人权益。

（2）注意事项

第一，有必要设定监护监督执行人，对监护权的行使进行有效监督。老年人在其还具备相应的民事行为能力时可以随时通过见证文书等方式进行变更或者终止意定监护合同。当老年人不具备相应民事行为能力时，监督人可以代表老年人与监护人进行协商或者提起诉讼，以变更或者终止监护合同。

第二，对于监护人的选择很重要。老年人的配偶、父母或兄弟姐妹等年龄相仿者一般不适合作为监护人，因为将来合同生效时大概年纪也都很大了，承担长期管理被监护老年人的财产和照护其人身事务可能会心有余而力不足。另外，自身负有巨额债务尚未偿还的人，以及酗酒、吸毒者等，也不宜作为监护人。

第三，在合同生效以后，监护人自身因遭受重大变故而无法继续担任监护人的，应当约定允许其卸任监护人资格，但由此造成被监护人损害的，可以约定由监护人负赔偿或部分赔偿责任。

第四，意定监护合同的约定既要合法，也不能损害社会公共利益，不能违背公序良俗。

第五，意定监护合同只能对自身丧失行为能力后的人身监护和财产管理予以约定，意定监护人不能对被监护老年人负有法定监护义务之外的更多内容，与意定监护无关的内容应当另行约定，或者立遗嘱等。意定监护制度与遗嘱制度不同，遗书、遗言中有遗嘱内容并具备签名、签有年月日的，可视为自书遗嘱；而意定监护之中没有类似规定，意定监护合同目前应当按照法律规定订立和实施，意定监护合同不可以约定某些特定具备人身属性的事项，如婚姻关系、收养关系的产生和消灭等。

2. 如何签订意定监护协议

签订意定监护合同的主要途径：

（1）自己起草。有了监护人的人选以后，可以依照前文所列内容根据自身实际情况起草，也可以参考前文提到的《意定合同书》范本和“签订意定监护合同的注意事项”[①] 增加相关条款。有了基本的意定监护意向以后，与意定监护人具体协商，达成一致后签订意定监护合同书。最好设定监护监督人，同时签订监护监督协议。

（2）咨询律师。意定监护是在行为人尚有完全民事行为能力之时，对未来可能发生能力欠缺后的自力救济，是对老年人人身与财产事务在未来本人民事能力丧失之后得以实现的权利保障。因为意定监护合同涉及解决老年人失智以后的有关人身托付和财产安全，需要适用大量的民事法律的具体规定，老年人最好咨询专业律师[②]，把关重要条款，疏解关切，这样可以较好地维护自身的合法权益。

（3）律师代书。事关人身财产安全，老年人自行草拟的监护协议对于人身和财产的重要条款若有遗漏，将产生极大的不良影响，老年人最好聘请专业律师参谋起草合同，律师代书是省时省力的办法。

意定监护合同起草后，最好经过见证存档保存，既可以到公证处进行公证，也可以到律师事务所进行律师见证，还可以到有关社会组织的专门意定监护见证机构进行见证。

① 陈洪忠、韩洪、童中礼、龙磊、翟晓静：《老龄产业法律文书精要详解及实务指南》，法律出版社2017年版，第5~13页。

② 专业律师：是指掌握意定监护的法律专业知识，具有一定相关业务经验的律师。由于意定监护法律制度于2017年才刚刚建立起来，大多数律师并不具备相关法律知识储备，如果补习、“充电”不及时，很可能无法提供具体、有效的法律服务。

3. 如何监督意定监护协议

意定监护合同最好设定监护监督人，对监护权的行使进行有效监督。当监护人怠于履行监护职责或滥用监护权利时，监护监督人可以依据监护监督合同的指定向人民法院申请更换监护人。

为保证意定监护人忠诚、全面、勤勉地履行监护职责，有必要在意定监护合同中设立监督人。因为当监护合同所附条件成就之时，也意味着被监护老年人丧失或部分丧失了民事行为能力的开始，其财产的安全、有效管理，财产收益和养老支出安排等，事关老年人养老生活的品质，“久病床前无孝子”，若无有效的监督措施，监护合同可能会成为损害被监护老年人利益的工具。为了有效维护老年人的财产权益和规制可能出现的道德风险和利益冲突，对意定监护合同设置合理的监督制约机制，是十分必要的。

监护监督人的选择，一是可以指定老年人信任的亲友承担；二是可以指定行政部门、基层组织承担；三是有偿委托社会组织或个人承担。可以在老年人的亲友中，按信任程度规定顺序委托作为监护监督人，规定在意定合同生效后，由顺位最靠前的有民事行为能力的被委托人承担监督人职责。在西方国家，律师是最好的民众代言人，一般也是意定监护监督人的首选。

被监护老年人可在签署意定监护合同中规定意定监护的监督人；亦可与监督人另行签订意定监护监督合同，该合同与意定监护协议同时生效。意定监护监督合同中应详尽约定监督人的职责，如监护监督人发现监护人有不当履行监护职责之行为的，可向法院起诉申请更换监护人，或依照法定程序另行指定监护人。

如果失职监护人构成侵权，给被监护老年人造成了实际损害的，新的监护人履职以后，还可以根据事实和法律代理被监护老年人向人民法院提起赔偿诉讼。

4. 意定监护合同实例

(1) 因子女间有矛盾而设定意定监护

案例1：居民甲年过七旬，中年丧妻，最近因身体不适住院，他的五个子女因治疗和陪护意见不一致而产生矛盾。甲心里又着急又无奈，特别是担心自己将来因病头脑意识不清或者昏迷，子女会因医疗和照顾问题再起纷争，于是决定趁自己现在还没有糊涂的时候和平时对自己关心最多、自己也最信任的小儿子乙商量，由他来作为自己丧失或者部分丧失民事行为能力时的监护人。

2016年10月12日，甲、乙双方到某公证处签订了《意定监护协议》，甲明确表示愿意在自己身体健康的情况下指定小儿子乙作为监护人，待自己丧失或者部分丧失民事行为能力时，由乙履行监护职责。乙明确表示愿意负责父亲将来的生活照管、医疗救治、财产管理、维权诉讼和死亡丧葬等事务。约定了意定监护的生效条件、监护人的职责范围、监护的具体事项等内容。约定甲可以在神志清醒的情况下单方撤销监护协议，依法恢复成法定监护。[①]

我国已基本进入老龄社会，加强老年人权益保障和法律服务工作意义重大。2012年12月修订的《老年人权益保障法》中首

---

① 公证指导性案例1号。

次提出了老年人意定监护制度。2017 年 10 月 1 日施行的《民法总则》将意定监护的适用人群范围扩大至所有具有完全民事行为能力的成年人，有力地保障了成年人，特别是老年人在丧失或者部分丧失民事行为能力时能够有所养、有所依。广大公证员、律师等专业法律人士根据当事人的申请，依法办理老年人意定监护合同见证，可以有效维护老年人的合法权益。

在本案中，居民甲在五个子女中选择了一个作为监护人，并不会免除任何子女的赡养义务，只是对将来养老安全更放心，减少不必要的纷争。确定监护人，也有利于子女们的互相监督和赡养的有序进行。

（2）因担心再婚配偶能力或监护意愿而设定意定监护

案例 2：2018 年 8 月，周某某准备和现在的老伴去登记结婚，但是之前经历过的两次失败的婚姻给其心理上留下了不可磨灭的创伤，而现在自己年纪大了，保不准哪天就忽然卧床不起，所以她非常担心万一自己生病失智失能而再婚老伴又不愿意照顾自己、不愿意替自己应付各种烦琐的事务该怎么办？到底是“半路夫妻”，而在法律上配偶又是自己的第一顺位监护人，自己的晚年生活该怎么保障呢……最终在公证人员的见证下，周某某与一直对自己十分孝顺的儿子宋某某签订了《意定监护协议》，对自己失能之后的生活、医疗、财产等相关事宜进行了详细的安排，并且明确地约定了协议生效和终止的条件以及监护人的权利和限制等重要内容。[1]

---

① 印媛：《从公证参与养老服务视角看老年人意定监护公证》，载《中国公证》2019 年第 5 期。

本案例也是老年人再婚、搭伴养老解决监护问题的好思路，丧偶、离异老年人更应当早谋划晚年和身后安排。对子女较多且部分子女不孝顺的高龄老人，建议趁早办理意定监护见证，可以指定一名子女作为监护人，一名或多名子女作为监护监督人，相互制约以便更好地保护老年人的利益，也给孝顺的子女一个名正言顺的监护权利、监护人身份。

案例 3：法院审理查明，2018 年 7 月 24 日，陈某与夏某、许某签订《意定监护协议书》，内容：鉴于陈某之夫马某某已去世，双方未生育，与养女马某已解除收养关系，在意定监护生效条件满足时指定夏、许为监护人等，并办理了公证。同年 8 月，陈某因脑出血等症住院治疗。审理中，某脑科医院司法鉴定所接受委托对陈某的民事行为能力出具鉴定意见：被鉴定人陈某目前系脑器质性智能损害（重度），无民事行为能力。

法院认为：《民法总则》第 21 条第 1 款规定，不能辨认自己行为的成年人为无民事行为能力人。陈某经鉴定机构评定其目前无民事行为能力，法院予以采纳。依照《民事诉讼法》第 189 条的规定，判决陈某为无民事行为能力人。本判决为终审判决。[①]

由于意定监护制度设立的时间短，人们接受新法规定还需要一个过程，人民法院判决意定被监护人丧失民事行为能力的案例还很罕见。本案的意义在于其很好地保障了孤寡老人、失独老人等有特殊需求的社会群体的权益。

---

① （2018）苏 0106 民特 228 号。

第二节 生前预嘱

生前预嘱就是老年人对“安乐死”的一种授权。随着步入老龄段，有的老年人身体健康感受会大不如前，当一些生不如死的病痛状况发生时，可能连寻死的能力都没有了。对这样的老年人该如何救济呢？

一、什么是生前预嘱

生前预嘱（Living Will），是指人在意识清楚时签署的，说明在不可治愈的伤病末期或临终时要或不要哪种医疗护理的指示文件。也有人称之为“尊严死”“安乐死”[①]“自然死亡”等的遗嘱，每一概念略有不同，有的可能突破了法律红线。

二、订立生前预嘱的意义

生不如死，无疑是一种人间悲剧。如果没有生前预嘱，无行为能力老年人在面对医疗决定行为时，往往在其不能、不知的状

① 安乐死：是指对于身患绝症或者濒临死亡的病人，由于难以忍受的痛苦不能治愈，出于本人神志清醒时的真诚嘱托，医生为减少病人难以忍受的痛苦，采取措施提前结束病人的生命，使其安然死去的行为。

态下由法定监护人或者儿女介入，来作出是否继续维系生命的决定。生前预嘱从老年人自身意志表达出发，体现了老年人意思自治价值追求，也是尊重老年人群的尚存能力，维护老年人清醒时自由意志的一种尊严权益。

生前预嘱就是病人代理人的授权书，是有关生命权是否维系，事关维护离世前尊严而行使决定权的授权。

三、生前预嘱与意定监护的关系

生前预嘱，包括声明型的生前预嘱以及代理型的医疗行为指示代理。生前预嘱类似行为人预先立遗嘱，只是其个人处分的是自己的生命健康权而非财产权而已。无论是假设个人在陷入危急状态下希望医疗机构的全力抢救还是在保守治疗时保证做人的生命尊严，都可以通过生前预嘱个人预先行使和表达权利。与传统家人代作医疗决定不同的是，生前预嘱将具体医疗决定作出的时间提前，根据自己的意愿对医疗活动中可能出现的风险及将要采取的措施进行取舍决策，保证行为人的意愿贯穿于日后整个医疗活动之中。

意定监护，是指老年人在自己清醒的时候，选择自己最信任的人作为监护人，通过签订监护协议，在自己失智后照护自己的生活，处置自己的财产、权利等。意定监护将优先按照个人意愿启动意定监护程序，排除了法定监护的适用，也避免了由于法定监护人缺位或怠于履行而导致具体监护事务做出的延迟或混乱，损害老年人自身的利益，将可能出现的矛盾与问题提前解决。

将生前预嘱纳入我国意定监护制度中，有利于丰富及完善我国意定监护法律制度建设。

四、立生前预嘱的注意事项

对于我国现行法律规范来说，无论是意定监护还是生前预嘱都是从西方舶来的制度。事关老年人的生命健康权，在生前预嘱执行时，老年人可能是意识清楚但无法表达，老年人立生前预嘱应当谨慎。

与立遗嘱一样，老年人在立生前预嘱时，预嘱人应当具有民事行为能力。

生前预嘱指示务必明确。对于说明型的生前预嘱和代理型的预先医疗内容应当明确，并明确具体的医疗机构。生前预嘱最好设立监督机制，如果监督人明确反对，生前预嘱“熔断”，暂停执行。

生前预嘱内容不得触犯法律，受委托人不得唆使或帮助患者自杀，不得授权使用针剂或者一氧化碳等方式实施安乐死。

下篇　案例解析

第四章　遗嘱纠纷典型案例解析

身后事处理不当，可能在生前就激起纠纷，晚年生活必受影响。立一份既体现自己意志、公正权威、合法有效，又促进家庭和睦的遗嘱非常关键。

一、遗嘱主导了遗产分配

现在仍有许多人因不想联想死亡，很忌讳提起遗嘱，所以中国人立遗嘱的意识和比例远不及西方发达国家。一份有效遗嘱往往会体现老年人的主观意志，主导遗产的分配。

案例 1：尽赡养义务多的分得遗产的 25%，另一子女分得遗产的 75%，全因遗嘱

被继承人杨某与孙某于 1975 年 10 月 9 日再婚，双方均为丧偶再婚，婚后未生育子女。杨某与前妻未生育子女，被告杨某 1 出生后杨某与前妻将其收养并抚养成人。孙某与前夫育有一子，即原告方某。杨某与孙某再婚时原告方某时年 15 周岁，还是一名学生，经济未独立，与杨某形成了抚养关系；杨某1其时已成年，与孙某没有抚养关系。2012年1月10日，杨某死亡，享年91岁，未留遗嘱。2017年11月25日，孙某死亡，享年86岁。

2016年7月18日，孙某至某公证处办理公证遗嘱……我和杨某婚后共同财产包括：（1）孙某名下位于京城×号房产一处；（2）杨某名下位于京城××号房产一处；（3）银行存款若干。经慎重考虑，我自愿立此遗嘱：我去世后，上述两套房产以及我和杨某遗留的银行存款中属于我个人的份额以及我应继承杨某遗产的相关份额，都归我儿子方某个人所有，不作为他的夫妻共同财产。

法院经审理认为：关于继承的份额，考虑杨某在世时卧病多年，被告在杨某的生活上、看病就医上尽赡养义务较多；被告在购买涉案房屋、装修上出资出力，在杨某去世后出资办理杨某丧葬等事项上尽赡养义务较多，在分割遗产时应当多分。原告提交的公证遗嘱合法有效，孙某的遗产应按照公证遗嘱继承。

综上所述，法院酌定涉案两套房屋及杨某的存款，由原告方某继承四分之三的份额，由被告杨某1继承四分之一的份额。因杨某的存款现在方某处保管，法院一并判决方某按照杨某1应继承之份额向杨某1予以返还。

法院判决：登记在被继承人孙某名下的京城×号房屋归原告方某继承，原告方某向被告杨某1支付上述房屋的折价款106.25万元；登记在被继承人杨某名下的京城××号房屋归原告方某继承，原告方某向被告杨某1支付上述房屋的折价款219.75万元；被继承人杨某的存款56万元由原告方某与被告杨某1共同继承，其中原告方某继承42万元，被告杨某1继承14万元，原告方某向被告杨某1返还杨某的存款14万元。①

法律要点

1. 继承纠纷案件处理，先析产后继承

继承自被继承人死亡时开始，遗产是公民死亡时遗留的收入、房屋、其他合法财产等。继承开始后，按照法定继承办理，有遗嘱的，按照遗嘱继承或者遗赠办理。

法院审理继承纠纷案件，一般先析产后继承。继承开始前，先将杨某、孙某的夫妻共同财产一分为二。孙某留有有效遗嘱，按遗嘱继承；杨某没有遗嘱，按法定继承。

法定继承时，尽赡养义务较多的可以多分遗产。在对杨某的法定继承中，对尽赡养义务较多的杨某1给予了适当照顾。

2. 法官的自由裁量权远不及遗嘱的效力

尽赡养义务较多可以多分遗产，但法官自由裁量权有限。

法院审理继承纠纷案件，一般都是先析产后继承。杨某先于孙某去世，杨某去世后，其与孙某的夫妻共同财产，应先分出一半归孙某所有，因杨某未立遗嘱，另一半按照法定继承。杨某遗产的继承人为其配偶孙某、养子杨某1、继子方某，也就是杨某去世后，夫妻共同财产中老伴孙某通过法定继承共占了有三分之二，养子、继子各继承占有六分之一。后孙某立了遗嘱，将自己

---

① （2018）京0102民初5820号。

的所有财产遗留给自己的亲生儿子。

从案件认定的事实看，养子杨某1任劳任怨长年照看卧病在床的养父，为养父家购买、装修房屋出资出力，伺候养父安详体面地离世，几乎包办了养父的丧葬事项。因为杨某没有留下遗嘱，如果没有判杨某1尽赡养义务较多可以多分遗产的话，按照法定继承，杨某1只能分到遗产的六分之一，且全是杨某的遗留。因杨某1尽赡养义务较多，法院在分割遗产时依法多判给了十二分之一，所以杨某1共得到了遗产的四分之一。

3. 通过假设对比，遗嘱确实可以主导遗产的分配

在本案中，如果杨某也留有一份遗嘱，将自己的遗产全部留给杨某1，且杨某、孙某的遗嘱都有效，杨某1和方某将各分得二分之一的遗产，杨某1因此可以多得340余万元。

如果本案杨某、孙某都没有立遗嘱，则按法定继承，因为杨某1在父亲杨某再婚时已经成年，其与孙某没有形成继母子关系，那么，孙某的继承人就只有方某一人，杨某1依法不继承孙某遗产，若不考虑杨某1多尽赡养义务的因素，杨某1继承六分之一、方某继承六分之五。

如果本案中孙某先去世，杨某后去世，都没有留下遗嘱。孙某去世后，夫妻共同财产老伴杨某占有四分之三，继子方某继承占有四分之一，杨某1不继承；杨某去世后，按照法定继承，杨某1继承八分之三，方某继承八分之五。

如果本案中孙某先去世，杨某后去世，杨某生前立了一份遗嘱，将自己的遗产全部留给杨某1，即使不考虑杨某1的多尽赡

养义务因素可以再多分遗产，杨某1也将继承四分之三的遗产，而方某只能继承四分之一的遗产。杨某1可以多得价值680余万元的房产。

可见，遗嘱对遗产的主导作用。

4. 收养及父母子女关系

本案中杨某1是杨某与前妻的养子，杨某1在养父再婚时已成年，杨某1与孙某未形成继母继子关系，而方某与杨某形成了继父继子关系。能否形成继父母继子女关系，决定是否能够列为法定继承人，直接影响到遗产的继承。

收养，系指将他人子女收养为自己子女。法律上，收养是视同婚生子女的一种身份契约关系。由于收养会将本无直系血缘关系人拟制具有亲子关系，收养者与被收养者因此又称为法定血亲或拟制血亲。收养者称为养父或养母，被收养者则称为养子或养女。收养须符合法律规定的条件和程序，养父母与养子女之间的权利和义务，适用婚姻法对父母子女关系的规定。收养不同于寄养，寄养是父母因特殊情况不能直接履行对子女的抚养义务，把子女寄托在他人家中生活的委托代理行为。寄养不发生父母子女关系的变更，被寄养儿童与受托人之间不产生父母子女的法律关系。

父母子女关系，又称亲子关系，是指父母与子女间权利义务的总和。一般分为：①父母与亲生子女，包括婚生子女和非婚生子女之间的关系，如孙某与方某的母子关系；②养父母与养子女之间的关系，如杨某与杨某1的养父养子关系；③继父母与继子女之间的关系，如杨某与方某的继父继子关系。父母与非婚生子女之间，依法登记的养父母与养子女之间，继父母与受其抚养教育的继子女之间，均适用法律对父母子女关系的有关规定。

风险提示

拟制的父母与子女关系必然要受到一些法律上的约束，应当从法律角度有所准备。在一些继承纠纷案件中，当自己的血亲长辈辞世以后，继子女与继父母的来往就会逐渐减少，显得家庭关系趋冷或者不如从前，继父母这时就会立遗嘱让自己的亲生子女多继承或者全部继承遗产。所以，再婚家庭的老年人要为眼前和谐背后的可能危机有所考虑，更应当对身后事做出恰当安排。

案例 2：冲突遗嘱内容以最后有效遗嘱为准

被继承人马某某（2012 年 12 月去世）、张某某（2011 年 8 月去世）系夫妻关系，共生育 5 子，即马某民（2013 年去世）、马某 1、马某 3、马某 4、马某 2。叶某某系马某 1 之妻。李某 2 系马某民之再婚配偶，李 1 系马某民与李某 2 之女，马某 5、马某 6、马某 7、陆某 1、陆某 2 系马某民与前妻所生之女。

2009 年 11 月 27 日，在某律师事务所两名律师的见证下，两位被继承人出具打印遗嘱一份，表示遗产由 5 个儿子共同继承。2008 年 8 月 24 日、9 月 24 日，被继承人马某某、张某某曾在打印遗嘱上签名，大致内容为马某 3 对两位被继承人有殴打等行为，故马某 3 不可继承两位被继承人的所有财产。2011 年 3 月 25 日，马某某、张某某曾经出具代书遗嘱一份，证明人为郭某某、××东等。

2011 年 4 月 2 日，被继承人马某某、张某某留有签名的代书遗嘱一份，见证人为案外人郭某某（代书人）、××东，两人均在遗嘱上留有签名。遗嘱主要载明：“我们夫妻两人年纪已大，身体状况也一年不如一年，在我们目前精神状况还可以的情况下，我们要把以后的事情交代清楚……我们现有的房产（全部产权）、馨佳园 4 号房产（部分产权）、（部分产权）归马某 3 所有，将来直接过户给马某 3；（部分产权）归大儿子马某民所有，将来直接过户给马某民；如果公平路房子拆迁，由马某 3 全权代理。动迁所得的房子和钱款全部归马某 3 所有，其他人都没有份额。以上交代的事项是我俩的共同遗嘱。”

2011 年 12 月 7 日，被继承人马某某留有其签名并注明年、月、日的打印遗嘱一份，案外人任某某、黄某某作为遗嘱见证人在打印遗嘱上签名。遗嘱主要载明：“我一共有 5 个儿子，老大马某民和老二马某 4 几十年对我们不闻不问、从不关心；老三和老五长期都在国外。我们两个老人的生活起居几十年一直是由四子马某 3 和其媳妇程某萍精心照料的。我和老伴早就商量决定，将我们所有的财产全部给予马某 3 和程某萍，其他任何人都没有份额。我现在年龄已大、体弱多病，生活已经不能自理，我家里的所有事情以及我的后事全权委托四子马某 3 处理，任何人不得干涉，这是我本人的真实意愿。如果我以后有其他的意思表示，一定要有地段民警和居委会干部在场作证，否则无效。”另，该份打印遗嘱上又标注：“马某某于 2011 年 12 月 7 日下午到居委会由儿子马某 3、儿媳程某萍找民警反映上述情况。社区民警张某平。”庭审中，见证人任某某到庭表示，其系居委会的干部，当日，马某某在马某3的陪同下至居委会，民警叫其过去，和其说了这件事。遗嘱系马某某打印好拿至居委会，上面已有马某某的签名和手印。当时，民警让马某3及其妻子到办公室外面，然后念了一遍遗嘱给马某某听，马某某表示同意，其和另外一位居委会干部以及民警就在该份遗嘱上签下了自己的名字。见证人黄某某到庭表示，其系居委会的干部，和民警张某平在一个办公室工作。当日，马某某带着已经打印好的遗嘱至民警办公室，民警就将遗嘱读了一遍给马某某听，马某某听完后即在遗嘱上签了名，然后两位见证人和民警均在遗嘱上签下自己的名字。

法院认为，2011年4月2日被继承人马某某、张某某签名的代书遗嘱以及2011年12月7日被继承人马某某签名的打印遗嘱均系有效遗嘱，故本案的继承应按照上述两份遗嘱进行。理由如下：第一，经法院审理查明，被继承人马某某、张某某于2011年4月2日所立代书遗嘱符合《继承法》第17条第3款之规定，系有效遗嘱。第二，至于2011年12月7日的打印遗嘱，法院认为遗嘱属于遗嘱人处分个人财产的单方民事法律行为。判定民事法律行为是否有效，主要看其是否违反了当事人的意思自治原则和违反了法律、法规的强制性规定。只有违反了当事人意思自治原则或违反了法律、法规的强制性规定的民事法律行为才能确定为无效的民事法律行为。虽然《继承法》规定自书遗嘱由遗嘱人亲笔书写，代书遗嘱由见证人代书，但当时电脑等信息技术并未普及，亲笔书写主要表现为笔墨手书，而当今电脑打印已逐渐成为人们生活中的主要书写方式。人们在生活中以电脑打印的方式立下遗嘱的情形普遍存在。无论是用电脑打印立下遗嘱，还是用笔墨手书立下遗嘱，只要是当事人的真实意思表示，且未违反法律、法规的强制性规定，都应当与时俱进地予以确认，不能因为书写方式的不同而轻易地否定打印遗嘱的有效性，况且《继承法》也未明确禁止采取打印的方式立遗嘱。因此，不能简单地认为打印遗嘱为无效遗嘱，应当结合遗嘱人的民事法律行为是否有效予以综合评定。本案中，2011 年 12 月 7 日马某某所立的第二份遗嘱，虽然是打印的，打印人是谁也不得而知，但遗嘱上有其亲笔签名及手印，并注明了年、月、日。见证人任某某、黄某某均向法院陈述两人系居委会干部，亲眼看见民警将遗嘱向马某某念了一遍，马某某对遗嘱的内容表示认可，两位见证人亦在遗嘱上签字见证。且经过司法鉴定，各方当事人对马某某签名的真实性均表示认可。因此，从上述证据的表现形式和马某某的行为上看，法院认定 2011 年 12 月 7 日的打印遗嘱确系马某某的真实意思表示。虽然马某 1、马某 2、马某 4 质疑该打印遗嘱非马某某的真实意思表示，但未向人民法院提交充分的证据予以证明。根据“谁主张、谁举证”的原则，马某 1、马某 2、马某 4 应当承担举证不能的法律后果。第三，根据《继承法》第 20 条第 2 款之规定，立有数份遗嘱，内容相抵触的，以最后的遗嘱为准。即对于马某某的遗嘱处理应当以其生前所立的最后一份遗嘱即 2011 年 12 月 7 日所立的遗嘱为处理其遗产的有效依据。被继承人张某某的遗嘱处理亦以其生前所立的最后一份遗嘱即 2011 年 4 月 2 日所立的遗嘱为处理其遗产的有效依据。马某 1、马某 2、马某 4 提供的遗嘱所立时间均在上述两份遗嘱之前，故马某 1、马某 2、马某 4 辩称要求按照之前的遗嘱进行继承，与法不符，法院不予采纳。另，因马某某所立的2011年12月7日的遗嘱中对属于张某某的遗产处分无效，故对于张某某在401室房屋中的产权份额仍应按照2011年4月2日遗嘱，由马某民继承。401室房屋经生效判决确认由马某某与马某民共同共有，关于对共同共有物的分割原则，如有协议按协议处理，没有协议的，以等分处理方式为原则，故马某某、马某民各占有系争房屋50%的产权份额，因该房屋取得于马某某、张某某婚姻关系存续期间，故对于马某某的产权份额张某某依法享有一半的权利，即马某某、张某某各享有401室25%的产权份额。综上，马某3可继承马某某在该房屋中25%的产权，马某民继承张某某在该房屋中25%的产权份额后，共取得该房屋75%的产权份额。因马某民已经死亡，根据现有证据，马某民的遗产份额应由其第一顺位继承人依照法定继承办理，即由李某2、李1、马某5、马某6、马某7、陆某1、陆某2共同继承。①

法律要点

1. 遗嘱人立有多份遗嘱的效力

在遗嘱纠纷案件中，老年人立有多份遗嘱的很多，需要首先审查多份遗嘱中哪些有效，其次审查多份有效遗嘱的内容是否相互抵触。如果多份有效遗嘱的内容并不相互抵触，则各个遗嘱可以互相印证，有利于遗嘱发生效力。如果多份遗嘱的内容相互抵触，抵触部分以最后有效遗嘱为准。

---

① （2017）沪02民终1788号。

2. 自书遗嘱仍需坚持亲笔书写，这是有效遗嘱的前提

在该案中，法院认为，判定遗嘱是否有效，主要看其是否违反了当事人的意思自治原则和法律、法规的强制性规定。被继承人所立的第二份遗嘱，虽然是打印的，打印人是谁也不得而知，但遗嘱上有其亲笔签名及手印，并注明了年、月、日，经过司法鉴定，此为被继承人笔迹。两位见证人均见证了遗嘱人确认遗嘱真实性的核对过程，法院因此认定这份打印遗嘱有效。

首先可以肯定，法院判决是正确的，说理也是充分的。因为判决当时尚未将打印遗嘱作为遗嘱的法定形式，按照《民法典》的规定，打印遗嘱是指遗嘱人以打印的形式设立的遗嘱，并且有两个以上无利害关系的见证人在场见证，遗嘱人和见证人在每一页遗嘱上签名并注明年、月、日。本案中的打印遗嘱完全符合现行法律规定的形式要件，所以判决书通过说理提前锁定了该遗嘱的效力，充分发挥了法官的自由裁量权作用。

但是，该判决的“无论是用电脑打印立下遗嘱，还是用笔墨手书立下遗嘱，只要是当事人的真实意思表示，且未违反法律、法规的强制性规定，都应当与时俱进地予以确认”，这种对打印遗嘱推理成立的判决，在《民法典》颁布后已经没有了适用空间。因为打印遗嘱已经是法定遗嘱形式了，法院今后必须根据法律规定的形式要件进行评判。根据最新有效司法解释，自书遗嘱也必须亲笔书写，除非有证据证明确系遗嘱人亲自操作电脑打印，方可认定为自书遗嘱。

3. 老年人可以充分利用立遗嘱的权利奖优罚劣

被继承人马某某、张某某于2008年8月曾立遗嘱，内容为马某3对两位被继承人有殴打等行为，故剥夺马某3的遗产继承权。但是，可能是因马某3改邪归正，马某3的媳妇又特别孝顺，马某3两口子对两个老人的生活起居长年精心照料，最后两份遗嘱都是将主要财产指定由马某3夫妇继承，得到法院的认可，本案例反映的是对孝顺的最好褒奖。

4. 立遗嘱需要独立完成

有效遗嘱不仅要满足严格的形式要件，遗嘱的内容还需要是遗嘱人的真实意思表示。真实意思表示的判断标准，一是老年人要意识清醒，二是没有受到胁迫或者欺骗。是否受到胁迫或者欺骗，立遗嘱时身边是否有继承人或者受益人在场很关键，本案中“民警让马某3及其妻子到办公室外面，然后念了一遍遗嘱给马某某听，马某某表示同意，其和另外一位居委会干部以及民警就在该份遗嘱上签下了自己的名字”，马某3和其妻子是遗嘱受益人，存在利害关系，该民警的做法很专业，对最后遗嘱合法有效功不可没。

风险提示

自书遗嘱一定要由自己亲笔书写，而且要使用墨水笔，不可以用圆珠笔、铅笔、荧光笔等容易修改或不宜长期留存笔迹的笔来书写遗嘱，尽可能不要打印。不太会写字，或者想让遗嘱效力更有保障的，可以立代书遗嘱、打印遗嘱或者录音录像遗嘱，除了自书遗嘱以外，都需要有2名以上与继承人或者受遗赠人关系不密切的人作为见证人，否则打印的遗嘱或录音录像的遗嘱就没有法律效力。

案例3：遗书或遗言被认定为有效遗嘱

尹某某（于2019年4月8日去世）与吕某某（于2013年12月11日去世）于2013年12月9日出具遗书一份，遗书载明：尹某某和吕某某结婚25年，一生奋斗家庭建设23年，女儿尹某1今年24岁，就尹某1一个女儿，妈妈（吕某某）唯一舍不得的就是女儿，按妈妈的遗言就是以后有可能建设新农村，如房子拆迁、田征用，关于家里的一切财产按目前户口本上的名字尹某某、吕某某、尹某1、李某2（外孙）、李某1（女婿）五人平均分割，以后别人不可参加财产分割。2013年12月9日开始生效。尹某某、吕某某在上述遗书上签字确认，同时有在场见证人尹某2、尹某3、尹某4、吕某签字确认。

尹某某于1998年6月30日领取村镇房屋所有权证，所有权证载明：所有权人为尹某某；无共有人；房屋坐落于原某某市；所有权性质为私有；房屋状况为1幢2层4间的混合结构房屋，建筑面积为150.15m^2。

2015年3月20日，尹某某与被告韩某登记结婚，婚后双方居住在上述房屋内。尹某某去世后，原告（尹某1、李某1、李某2）、被告（韩某）因上述房屋权属问题发生争执但未能妥善解决，故原告诉至法院处理。

法院认为，继承开始后，按照法定继承办理；有遗嘱的，按照遗嘱继承或者遗赠办理。同时，公民可以立遗嘱将个人财产指定由法定继承人的一人或者数人继承，也可以将个人财产赠给国家、集体或者法定继承人以外的人。本案中，尹某某与吕某某生前书写遗书一份，该遗书由二人签字确认且有四人在场见证签字，因此该遗书可认定系二人的真实意思表示，且无导致遗书无效的情形，故法院认定该份遗书具有法律效力。被告韩某辩称该遗书依据内容及形式来看系无效遗书，但未向法院提交证据证明该份遗书存在继承法规定遗嘱无效的情形，虽该份遗书的书写形式、内容条款设置非专业化，但遗书的内容能准确表述被继承人关于遗产的处分方式，故被告韩某的辩称意见缺乏事实和法律依据，法院不予采纳。上述遗书载明："关于家里的一切财产按目前户口本上的名字尹某某、吕某某、尹某1、李某2、李某1五人平均分割，以后别人不可参加财产分割"，依据遗嘱优先的原则，尹某某、吕某某的遗产即位于本区房产应按上述分配方案处理，即由原告尹某1、李某1、李某2所有。被告韩某陈述其系尹某某的第一顺位继承人、享有法定继承权的辩称意见与继承法关于遗嘱优先于法定继承的规定相违背，法院不予采纳。[①]

法律要点

1. 应了解遗书、遗言相关法律规定

法律规定，如果自然人在遗书、遗言或某些规范文件中涉及死后个人财产处分的内容，确为死者真实意思的表示，有本人签

① （2019）苏0482民初4047号。

名并注明了年、月、日，又无相反证据的，视为自书遗嘱。本案的遗书因为满足自书遗嘱形式并有2名以上见证人见证，判决书毫不犹豫地视其为遗嘱，这是符合事实和法律规定的。

可以视为有效遗嘱的遗书，法律形式要求相对简单，如没有要求必须亲笔书写，是可以打印的；在名称上看也可以是离婚协议、回忆录、分家单、备忘录、家庭会议记录等，所以说，老年人在方便的时候就留下适当遗言，尽可能将身后事一件件地安排妥当，是聪明之举。

2. 通过遗书化解复杂的身后事纷争

本案的遗书，是老妪吕某某去世前2天才制作的，似乎很有先见之明。吕某某去世后，尹某某与被告韩某登记结婚，尹某某是再婚后4年多时间去世的，再婚后基本没有夫妻共同财产的积累。因为遗书的作用，吕某某与尹某某的财产顺利地由尹某1一家三口继承所有了。如果没有遗书发生法律效力，尹某某与吕某某的财产，在尹某某去世后按法定继承，尹某1继承八分之五，尹某某的再婚妻子韩某继承八分之三，李某2、李某1则不继承任何财产。

正是因为遗嘱具有安排身后事的重要功能，吕某某在立好遗嘱后安详辞世，六年后遗嘱成功地保护了所有遗产由独生女儿一家三口继承所有，吕某某可以含笑九泉了。

风险提示

遗嘱作为遗嘱人处理身后事的重要法律行为，涉及重大情感和财产利益，法律要求异常严格。因此，多留、重复留下遗言很有意义，但遗嘱人宜尽可能地采取规范的遗嘱形式，以避免类似于书信遗言只写“爸”未署名，或者没有签署日期等导致无法视为自书遗嘱的意外发生。

案例4：继承人数多，遗嘱作用大

张某某、梁某某系夫妻关系，两人系××区村民，育有三子三女，即长子张某3、次子张某4、三子张某1、长女张某6、次女张某5、三女张某2。张某某于2013年8月8日去世，梁某某于2018年6月21日去世。

2015年12月7日，原、被告母亲梁某某在医院住院期间，在某律师事务所律师丁某、王某的见证下订立遗嘱一份，称其有四处房子，其中大队向南一处，罗某某家附近一处，山楂地一处，大路西边一处，并自愿将上述房产中属于其的份额留给张某2。同年12月31日，梁某某再次表示愿意将上述四处房产中属于自己的财产份额在自己百年之后给张某2。丁某、王某作为见证人对梁某某的遗嘱制作了谈话笔录和视频，某律师事务所为此出具了遗嘱见证书。

一审法院认为，法律规定，继承从被继承人死亡时开始。遗产是公民死亡时遗留的个人合法财产。遗嘱是遗嘱人生前在法律允许的范围内，按照法律规定的方式处分其个人财产或者处理其他事务，并在其死亡时发生效力的单方法律行为。本案中，梁某某于2015年12月7日、2015年12月31日所立的遗嘱均是在两个合格见证人在场见证的情况下以录音录像的形式所立，属于录音遗嘱，是真实的。遗嘱继承的有效条件之一是遗嘱人对遗嘱所处分的财产必须享有处分权，故本案争议的焦点是立遗嘱人梁某某对涉案四处房产：老宅基地房产、村委斜对过商住楼、房屋、镇卫生院对过的二组地头商住楼是否享有处分权。关于老宅基地房产，1992 年 7 月 1 日的宅基地使用权证证明该房产属于张某某和梁某某的夫妻共同财产，梁某某对属于其的财产份额享有处分权。该房产系张某某夫妇死亡时遗留的个人合法财产，该财产份额中包括梁某某通过继承张某某遗产所得部分和夫妻共同财产中属于其自己的部分，梁某某有权立遗嘱处分。梁某某在上述录音遗嘱中对该房产的处分合法有效，原告主张按遗嘱继承该财产，一审法院予以支持；对遗嘱继承以外的部分，原、被告应按法定继承予以分割。

二审法院判决维持原判。[①]

法律要点

1. 遗嘱是避免家庭财产死后分散的有力工具

本案是律师见证的录音录像遗嘱，一、二审法院一致认定遗嘱有效。录音录像遗嘱要求有两个以上见证人见证，遗嘱处分的财产需属于遗嘱人的合法财产。本案中如果没有遗嘱，或者所立遗嘱无效，遗产依法将按法定继承处理，一般情况下在第一顺序继承人之间平均分配，本案第一顺序继承人共有六人。所以，张某 2 遗嘱继承的房产是法定继承的六倍。

① （2019）鲁 09 民终 3430 号。

2. 遗嘱事大，律师见证更保险

所谓律师见证，是指律师事务所接受当事人的委托，指派律师对亲身所见的法律事实或法律行为的真实性、合法性予以证明的一种法律服务活动。律师见证属于专家证明，公信力一般高于其他私证。其他见证人只对法律行为形式证明即可，通常只对当事人的声明或签名进行见证，见证行为相对简单，对内容的真实合法性与否，没有法律义务。本案梁某某的遗嘱采取的就是律师见证，在去世后的继承纠纷案件中，见证遗嘱得到了法院的认定。老年人有了立遗嘱的想法最好先咨询专业律师，根据遗嘱内容采取何种形式的遗嘱，也可以听取律师的建议。各种形式遗嘱的法律形式都很专业，由专业人士辅助办理，遗嘱的效力才有保障。

风险提示

如今用智能手机录音录像变得非常便利，《民法典》将录音录像遗嘱规定为合法的遗嘱形式，顺应了时代要求。但是，因为录音录像遗嘱易被编辑或修改，遗嘱又要确保真实性、合法性，录音录像遗嘱必须要有两名以上无利害关系见证人见证才有效。

二、遗嘱失效致遗产失控

遗嘱得到全面执行，是对在天之灵最好的告慰。遗嘱一旦被判无效，留下的遗憾将永远无法弥补。

案例1：代书遗嘱无效案

再审法院裁定认为："张某5（代书人）在一审庭审中表示代书遗嘱的内容系杨某（遗孀，再审申请人）让其抄写，落款时间'2017年3月20日'，实际为2017年4月2日所写，且未得到张某（遗嘱人）本人授意，亦未将遗嘱内容向张某本人宣读，未得到张某认可，且两位见证人张某7、王某1亦认可在遗嘱见证人处签字时张某本人已经死亡，故该遗嘱不符合代书遗嘱的形式要件，法院认定该遗嘱无效，符合法律规定。"① 张某离婚后于1999年与杨某结婚，共同生活了18年。该代书遗嘱内容为："我是位于某号房屋的产权人，我有两个子女，男孩叫张某4，女孩叫李某，因长年不与儿子张某4生活（19年未见面），张某4对本人无任何照顾和赡养的行为，因此为了避免因继承该房屋的问题引起纠纷，我自愿立遗嘱如下，在我去世后，上述房屋全部由我的妻子杨某继承。"

法律要点

1. 遗嘱必须在遗嘱人生前完成

如果本案代书遗嘱内容确系遗嘱人张某本人的真实意思表示，张某早就应当立一份有效遗嘱，杨某也早就应当扶助张某立遗嘱，即使在临终时无法自书遗嘱，也可以依法立口头遗嘱，杨某的应得利益也就有了法律保障。本案中，当客观上已经不具备代书遗嘱订立的条件之时，杨某匆忙找来代书人，见证人赶到医院时张

① （2019）京民申5418号。

某已经离世，违背了见证的时空要求，遗嘱无效是必然的，杨某的利益损失也就成了必然。

2. 要严格按照遗嘱的法定形式要求书写

在司法实践中，遗嘱因不符合法定形式被判决无效的非常多，应当早做准备，一定要咨询专业人士，这应引起有立遗嘱意愿的老年人足够注意。随便举一例，如判决书判定："……案涉遗嘱属于自书遗嘱，但钱某举证的该份遗嘱没有落款年、月、日，不符合自书遗嘱的形式要件。故被继承人王某某所遗留的财产应按照法定继承处理。"[①] 只因差了年、月、日，临终遗愿就成了浮云。

风险提示

代书遗嘱的代书人，务必是代遗嘱人书写遗嘱，并且代书后还要与遗嘱人进行核对。根据别人传话进行的代书，遗嘱无效。2名以上见证人务必在场见证代书过程，否则代书遗嘱也是无效的。

案例 2：继承人作为见证人且处分了他人财产导致遗嘱无效

2010 年 6 月 16 日，李某某（逝者）口述并由李某 2（李某某之女）之夫柯某某执笔代书写遗嘱一份，其内容为"××新屋由我和老伴林某共同建成，老伴林某拥有此屋的三分之一产权，孙子李某 4 拥有此屋的三分之二产权。我百年之后，老伴林某由女儿李某 1、李某 2 共同赡养，并共同继承林某拥有的三分之一

① （2019）苏 0213 民初 1983 号。

的房屋产权”。李某某在立遗嘱人栏签字，李某4在该代书遗嘱上写有“我李某4同意此遗嘱”的字样。李某某于2011年1月21日去世。

关于李某某所立的代书遗嘱的效力问题。根据《继承法》第17条第3款规定，代书遗嘱应当由两个以上见证人在场见证，由其中一人代书，注明年、月、日，并由代书人、其他见证人和遗嘱人签名。经查明李某某在立该代书遗嘱时，在场人有李某2、李某4、柯某某（代书人）；其中李某2、李某4为继承人，根据《继承法》第18条第2项、第3项规定，李某2、李某4为遗嘱继承人身份，不能作为见证人，柯某某作为李某2之夫与受遗赠人有利害关系，也不能作为代书人。故李某某所立的代书遗嘱无适格的见证人在场见证并签字。该代书遗嘱虽为李某某真实意思表示，但不符合法定的形式要件。且李某某在代书遗嘱中未经林某同意和签字，对林某的个人财产一并作出处理，侵犯了林某的个人财产，故李某某所立代书遗嘱应为无效，本案适用法定继承处理。[①]

法律要点

1. 代书遗嘱的代书人、见证人必须是与遗嘱受益人没有利害关系的人

李某某、林某老两口本想立遗嘱将房屋的三分之二由孙子李

① （2019）鄂0203民初1418号。

某4继承，但是因为一家人都不太了解法律的相关规定，只是知道代书遗嘱要有代书人和两名以上的见证人的法律要求，却不知道继承人、受益人不可以作为代书人或见证人，导致遗嘱的无效。因为遗嘱无效，判决适用法定继承，李某4并非第一顺序继承人，所以李某4被判不继承遗产，导致势在必得的三分之二的房产旁落他人。

2. 所有继承人在已形成的遗嘱上签字确认，不是见证人而是对遗嘱效力的补强

本案中，既然遗嘱是李某某的真实意思表示，如果遗嘱内容不介意在家中公开，当初老两口可以召集所有继承人都在遗嘱上签名，签年、月、日，虽为打印件，也可以视为自书遗嘱，老人的意愿也就能够实现了；如果不想让其他子女知道遗嘱的内容，最好由遗嘱见证专业人士对遗嘱进行见证，还可以选择信誉好的律师事务所作为遗嘱执行人，老两口的遗愿就不难实现了。

风险提示

立遗嘱一般是将遗产遗留给对自己最好的人，但是不排除有受益人要挟老年人立遗嘱情形的，遗嘱内容是老年人不得已才立的，法院对此都得审查非常谨慎，无情画线，从严掌握。所以说，千万不要由继承人或其他利害关系人代为起草遗嘱和作为遗嘱见证人，否则这种情况下形成的遗嘱通常是没有效力的。

案例3：继承人作为代书人的遗嘱无效

原、被告系姐妹关系，父母许某某、赵某某已经先后于2005

年、2018 年去世。原告诉讼请求：依法确认现登记于赵某某名下的某房屋的所有权归原告所有。

（原告提供）证据 11：遗嘱一份、照片六张，以证明 2018 年 11 月 15 日，赵某某明确其名下的安置房由被告继承的事实。经质证，原告认为该遗嘱无效，该遗嘱系代书遗嘱，法律规定的生效要件要求应当有两人以上和继承人及被继承人无利害关系的人在场，并由其中一人代书，但该遗嘱由被告儿子代书；赵某某在立遗嘱时神志不清，非完全民事行为能力人，且遗嘱中陈述的房屋已经于 2015 年 1 月 6 日被处分了。

证据 12：录音及录音整理记录各一份，以证明赵某某明确涉案房屋由被告继承的事实。经质证，原告认为从录音内容看，该录音系被告与赵某某之间一问一答的内容，从赵某某的回答情形看其存在神志不清的情形，因此被告应当提供赵某某具有完全民事行为能力的依据，且涉案房屋已经被处分了，故即使遗嘱是在赵某某意识清醒的情况下所立，也系无效。

法院判决认为：赵某某在立遗嘱时神志不清，非完全民事行为能力人，其不可能口述出遗嘱上如此详细的内容，且见证人许某、潘某、代笔人徐某和被告有利害关系，不符合见证人的资格，故遗嘱无效。被告认为，遗嘱系赵某某的真实意思表示，应属合法有效。法院认为，依照继承法的基本理论，按照遗嘱书写主体是否为遗嘱人本人，遗嘱可以分为自书遗嘱和代书遗嘱两类。本案遗嘱内容系打印而成，应归入代书遗嘱的范畴。《继承法》第 17 条第 3 款规定，代书遗嘱应当有两个以上见证人在场见证，由其中一人代书，注明年、月、日，并由代书人、其他见证人和遗嘱人签名。本案中，首先，证人许某陈述，赵某某在立遗嘱时已经不太会说话了，半躺在床上，要问她才会回答，感觉半个人已经死掉了，在见到证人时好像不认识证人了，还要冲证人跪拜，从该表现看，赵某某的精神状态并不好，其行为能力、表达能力和完全民事行为能力人相比也有欠缺，否则不会对一个之前熟悉的亲戚作出如此举动；赵某某于 2018 年 12 月 13 日因死亡注销户口，去世时年已 86 岁，属于高龄老人，且据证人潘某陈述其刚刚生病住院过，在其去世前不到一个月的 2018 年 11 月 15 日，其身体健康状态、精神状态不好也属于正常。其次，证人徐某陈述，赵某某当时神志清楚，遗嘱内容是赵某某口述，其记录，打印遗嘱记录的内容和赵某某口述的内容完全一致，但从遗嘱内容看，其上对于立遗嘱的经过、原因，包括土地坐落、土地使用权证号、地号、公证书证号及见证人的出生年月等都叙述得非常详细、完整，庭审中，据被告陈述，赵某某不会写字，没有文化，遗嘱落款处的名字也是徐某代写，在这样的情况下，赵某某却能够将遗嘱内容叙述得如此完备，明显不符合一个无文化的垂暮老人的行为能力表现；证人徐某系被告丈夫的朋友，其陈述在一定程度上存在倾向于被告的可能，故有理由认为其陈述的真实性应低于许某；证人潘某也陈述徐某曾对赵某某口述的遗嘱内容进行了整理；故法院认为该遗嘱内容并非完全由徐某按照赵某某的口述制成，遗嘱内容是否就是赵某某的口述内容无法确认，难以认定为赵某某的真实意思表示，故所立遗嘱无效。最后，被告也未提供其他证据证实赵某某系完全民事行为能力人，其虽提供了录音以证实遗嘱的真实性，但录音只有短短的两问两答，且是作为继承人的被告和被继承人之间的对话，并不能全面反映立遗嘱的整个过程及赵某某完整的意思表示，故也不能达到被告的证明目的，故法院对证据11（遗嘱）、证据12（录音）不予认定。[①]

法律要点

1. 遗嘱受益人的朋友也不可以作为遗嘱代书人或见证人

由遗嘱人女儿的家人代书、女婿的朋友来见证，不仅证明力低，也违反了法律规定的代书遗嘱形式，导致了本案遗嘱的无效。遗嘱继承无效，涉案房屋不得不按照法定继承进行分配。

2. 选择不同证人，证言的证明力可能不同

法院认为，“证人徐某系被告丈夫的朋友，其陈述在一定程度上存在倾向于被告的可能，故有理由认为其陈述的真实性应低于许某”，同为证人证言，证明力却不相同。

证明力，是指见证人证言对待证事实证明上的强弱程度，即证人证言在多大程度上对待证事实有证明作用。当双方当事人对同一事实分别进行相反的证明，但都没有足够的依据否定对方证明的，人民法院应当结合案件情况，判断一方证明的证明力是否明显大于另一方证言的证明力，并对证明力较大的证言予以确认，也就是依据优势证据原则。在本案中，如果聘请律师作为代书人、见证人，那么律师属于专家证人，法律上对其代书行为和见证行

① （2019）浙0681民初5410号。

为的要求都高于普通人，假如律师出现本案这种朋友的特殊关系时，律师也会主动回避的，一般就不会出现证明力低而导致遗嘱无效了。

风险提示

吸取本案中的教训，老年人立遗嘱选择遗嘱见证人时，一定不能是继承人或者是遗嘱受益人，而且见证人要两人以上。老年人最好在见证人的见证下立录音录像遗嘱，遗嘱内容要注意遗产一定是属于自己有支配权的合法财产，录音录像遗嘱要在见证人的见证下封存，自己和见证人都要在封存封口上签名及确切完整的年、月、日。之后，老年人也要对遗嘱的保管、遗嘱的执行做好安排。

案例 4：代书人、见证人无从查找，遗嘱无效

被继承人翁某某和徐某某系夫妻，两人育有一子一女，即原告翁某 1 与被告翁某 2。2002 年 6 月 28 日，夫妻二人购买了×××室房屋（价值 400 万元），该房屋登记在翁某某、被告、徐某某名下，系共同共有。2016 年 8 月 3 日，某居民委员会指定原告为无民事行为能力人翁某某的监护人。翁某某于 2016 年 9 月 3 日死亡，徐某某于 2018 年 12 月 3 日死亡。除系争房屋外，徐某某名下还遗留有股票和现金，2019 年 5 月 28 日，资产账号内有一个 1000 股股票、一个 7200 股股票，以及资金余额 574.50 美元，资产总值 5273.10 美元；资产账号×××内有上海银行 10000 股股票，以及资金余额 0 元，资产总值 2395185.17 元；××大学发放给离休干部翁某某的两笔社保清算费，第一笔为 18365.10 元，第二笔为 600 元，该款尚未领取，原告亦认可该遗产。

原告主张被继承人翁某某立有一份代书遗嘱："我翁某某年龄90岁，现居住在×××室。此居所是2002年我母亲曾某芳所赠，在原始的购房合同上产权人名下只有我翁某某和妻子徐某某二人的名字，2005年在我不知情的情况下，我的女儿翁某2的名字出现在房屋产权人的名下，她增加了她自己的名字，我认为此事非常不妥。应该按照公平、公正的原则在房屋产权人名下加上我儿子翁某1的名字。另外，在我死后，我名下的房产权和财产全部留给我的儿子翁某1。"代书人为吴某，见证人为庄某子、李某翔，落款处有"翁某某"字样，落款时间为2015年11月21日。原告同时称根本不认识代书人吴某和见证人庄某子、李某翔，也找不到他们，无法出庭作证。

法院经审理认为，对于原告提供的被继承人翁某某2015年11月21日的代书遗嘱，被告不认可其真实性，而原告称找不到代书人和两名见证人。根据民事诉讼法司法解释的相关规定，当事人对自己提出的诉讼请求所依据的事实应当提供证据加以证明，在作出判决前，当事人未能提供证据或者证据不足以证明其事实主张的，由负有举证证明责任的当事人承担不利的后果。原告要求按照该代书遗嘱继承，却称未寻找到代书人和见证人，故原告应当承担举证不能的后果。由于代书人、见证人未到庭质证，法院无法核查该遗嘱的真实性，且原告2016年8月被指定为无民事行为能力人翁某某的监护人，根据现有证据也无法确定翁某某2015年11月21日立遗嘱时是否有行为能力，因此原告以该代书遗嘱作为证据，法院难以采纳。原告要求按照该遗嘱继承被继承人翁某某遗产的主张，法院亦难以支持。被继承人翁某某的遗产，依法按照法定继承处理。

×××室房屋系翁某某、被告、徐某某共同共有，各享有三分之一产权份额，其中三分之二系被继承人翁某某、徐某某的遗产。对于该房屋的继承方案，原、被告均要求按份共有，符合法律规定，法院予以准许。至于徐某某名下的股票和现金以及翁某某名下的社保清算费，双方均同意归被告所有，由被告给付原告相应折价款，与法不悖，法院亦予以准许。判决×××室房屋由原告享有系争房屋三分之一产权份额，被告翁某2享有系争房屋三分之二产权份额（其中三分之一系析产所得，三分之一系继承所得）；被继承人徐某某名下的证券营业部资产账号内的股票、资金余额及相应红利（2019年5月28日有一个1000股股票、一个7200股股票，以及资金余额574.50美元，资产总值5273.10美元）以及资产账号×××内的股票、资金余额及相应红利（2019年5月28日有上海银行10000股股票和资金余额0元，资产总值2395185.17元）均由被告翁某2继承所有；××大学发放给被继承人翁某某的两笔社保清算费18365.10元和600元，均由被告翁某2继承所有；被告翁某2应于本判决生效之日起十日内给付原告财产折价款1225819元。财产保全费5000元，由原告负担；案件受理费56600元，由原告与被告各半负担。[①]

① （2019）沪0106民初27853号。

法律要点

1. 代书人、见证人不能出庭作证，可能导致遗嘱无效

翁某某只留下了遗嘱却没有注明代书人、见证人的单位、地址和联系方式，致使原告举证不能导致败诉。如果翁某某的遗嘱内容属实，这是非常遗憾的，说明了寻求专业见证的重要性。现在专业见证机构一般都有全程录音录像，遗嘱管理制度完善，本案的遗嘱人如果真有遗憾，本来是完全可以避免的。

在实践中，有的老年人本身有能力亲笔书写遗嘱，本应当自书遗嘱，似乎为了正式一些找来代书人和见证人，但是，立遗嘱是老年人处分财产的单方民事法律行为，而且遗嘱在被继承人死亡之后才生效，法律因此对代书人、见证人的身份、关系、行为都有严格的要求，本章的典型案例中就有代书人或见证人不符合法律规定而导致遗嘱无效的。

从遗嘱内容上看，翁某某将房产、财产全部遗留给儿子翁某1继承，如果判遗嘱有效按遗嘱继承，与法定继承相比，财产数额差距巨大。况且，翁某某还留下了遗言，女儿翁某2系擅自将自己名字加入房屋产权登记的，如果属实并且遗言有效，撤销翁某2的房屋产权份额也是有可能的。

2. 遗嘱继承人需要对遗嘱的真实性负举证责任

民事诉讼中举证责任分配的原则是：（一）主张法律关系存在的当事人，应当对产生该法律关系的基本事实承担举证证明责

任；(二) 主张法律关系变更、消灭或者权利受到妨害的当事人，应当对该法律关系变更、消灭或权利受到妨害的基本事实承担举证证明责任。当事人对自己提出的诉讼请求所依据的事实有责任提供证据加以证明，没有证据或者证据不足以证明当事人的事实主张的，由负有举证责任的当事人承担不利后果。本案中遗嘱受益人翁某1 主张遗嘱继承，就应当承担遗嘱真实性的证明责任，但其不能找到遗嘱代书人、见证人进行作证，需要承担举证不能的责任，因此法院认定遗嘱无效。

风险提示

遗嘱人在寻求遗嘱见证人帮助时，要认识到见证人将来可能需要出庭作证。因此，需要充分考虑见证人的年龄、身体状况、流动性等因素，防止出现遗嘱见证人无法作证导致遗嘱效力存疑的情况。

案例5：遗嘱人在打字社打印遗嘱后，返回打字社让打字员签字充当见证人，遗嘱无效

法院判决认为，为了保证遗嘱体现被继承人的真实意思，防止继承人因遗嘱效力发生争议，法律对代书遗嘱的程序和形式作出了严格的规定。《继承法》第17条第3款规定："代书遗嘱应当有两个以上见证人在场见证，由其中一人代书，注明年、月、日，并由代书人、其他见证人和遗嘱人签名。"该规定中的见证人，不同于普通的证人，即见证人应当有明确的为他人立遗嘱的行为进行见证的意思，而不仅仅是立遗嘱这一客观事实的证人。因为只有明确意识到是在为他人立遗嘱进行见证，才能认真负责地记录立遗嘱人的真实意思表示，从而保证遗嘱内容的真实性。本案被继承人赵某某在打印服务部立遗嘱时，赵某甲作为打印服务人员，为其记录、打印遗嘱的行为，只是为顾客提供的商业服务，并没有明确地为他人立遗嘱进行见证的意思。赵某甲未当场在遗嘱上签名，而是事后应白某某的要求补签，也充分证明赵某甲没有为赵某某立遗嘱进行见证的意思。一、二审法院以赵某甲不属于代书遗嘱的见证人为由，认定代书遗嘱不符合两个以上见证人在场见证的规定，因此无效，并按照法定继承处理，适用法律正确。①

法律要点

1. 遗嘱见证人需要有明确的见证意思

见证就是现场证明，见证人不是仅仅签个名字就行了，必须是见证人在履行证明责任的主观意志支配下进行的见证，才是法律意义上的见证。在该案中，法院认为，代书遗嘱中的见证人应当有明确地为他人立遗嘱的行为进行见证的意思，而不是仅仅知道立遗嘱这一客观事实的证人。因为只有明确意识到是在为他人立遗嘱进行见证，才能认真负责地记录立遗嘱人的真实意思表示，从而保证遗嘱内容的真实性。所以，本案中打印店店员为被继承人记录、打印遗嘱的行为，只是为顾客提供的商业服务，并没有明确地为他人立遗嘱进行见证的意思，其并不是法律意义上的见证人，根据原《继承法》的规定，该份打印遗嘱不符合代书遗嘱

① （2014）川民申字第1791号。

的形式要件，因此无效。《民法典》规定了打印遗嘱的新遗嘱形式，本案中如果经过见证人的核实，打印遗嘱确系遗嘱人的真实意思表示，见证人、遗嘱人在打印遗嘱每一页上签名，签署年、月、日，打印遗嘱就符合了现行法律的规定。

2. 应综合考虑代书人、见证人的各方面情况

遗嘱代书人、见证人不是立遗嘱这一法律行为的一般旁观者，而是参与者，需要对遗嘱人行为能力、意思表示的真实情况进行见证，并履行代书、签字等形式要件义务。遗嘱见证本身是一种民事法律行为，也需要见证人具备相应的民事行为能力且有进行见证的真实意思表示。遗嘱人在选择代书人、见证人时，要考虑他们能否胜任，今后出庭作证是否方便等因素。

风险提示

并非打字员不能作为见证人。打字社有打印遗嘱的条件，如果老年人想在打字社打印遗嘱并找打字员作为遗嘱见证人，应当先找好两个以上的见证人，可以包括实际操作的打字员在内，先说好让他们担任遗嘱见证人，他们需要实际见证了打印遗嘱的形成过程，老人核对遗嘱无误后先在遗嘱的每一页上签名、签署年、月、日，见证人也在打印遗嘱的每一页上签名、签署年、月、日，老人要留下见证人的身份证复印件和联系方式，最好再手举遗嘱与见证人合张影，这些材料都要与打印遗嘱放在一起。这样，就在形式上符合了打印遗嘱或者代书遗嘱的法定形式了。但是，打印社一般规模较小，雇工流动性大，将来遗嘱纠纷发生时，即使留下了身份证复印件，后人也不一定能够顺利找到见证人出庭作

证，所以，请打字员见证遗嘱要谨慎。

案例6：口头遗嘱需存在紧急情况

上诉人王某1认为：被继承人立下口头遗嘱不久就去世，具备口头遗嘱“紧急性”的要求，该口头遗嘱应当认定为有效。

一审判决认为：口头遗嘱只能“在危急情况下”订立，有两个以上见证人在场见证。所谓危急情况，一般是指遗嘱人生命垂危或者发生战争或发生意外灾害，随时都有生命危险，来不及或无条件设立其他形式的遗嘱的情况。本案被告王某1申请出庭的两位见证人，依据其当庭陈述，二人均是在王某某住院期间作为一般亲友前往探望，探望期间王某某与其谈起涉案房产及拆迁费的处理意见，当时王某某并非处于上述“危急情况”下。证人胡某听其说拆迁时让被告王某1给王某3一点拆迁款，无具体数额，也非对身后全部遗产的处理意见。因此，王某某住院期间对其财产的处理意见，不符合“口头遗嘱”的构成要件，被告主张为有效遗嘱的意见一审法院不予支持。

二审法院认为：口头遗嘱是遗嘱的合法形式之一。本案中，被继承人未要求两位证人作为见证人，更未要求两位证人作为遗嘱的执行人。两位证人的陈述不能证明被继承人明确作出了将案涉房产的财产权利指定由某一继承人单独继承的意思表示；也无法证明被继承人所述是被继承人在其临终前对其身后事的一种打算，还是最终的决定。且将两证人的证言相结合来看，其在案涉拆迁款的分配等事宜上亦有诸多矛盾之处。故驳回上诉，维持原判。[①]

① （2019）鲁15民终3281号。

法律要点

1. 情况紧急是立口头遗嘱的前提条件

口头遗嘱有效的必备要件是情况紧急，这是基础。

口头遗嘱属于临时遗嘱，由于处于紧急事态，大部分情况是不可能取得律师见证服务的。立口头遗嘱，必须以存在无法克服的紧急情况为前提，并且无法采取其他遗嘱形式订立遗嘱，法律还要求必须有两名以上见证人在现场见证。当紧急情况消除以后，只要遗嘱人具备了接受录音录像或者自书能力，这时口头遗嘱也就失效了。

2. 遗嘱内容真实，遗嘱人主观上要有立遗嘱的表示

在本案中，两位“见证人”证明，他们前往医院探望时，王某某当时与其谈起涉案房产及拆迁费的处理意见。既没有立遗嘱的意思表示，也没有邀请两位“见证人”对王某某的“立遗嘱行为”进行见证。所以，不能仅凭王某某谈及涉案房产及拆迁费的处理意见，就认定为口头遗嘱，判决遗嘱无效是必然的。

风险提示

在遗嘱纠纷案件中，口头遗嘱纠纷占有一定比例，几乎都被判决无效，所以刻意立口头遗嘱往往是徒劳的。况且，老年人体弱多病，意外情况随时可能发生，如有通过遗嘱对身后事妥为安排的需要，最好还是早做打算。且不说，紧急情况下能否留下合

格有效的口头遗嘱，即便留有口头遗嘱，事出紧急难免缺漏，为日后的纷争埋下隐患。

案例7：自书遗嘱效力被否定

申某4、黄某系夫妻，婚后生有长子申某2、次子申某3、女儿申某1。黄某于2005年11月1日去世，此后申某4未再婚，并于2010年2月24日去世。

申某4于2000年12月15日以成本价购买诉争房屋一套，并于2001年4月2日取得房屋所有权证书，所有权人登记在申某4名下，房屋建筑面积91.38平方米。庭审中，申某2主张诉争房屋中属于申某4的份额按遗嘱继承，属于黄某的份额按法定继承处理，且提出其尽有更多的赡养义务故应多分。申某3、申某1要求按法定继承处理诉争房屋。

申某2提交“遗嘱”两份，遗嘱内容均为：“我的房子由申某2继承”，落款人均为申某4，书写时间分别为2010年1月10日和2010年1月12日。申某3、申某1对遗嘱的真实性不认可，并认为两份遗嘱不符合自书遗嘱的形式要件，没有写明要处理的房产的地址，不能证明是立遗嘱人的真实意思表示。且两份遗嘱相隔时间仅为一天，有违常理。

申某1、申某3要求对2010年1月12日申某4立遗嘱时的民事行为能力进行司法鉴定。先后两次申请，两个司法鉴定机构分别回函：“鉴定要求超出该机构技术条件及鉴定能力”，“因申某4已经去世，无法对其进行相关检查，故难以对其民事行为能力进行明确判断”，分别将鉴定申请退回。

申某1要求对上述遗嘱的内容和签名进行笔迹鉴定，鉴定机构回函："本案被鉴定的材料为老年人书写字迹，而比对样本的书写时间与检材相距20年以上，与检材不具备可比性，无法开展相关鉴定"，并于2018年5月23日将上述鉴定申请退回。

一审法院认为，本案中，诉争房屋系申某4、黄某婚姻关系存续期间购买，并取得房屋所有权，故属于夫妻共同财产，二人各占一半的份额。申某4在自书遗嘱中对于该房屋中黄某所享有的50%份额的处分无效，该部分房屋份额应依据法定继承的原则予以分割，由黄某第一顺序法定继承人申某4、申某2、申某3、申某1各继承四分之一的份额。

自书遗嘱需由遗嘱人亲笔书写、签名，并注明年、月、日。申某3、申某1虽对涉案遗嘱的真实性不予认可，并申请笔迹鉴定和对立遗嘱时申某4是否具备行为能力进行鉴定，但经法院确定的鉴定机构以被鉴定人已去世，超出技术条件及鉴定能力，同期样本较少，现有样本特征不稳定，且样本已穷尽，不具备比对条件为由终止了鉴定。当事人对自己提出的诉讼请求所依据的事实有责任提供证据加以证明，没有证据或者证据不足以证明当事人的事实主张的，由负有举证责任的当事人承担不利后果。现申某3、申某1未能提供证据证明申某4自书遗嘱的内容、签名系虚假及申某4立遗嘱时不具备行为能力，其应承担不利后果，故法院对申某3、申某1的上述主张不予采信。综上，法院认定涉案两份自书遗嘱系申某4亲笔书写，签名，并注明年、月、日，两份遗嘱的内容一致，代表了申某4本人的意思表示；而从自书遗嘱的内容看，亦符合法律规定的自书遗嘱的实质要件，可以作为分割诉争房屋的部分依据，由申某2依照遗嘱内容继承诉争房屋中属于申某4的份额。

申某2以对被继承人尽有主要扶养义务为由要求多分，就此主张未能提供充分证据佐证，且申某4的遗嘱亦是在充分考虑申某2夫妇所尽赡养义务较多的情况下作出的，已充分体现了法律对赡养较多的子女分有更多财产的精神，故在分割黄某份额时不再考虑对申某2予以多分。对于申某1、申某3要求确认申某4所立遗嘱无效，按法定继承处理诉争房屋的诉讼请求，法院不予支持。

一审法院判决，被继承人申某4名下房屋由申某2继承八分之六的份额，由申某3、申某1各继承八分之一的份额。

二审法院经审查认为，《最高人民法院关于适用〈民事诉讼法〉的解释》第90条规定，当事人对自己提出的诉讼请求所依据的事实或者反驳对方诉讼请求所依据的事实，应当提供证据加以证明，但法律另有规定的除外。在作出判决前，当事人未能提供证据或者证据不足以证明其事实主张的，由负有举证证明责任的当事人承担不利的后果。继承从被继承人死亡时开始，有遗嘱的，按遗嘱继承或者遗赠办理，无遗嘱的按照法定继承办理。同一顺序继承人继承遗产的份额，一般应当均等，对被继承人尽了主要赡养义务或者与被继承人共同生活的继承人，分配遗产时可以多分。本案中，诉争房屋系申某4、黄某婚姻关系存续期间购买，并取得房屋所有权的，故属于夫妻共同财产。就申某2提交的申某4所立遗嘱，申某3、申某1在一审申请笔迹鉴定及对立遗嘱时申某4是否具备行为能力进行鉴定，但经法院确定的鉴定机构以被鉴定人已去世，超出技术条件及鉴定能力，同期样本较少，现有样本特征不稳定，且样本已穷尽，不具备比对条件为由终止鉴定。申某2提交的申某4所立遗嘱，虽然符合自书遗嘱的形式要件，但其字迹模糊，且立遗嘱日期与立遗嘱人去世日期仅相隔一个月左右的时间，故无法对遗嘱的真实性进行认定。此外，申某2虽然提交其与父亲申某4的对话佐证遗嘱的真实性，但是该录像系申某2与申某4的对话，双方就诉争房屋进行了讨论，其内容无法证明自书遗嘱的真实性，且其亦不符合录音遗嘱的形式要件，不能作为遗产分割的依据。

综上，申某2提交的申某4所立遗嘱，无法认定其真实性，本案诉争财产应按法定继承处理。结合本案已查明事实，申某2一家一直与申某4夫妇共同居住生活，对其尽了主要的赡养义务，故在分配遗产时应当予以多分。故判决撤销一审判决，被继承人申某4名下房屋由申某2继承60%的份额，由申某3、申某1各继承20%的份额。[①]

法律要点

1. 遗嘱无效对遗产继承影响大

本案涉案房屋位于北京市海淀区的核心地带。海淀区有较多的优质教育资源，许多学区房每平方米单价都远超过了10万元，而且是一房难求。涉案房屋建筑面积91.38平方米，对于申某2来说，遗嘱无效导致继承份额减少了6.67%，核算下来少了近6平方米。本案的二审判决在认定遗嘱无效的情况下，相对来说已经较充分地考虑了申某2的权利，继承份额达到了其他继承人的

① （2019）京01民终4504号。

三倍，除了考虑申某2尽了较多赡养义务因素以外，不能不说两份争议遗嘱的影响还是存在的。

2. 遗嘱的真实性和举证责任分配是定案的关键

因为原、被告对于申某4两份遗嘱上签名真伪、民事行为能力有无都针锋相对，签名字迹经过了两个司法鉴定机构的审查，民事行为能力也经过了司法鉴定审查，在鉴定无果的情况下，一审法院以申某1、申某3否定遗嘱效力举证不能从而认定了遗嘱的效力，二审法院又以申某2提交遗嘱真实性无法确认否定了遗嘱有效。遗嘱被判无效，这是没有经过见证的自书遗嘱的本身固有缺陷，老年人自书遗嘱最好能多留几份，笔迹要有可比对的样本。可见，一、二审法院对举证责任分配原则的把握是不一致的，遗嘱真实性不能有效鉴定，一审认为不利后果由反方承担，二审认为由正方承担。

风险提示

值得吸取的教训是，即使两份自书遗嘱能够互相印证，也不如找个律师见证[①]。现在专业的遗嘱见证机构一般都开设有规范的上门见证服务，像本案的申某4如果卧病在床，只要是头脑清楚，聘请遗嘱见证专员或律师上门见证服务，既能保证老年人临终委托见证遗嘱的顺利实现，也能免去亲人反目对簿公堂的烦恼，还节省了不菲的诉讼费、鉴定费和律师费。

---

① 北京律师遗嘱见证目前收费1万~2万元/件。

案例8：遗嘱继承不适用代位继承

被继承人赵某某与前妻育有四个子女，分别为赵某1、赵某2、赵某3、赵某4。1983年3月25日，赵某某与郑某登记结婚，二人均系再婚，婚后未生育子女。赵某3于2007年4月18日去世，冯某1系赵某3之子。赵某4于2010年10月1日去世，冯某2系赵某4之女。2011年5月17日，赵某某去世。

在一审法院庭审中，赵某1、赵某2、冯某1、冯某2提交赵某某于2010年10月21日所立的遗嘱一份，要求由赵某1、赵某2、冯某1、冯某2按照遗嘱继承803号房屋中属于赵某某的份额。遗嘱为代书遗嘱，代书人为北京市某律师事务所律师杨某某。遗嘱内容为："立遗嘱人赵某某。我与前妻刘某捷于1947年5月结婚，共有四个子女，长女赵某1、儿子赵某2、二女赵某3、三女赵某4。我前妻于1979年5月去世。我同郑某于1983年2月结婚。郑某带有两个女儿，长女阎1、次女阎2。我与郑某的共同财产如下：1. 1988年3月分配给我的房屋位于北京市朝阳区新源里，产权人为赵某某；2. 1987年8月单位分配给郑某的房屋位于北京市西城区新街口，产权人为郑某。我现在年迈多病，但神志清醒，为防止我去世后遗产发生争议，特立如下遗嘱：一、上述我与郑某共同所有的两套房属于我的份额全部由我与前妻所生的四个子女继承；二、我要求和我前妻安葬在一起，合葬墓地的费用由抚恤金里支出，不足部分由我去世后单位的各项补贴中支出，此事由赵某2办理。立遗嘱人为赵某某，代书人、见证人为北京市某律师事务所律师杨某某，见证人为颜某某。"此外，北京市某律师事务所出具《律师见证书》，写明：该日，由赵某某在北京军区总医院分院干四科 13 室 16 号病床上口述，在杨某某律师、颜某某的见证下，杨某某执笔订立代书遗嘱；赵某某神志清醒，自愿立此遗嘱，此遗嘱完全是赵某某本人真实的意思表示；订立遗嘱全过程录音、录像、真实合法。

经一审法院审理查明，803 号房屋登记在赵某某名下，属于赵某某和郑某的夫妻共同财产。

一审法院认为：继承开始后，按照法定继承办理。有遗嘱的，按照遗嘱继承。公民可以立遗嘱将个人财产指定由法定继承人的一人或者数人继承。代书遗嘱应当有两个以上见证人在场见证，由其中一人代书，注明年、月、日，并由代书人、其他见证人和遗嘱人签名。

赵某 1、赵某 2、冯某 1、冯某 2 提交了赵某某所立遗嘱，该遗嘱形式上符合代书遗嘱的法定要件，且赵某 1、赵某 2、冯某 1、冯某 2 提交了《律师见证书》及代书遗嘱订立过程的录像，证明代书遗嘱的内容系赵某某本人的意思表示。虽然郑某提交了赵某某的病案及医嘱记录单，用以证明赵某某立遗嘱时意识糊涂，但一审法院认为通过郑某提交的证据不能必然得出赵某某立遗嘱时无行为能力这一结论，故一审法院对郑某的此项抗辩不予采信。

代位继承只能适用于法定继承，遗嘱继承不适用代位继承。遗嘱无效部分所涉及的遗产按照法定继承办理。本案中，赵某 3、赵某 4 均先于赵某某死亡，故赵某某所立遗嘱中由赵某 3、赵某 4 继承的部分无效，这部分遗产应由郑某、赵某 1、赵某 2 以及享有代位继承权的赵某 3 的晚辈直系血亲冯某 1 以及赵某 4 的晚辈直系血亲冯某 2 按照法定继承予以分割。

因赵某某所立遗嘱中关于由赵某1、赵某2继承803号房屋中赵某某所享有的一半份额的内容有效，故赵某1、赵某2有权根据遗嘱各自继承803号房屋八分之一的份额。因遗嘱中由赵某3、赵某4继承803号房屋的部分无效，故该部分遗嘱所处分的四分之一份额中由郑某、赵某1、赵某2、冯某1、冯某2各享有五分之一的份额。故判决位于北京市朝阳区新源里日房屋由郑某占有二分之一份额，由赵某1、赵某2各自继承上述房屋的八分之一份额，由赵某1、赵某2、冯某1、冯某2、郑某各自继承上述房屋中二十分之一份额。[①]

法律要点

1. 遗嘱继承人先于被继承人死亡，相关部分遗嘱无效

该案件并不复杂，主要问题为遗嘱继承中是否适用代位继承？根据原《继承法》第11条[②]“被继承人的子女先于被继承人死亡的，由被继承人的子女的晚辈直系血亲代位继承。代位继承人一般只能继承他的父亲或者母亲有权继承的份额”和第27条[③]“有下列情形之一的，遗产中的有关部分按照法定继承办理……（三）遗嘱继承人、受遗赠人先于遗嘱人死亡的”的规定，遗嘱中由赵某3、赵某4继承803号房屋的部分无效，只能适用法定继承。

① （2018）京03民终4306号。
② 《民法典》第1128条第1款、第3款。
③ 《民法典》第1154条。

遗嘱继承的意义在于遗嘱人依自己的意愿处分自己的财产，遗嘱继承是优先于法定继承的一种遗产处理方式。继承法律关系中强调身份关系，代位继承实际是对法定继承的一种补充，因此遗嘱继承中不能适用代位继承。遗嘱继承人先于遗嘱人死亡时，遗嘱中涉及该继承人的遗产应按法定继承处理。

2. 遗嘱见证需要聘请专业律师

本案赵某某立遗嘱时，其两个女儿赵某3、赵某4已经死亡，其所立遗嘱仍确定由已死亡的人继承遗产，这是无法实现的。该遗嘱是由律师代书并见证的，赵某某可能本想将其遗产在其与前妻的四子女间平均分配，或者就是想让外孙冯某1、外孙女冯某2也平均继承一份，但本案依法判决的结果是，赵某1、赵某2与冯某1、冯某2相比，所继承的财产是7∶2的比例，是否是律师没有释法才导致的所立遗嘱无效？

风险提示

继承权利只有没有死亡的人才能享有。遗嘱继承人先于被继承人死亡的案件，一般都是遗嘱人立遗嘱在先，而且较多发生在夫妻共同遗嘱的情况下，当一方故去后有继承人去世，之后另一方去世，遗嘱继承相应部分依法无效。这种情况下一般难以在遗嘱中预设。如果子女客观上已经死亡，就不应该再立遗嘱让死去的人继承了。

三、不规范遗嘱险过关

不太规范的遗嘱有时也会被认定为有效遗嘱，但绝不可效仿，随着《民法典》的实施，遗嘱形式的要求将更加严格。

案例1：自书遗嘱有日期修改，判决有效

被继承人李某某和柴某某生育原、被告五个子女。2013年5月，因柴某某生病住院，为方便照顾老人，原告李某1（李某某、柴某某的次子）将李某某和柴某某接到家中居住。被继承人柴某某于2014年9月30日去世，2017年8月4日，被继承人李某某去世。被继承人李某某生前留有自书遗嘱一份，载明："立遗嘱人：李某某：现年82岁，汉族，身份证号×××××××。本人有房屋一套，某某企业股份有限公司持有股份7165股，以上资产都由次子李某1继承，我去世后的一切安葬费用都由次子李某1负责，其他子女无任何责任，但是一切安葬费用从简不能铺张浪费，且其他子女不得有任何意见。遗嘱人李某某，继承人李某1。2014年10月26日。证明人柴某忠，2015年2月26日。"庭审中，原告李某1陈述"继承人李某1。2014年10月26日"是原告李某1书写，是在被继承人李某某写好遗嘱后原告李某1添加的，2015年春节期间其表哥，也就是遗嘱证明人柴某忠探望被继承人李某某时，李某某将该遗嘱拿出来让柴某忠作为证明人签字，原告李某1发现添加的落款日期错误，用柴某忠的签字笔将"1914"重新描改成"2014"。2017年10月28日，被告（指被告李某2、李某3、李某4、李某5，均系李某某、柴某某之子女）向某某企业股份有限公司提出了分割股权的要求，原告出示遗嘱后被告以自书遗嘱无效为由，请求平均分割股权，后因原、被告协商未果，引发诉争。庭审中，被告对原告提供的被继承人李某某的自书遗嘱有异议，申请进行笔迹鉴定，法院委托司法鉴定中心进行鉴定，该鉴定中心于2019年7月5日作出鉴定意见书，鉴定意见：送检的时间：2014（1914）年10月26日、遗嘱人：李某某的《遗嘱》中的笔迹，极有可能是李某某书写。另查明，被继承人柴某某生前持有某某企业发展有限公司股份3493.5股，被继承人李某某持有某某企业发展有限公司股份3672股。

法院认为，原、被告双方争议的焦点是：1. 被继承人李某某所立自书遗嘱是否有效；2. 原告的诉讼请求是否超过诉讼时效。根据《继承法》第16条第1款规定，公民可以依照本法订立遗嘱处分个人财产，并可以指定遗嘱执行人。第2款规定，公民可以立遗嘱将个人财产指定由法定继承人的一人或者数人继承。第17条第2款规定，自书遗嘱由遗嘱人亲笔书写，签名，注明年、月、日。本案被继承人李某某所立的自书遗嘱，虽未正确注明年、月、日，但从证明人柴某忠签名落款日期可以证实该遗嘱系被继承人李某某生前所立，且有继承人李某1的落款日期，原告李某1虽对日期有改动，但从其改动的动机和改动的字面上看符合客观事实，法院予以采信；故法院对被告辩解遗嘱无效的辩称不予采信。根据《继承法》第2条规定，继承从被继承人死亡时开始。第3条规定：遗产是公民死亡时遗留的个人合法财产，包括：（一）公民的收入；（二）公民的房屋、储蓄和生活用品……第10条第1款规定，遗产按照下列顺序继承：第一顺序：配偶、子女、父母……第13条第1款规定，同一顺序继承人继承遗产的份额，一般应当均等。第 3 款规定，对被继承人尽了主要扶养义务或者与被继承人共同生活的继承人，分配遗产时，可以多分。第 26 条规定，夫妻在婚姻关系存续期间所得的共同所有的财产，除有约定的以外，如果分割遗产，应当先将共同所有的财产的一半分出为配偶所有，其余的为被继承人的遗产。遗产在家庭共有财产之中的，遗产分割时，应当先分出他人的财产。原告主张被继承人李某某、柴某某持有的某某企业股份有限公司的股份合计：7165 股，依照李某某所留遗嘱由原告李某 1 继承所持有的诉请，本案被继承人柴某某先于被继承人李某某死亡，被继承人柴某某名下的股份 3493. 5 股系婚姻关系存续期间所得，应视为夫妻共同财产，应当将一半即 1746. 75 股分出为配偶李某某所有，另一半为被继承人柴某某的遗产按照法定继承予以分割，由被继承人李某某与原、被告共同继承。鉴于被继承人柴某某生前与被继承人李某某和原告共同生活，原告对被继承人柴某某照顾多一些，故应当在分割股份时予以多分，法院酌定被继承人李某某与原告各分得 313. 375 股，四被告各分得 280 股；被继承人李某某持有某某企业发展有限公司股份 3672 股和分得共同财产 1746. 75 股以及继承财产 313. 375 股，共计 5732. 125 股按照被继承人李某某的遗嘱由原告李某 1 继承。对被告辩解原告的诉请超过诉讼时效的辩称，根据《继承法》第 8 条规定，继承权纠纷提起诉讼的期限为 2 年，自继承人知道或者应当知道其权利被侵犯之日起计算。但是，自继承开始之日起超过 20 年的，不得再提起诉讼。因被继承人李某某于 2017 年 8 月 4 日去世，原告于 2018 年 9 月起诉，未超过 2 年期限，且被继承人柴某某去世至今未超过 20 年，故被告该辩解缺乏法律依据，法院不予采信。

综上所述，对原告主张其为被继承人李某某的合法遗嘱继承人的诉请，法院予以支持；对原告主张被继承人李某某、柴某某持有的某某企业发展有限公司的股份合计7165股依照李某某所留遗嘱由原告李某1继承所持有的诉请，经法院核定，原告李某1继承被继承人李某某持有的某某企业发展有限公司股份3672股、继承被继承人柴某某持有的某某企业发展有限公司股份2373.5股，被告李某2、李某3、李某4、李某5各继承被继承人柴某某持有的某某企业发展有限公司280股；驳回原告李某1的其他诉讼请求。[①]

法律要点

1. 证人证言弥补了自书遗嘱瑕疵

本案是关于自书遗嘱有效性纠纷的典型案例。争议遗产为7165股股份，如果遗嘱被判无效，按法定继承，原告可能仅分得1500股左右。遗嘱被判定有效，原告李某1共计获得了6045.5股，遗嘱在本案中的重要性得以体现。

本案自书遗嘱的日期存在明显错误，后又有继承人、受益人的修改，瑕疵比较明显，不同的法院审理可能会出现不同的判决结果，如果有专业见证人把关可能就不会出现本案的惊险了。值得注意的是，正是因为遗嘱人写了年、月、日，没有缺项，也就

---

① （2018）甘0102民初8755号。

符合了自书遗嘱的一个必备形式要件，是法院判决有效的重要事实基础。法庭通过查证，因为有“见证人”的客观介入，具有瑕疵的时间是基本能够得到确定的事实，故而认定遗嘱有效，判决是正确的。

2. 不诉不理原则

遗嘱中还有房产一处的继承，原、被告均没有列为诉求。原因是该房屋属于村集体的产权，被继承人李某某老人与柴某某没有所有权，仅为居住使用权。原告之所以在诉状中没有起诉要求分割房屋是因为该套房屋一直由其管理，其将该房屋出租每年获取相应的租金收益。被告虽然在法庭上辩称继承房屋租金收益，但被告未提起反诉也未提供证据，故法院不予支持。

风险提示

遗嘱必须注明立遗嘱的年、月、日，因为立遗嘱的时间关乎存在多份遗嘱时的遗嘱效力认定，更是遗嘱的关键形式要件，立遗嘱人要特别注意标注准确的时间。另外，遗嘱特别忌讳涂改，尤其是遗嘱受益人的涂改，换一个法官未必会认定上述涉案遗嘱有效。

案例 2：习俗见证遗嘱险过关

原告何某 1 起诉何某 2，何某 3 为第三人。原告诉讼请求：确认原、被告的父母何某某、钟某某于 2005 年 12 月 4 日所立《遗嘱》无效；判令《遗嘱》所涉遗产依法定继承均等分配。

被继承人何某某于 2006 年 10 月 19 日过世、钟某某于 2006

年8月18日死亡，双方共生育四子：何某2、何某1、何某3、何某4。何某2持有落款时间为“2005年12月4日”的打印《遗嘱》一份，该遗嘱打印内容为将何某某、钟某某位于××区4套房产由何某2继承。上述《遗嘱》在立遗嘱人处签有“何某某、钟某某”字样并加盖有手指模印，另有“见证人吴某签名并注明日期”，在吴某签名上盖有××社区居民委员会公章。

法院另查明：被继承人何某某、钟某某原为××村村民，在2005年时，吴某是××社区居民委员会办公室主任。××村居民沿村民旧习，会请求社区（村）协助立遗嘱，一般社区（办）作为见证单位会加盖社区居委会的印章。

法院认为，本案争议焦点有两处：一、涉案遗嘱上何某某、钟某某的签名及指模是否为本人所为。原告对涉案被告持有的遗嘱上何某某、钟某某的签名及指模的真实性有异议，但原告没有提供证据证明，故法院对原告的该主张不予支持。二、涉案遗嘱是否系无效遗嘱。原告主张涉案遗嘱为代书遗嘱，依法代书遗嘱应当有两个见证人在场见证、由其中一人代书，而本案遗嘱仅有一名见证人，打印（代书）遗嘱的人未在遗嘱上签名。对此，法院认为，依据相关法律“公民在遗书中涉及死后个人财产处分的内容，确为死者真实意思表示，有本人签名并注明了年、月、日，又无相反证据的，可按自书遗嘱对待”。本案遗嘱虽为打印遗嘱但有被继承人夫妇一起签名并按指印，没有证据证明该遗嘱内容非被继承人真实意思表示，应当视为自书遗嘱；即使原告认为该遗嘱为代书遗嘱，存在缺失代书人签名的瑕疵，但本案吴某作为涉案遗嘱的见证人系履行职务行为，其见证行为的证明力应当高于个人见证，故不能就此瑕疵否认遗嘱的真实性。综上，对于本案原告诉请涉案遗嘱无效，没有事实及法律依据，法院予以驳回。故判决驳回原告何某 1 的全部诉讼请求。①

法律要点

1. 瑕疵遗嘱的法官自由裁量

自书遗嘱需要亲笔书写，本案遗嘱系打印，本人又未签年、月、日，从形式上看的确很难有效。本案遗嘱的特殊性在于，有见证人××社区居民委员会办公室主任吴某签名并注明日期，在吴某签名上还盖有居民委员会公章，重要的是当地“村居民沿村民旧习，会请求社区（村）帮忙协助立遗嘱，一般作为见证单位会加盖社区居委会的印章”。法院认定了这一风俗的客观存在，因此认可该“遗嘱”视为遗书，再依法可以视为自书遗嘱。

但是，不成文的习俗如何界定？什么样的习俗可以突破法律的明文规定？想得到法院认可是非常难的，立遗嘱需严格遵守法律定式要求。

2. 遗嘱形式要件的严格要求

2011 年 12 月 6 日，最高人民法院研究室答复北京市高级人民法院京高法（2011）238 号《关于代书遗嘱虽不符合法定形式要件但确系遗嘱人真实意思表示能否认定有效的请示》表示：

---

① （2018）粤 0306 民初 8979 号。

"根据《中华人民共和国继承法》以及《最高人民法院关于贯彻执行〈中华人民共和国继承法〉若干问题的意见》的有关规定，不符合法定形式要件的代书遗嘱不宜认定为有效。"

本案对于只有一个见证人见证的代书遗嘱或打印遗嘱判决有效是有突破的，如果简单效仿会造成裁判标准的混乱，不利于维护法律的尊严。笔者认为，该判决应当由当地法院审判研究部门做好梳理提炼发布指导性案例；对于"村居民沿村民旧习"更应当及时发给司法建议，通过行政组织程序在该行政区域内普及继承法律知识，要坚决杜绝一个见证人见证遗嘱的不合法习惯。

风险提示

老百姓到法院打官司，案件事实与法律事实之间，存在一定的距离，需要当事人举证和质证，最终取决于法官如何认定，类似的案情在不同的案件中经常出现迥异的判决结果。立遗嘱对遗嘱人本人和家庭影响重大，遗嘱人在立遗嘱时应当慎之又慎，在选择代书人、见证人时不能随意草率，选择能力不足的人，可能造成遗嘱存在漏洞或错误；选择不熟悉和流动性大的人，将来需要作证时可能找不到；选择年龄大的人，可能先于遗嘱人去世，将来不能作证。周全考虑尽量立一份"完美的"遗嘱，减少不必要的纷争。

案例3：既不是自书遗嘱，也不是代书遗嘱，在不违反法律法规强制性规定的情形下即为有效

王某某与被继承人孙某丁于1990年结婚，双方均系再婚；孙某甲、孙某乙、孙某丙系孙某丁亲生子女。孙某丁于2011年2月

22日死亡。孙某丁于2010年10月15日自书遗嘱一份，遗嘱载明："我归天之后干休所房产留给老伴王某某同志所有（包括房产维修费10万元）。我的全部现金存款平均分配给我的三个子女。"2010年12月17日、18日、21日及2012年1月3日，王某某先后到银行，办理孙某丁名下12份银行存款挂失手续。

2011年1月4日，孙某丁留有其签名并注明年、月、日的打印遗嘱一份，打印遗嘱经干休所干部吴某某、陈某在见证人处签名。遗嘱主要载明："为防止将来我去世后，家人为房产发生继承纠纷，经我慎重考虑，在没有任何外界干扰的情况下，自愿决定订立如下遗嘱：遗产合法继承人为妻子王某某，子女孙某乙、孙某丙、孙某甲。一、孙某丁名下坐落于×××单元4层1室，建筑面积128.13平方米。上述房产在我去世后，除我妻子王某某拥有一半产权外，另一半归我所有的房产由我的三名子女孙某乙、孙某丙、孙某甲共同继承。二、在我去世后，关于抚恤金的分配。1. 按本人逝世当月工资基数计发的12个月工资，丧事委托子女代表孙某乙共同办理，所花资金不超过上级规定。尽量做到和前妻陈某某葬在一起。2. 病故后6个月的工资（按月拿），妻子王某某可分得两个月，余下由子女均分。3. 特别抚恤金1万元，妻子王某某可分得2000元，余下由子女均分。4. 一次性抚恤金20个月基本工资（到民政局拿），妻子王某某可分得10%，余下由子女均分。三、我名下存折现金，由我妻子王某某继承50%，其余50%由我三名子女孙某乙、孙某丙、孙某甲共同继承。四、本遗嘱在我去世后发生法律效力。"2011年2月9日，孙某丁写给干休所一份说明，主要载明："我有以下几点说明：第一，我本人的身份证、离休证等有效证件均被现任配偶王某某强占手中，能否请干休所协调归还我手中保管。第二，王某某在我不知情的情况下，违背我意愿挂失我的存款账户，使我的账户冻结，从而使我丧失支配权力。第三，感谢干休所的支持和配合，使我顺利地办到了离休证。第四，由于我病重缠身，身体状况不允许，我委托我女儿办理我名下所挂失的存款的解冻事宜。第五，近年来王某某的种种做法有违常理，特别是在我病重期间更加过分，如多次换门锁不告知，我所需日常费用拒给付，将我子女拒之门外，甚至在病房抢夺我的慰问金等种种行为给我的身心造成了严重摧残。恳请组织维护良好的治病环境。”

一审判决认为，公民可以立遗嘱将个人财产指定由法定继承人的一人或者数人继承。立有数份遗嘱，内容相抵触的，以最后的遗嘱为准。被继承人孙某丁于2010年10月15日所立自书遗嘱符合《继承法》第17条第2款的规定，是有效遗嘱。之后，被继承人孙某丁因病住院治疗期间，本案双方当事人为继承被继承人孙某丁遗产发生矛盾。2011年1月4日，孙某丁邀请两个无利害关系的见证人在医院病房将打印好的遗嘱交给两个见证人，由两个见证人在打印遗嘱上签名；虽然遗嘱由谁打印，不得而知；但两个见证人确认当时孙某丁神志清醒；因此，该打印遗嘱应该系被继承人孙某丁真实意思表示；而王某某无证据证明该打印遗嘱属于《继承法》第22条规定的遗嘱无效情形；故孙某丁于2011年1月4日所立打印遗嘱有效。本案孙某丁立有两份遗嘱，内容相抵触的，以最后的遗嘱为准，即以孙某丁于2011年1月4日所立打印遗嘱为准。

二审法院认为，《继承法》规定表明，自书遗嘱必须由遗嘱人亲笔书写，代书遗嘱应当由一名见证人代书。孙某丁签名、日期为 2011 年 1 月 4 日的打印遗嘱，明显不是公证遗嘱、录音遗嘱或口头遗嘱；因不是孙某丁亲笔书写的，故不是自书遗嘱；因不是见证人代书的，故也不符合代书遗嘱的法定形式，故该份遗嘱不符合法定的遗嘱形式，应当认定为无效遗嘱，王某某的该项上诉理由有法律依据，予以采纳。被继承人孙某丁于 2010 年 10 月 15 日所立自书遗嘱，系其亲笔书写，签名，并注明年、月、日，符合《继承法》第 17 条规定的形式要件，是有效遗嘱。遂撤销一审相应判决予以了改判。

省检察院抗诉认为，原审判决适用法律错误。理由如下：本案争议焦点实际为孙某丁第二次立下的打印遗嘱是否有效。判定民事行为是否有效，应看其是否违反了法律禁止性规定，只有违反了法律禁止性规定的民事法律行为才能确定为无效民事法律行为。在科技发展的今天，以打印、录像、网络留言等方式立遗嘱的情形屡见不鲜。遗嘱人用电脑打印书写遗嘱与笔墨书写遗嘱，仅仅是书写方式工具的不同而已，不能要求作为普通公民的遗嘱人所立遗嘱必须完完全全符合法律规定的形式要件。打印遗嘱不影响遗嘱的真实性，不违反意思自治的原则，而且《继承法》也未明确规定不能采取打印的方式立遗嘱。原审判决仅仅因为第二份遗嘱形式上不符合继承法所规定的几种遗嘱的形式要件要求，就认定该份机打遗嘱无效，属适用法律错误。

高院再审认为，遗嘱属于遗嘱人处分个人财产的单方民事法律行为。判定民事法律行为是否有效，主要看其是否违反了当事人的意思自治原则和违反了法律、法规的强制性规定。只有民事法律行为违反了当事人意思自治原则或违反了法律、法规的强制性规定的民事法律行为才能确定为无效的民事法律行为。虽然《继承法》第 17 条规定的自书遗嘱必须由遗嘱人亲笔书写，但该部法律的颁行是在 20 世纪 80 年代中期。当时电脑等信息技术并未普及，亲笔书写主要表现为笔墨手书，而科技发展到 21 世纪的今天，电脑打印已逐渐成为人们生活中的主要书写方式。书写方式的变化也影响着人们生活方式的改变，人们在生活中以电脑打印的方式立下遗嘱的情形普遍存在。无论是用电脑打印立下遗嘱，还是用笔墨手书立下遗嘱，只要是当事人的真实意思表示，且未违反法律、法规的强制性规定，都应当与时俱进地予以确认，不能因为书写方式的不同而轻易地否定打印遗嘱的有效性，况且原《继承法》也未明确禁止采取打印的方式立遗嘱，而对普通公民而言法无禁止即允许。因此，不能简单地认为打印遗嘱不属于《继承法》规定的自书遗嘱书写形式就认定打印遗嘱为无效遗嘱，应当结合遗嘱人的民事法律行为是否有效予以综合评定。本案中，孙某丁所立的第二份遗嘱，虽然是打印的，但遗嘱上有其亲笔签名及手印，并注明了年、月、日，且系其亲手交给干休所干部吴某某、陈某两人，并要求两人以见证人的身份签名。吴某某、陈某两人均向人民法院陈述，孙某丁让他们在见证人栏上签字时神志清醒。陈某还陈述孙某丁当着见证人之面将打印遗嘱进行了部分修改。作为本案原告的王某某也认可打印遗嘱上的签名为孙某丁所签。因此，从上述证据的表现形式和孙某丁的行为上看，高院认定第二份打印遗嘱确系孙某丁的真实意思表示。虽然王某某怀疑打印遗嘱内容的真实性，但未向人民法院提交充分的证据予以证明。根据“谁主张、谁举证”的原则，王某某应当承担举证不能的法律后果。王某某认为两位见证人对立遗嘱的情形并不了解，其证言不能作为定案的依据，因两位见证人的证言符合《最高人民法院关于民事诉讼证据的若干规定》的法律规定，原审判决予以采信并无不当。因此，孙某丁生前所立的第二份打印遗嘱是其真实意思表示，未违反法律、法规的强制性规定，合法有效。原终审判决以孙某丁的第二份遗嘱不符合《继承法》所列举的几种遗嘱的形式要件，认定打印遗嘱无效属适用法律错误。根据《继承法》第 20 条第 2 款之规定，立有数份遗嘱，内容相抵触的，以最后的遗嘱为准。即本案应当以孙某丁生前所立的第二份打印遗嘱为处理其遗产的有效依据。故检察机关的此节抗诉事由成立，高院予以支持。经高院审判委员会讨论决定，判决撤销中级法院判决，维持区法院的一审判决。①

法律要点

1. 一审法院坚持实质要件审查，容忍了代书遗嘱的形式要件瑕疵

在该起继承纠纷案中，一审法院认为，虽然该打印遗嘱由谁打印不得而知，但两位见证人证明了遗嘱人邀请其在打印遗嘱上签字，且被继承人处于清醒状态，所以可以认定该打印遗嘱应该

① （2014）鄂监二抗再终字第 00022 号。

系遗嘱人的真实意思表示。一审法院认定恰巧符合《民法典》关于打印遗嘱的规定，这种判决至少是科学的。

2. 二审法院坚持要件法定原则，否定了遗嘱效力

二审法院认为，该份遗嘱不是被遗嘱人亲自书写，所以不是自书遗嘱；因不是见证人代书的，故也不符合代书遗嘱的法定形式，故该份遗嘱不符合法定的遗嘱形式，应当认定为无效遗嘱。二审法院坚持的是遗嘱形式法定的原则，二审法院处理遗嘱纠纷案件中的裁判原则是目前的主流，《民法典》完善了遗嘱法定形式以后，对遗嘱形式要件的要求将更加严格。在《民法典》生效以前，二审判决的法律根据更显得充足。

3. 再审法院坚持当事人意思自治和法无禁止即可为原则

再审法院认为，遗嘱属于遗嘱人处分个人财产的单方民事法律行为。无论是用电脑打印立下遗嘱，还是用笔墨手书立下遗嘱，只要是当事人的真实意思表示，且未违反法律、法规的强制性规定，都应当与时俱进地予以确认，不能因为书写方式的不同而轻易地否定打印遗嘱的有效性，况且原《继承法》也未明确禁止采取打印的方式立遗嘱，而对普通公民而言法无禁止即允许，所以后立打印遗嘱有效。

4. 家务事最难断，遗嘱还需细思量

王某某与被继承人孙某丁虽然均系再婚，但结婚也已经超过了 20 年。孙某丁第一份遗嘱将房产留给了现任妻子，现金存款平

均分配给三个子女，遗产分配明显偏向于妻子。但妻子王某某显然不满意孙某丁的遗嘱安排，采取了一系列极端行为，如将孙某丁的身份证、离休证等有效证件均强占手中，先后到银行，办理孙某丁名下12份银行存款挂失、变更支付密码手续，对孙某丁所需日常费用也拒绝给付，甚至在医院病房抢夺孙某丁的慰问金等，似乎要在孙某丁离世前将所有现金存款先据为己有。鉴于此，孙某丁重新立了遗嘱，转而将其所有的房产部分全部遗留给了三个子女，财产也有过半留给了子女，并遗嘱明确安排与前妻合葬。

清官难断家务事，王某某可能也有其自己的难处，笔者并不想去论是非曲直。既然孙某丁的第一份遗嘱并没有背着王某某去立，完全可以将现金存款也列明，让王某某和三个子女在遗嘱上签名确认，好的遗嘱往往会是避免家庭纷争的利器，这样王某某可能也就无法再去转移这些财产了。如果孙某丁的配偶、子女等至亲未因争夺遗产反目，孙某丁的临终生活可能会好很多。从王某某的系列行为来看，王某某并不明智，遗嘱人是“财神爷”，是得罪不起的，立遗嘱是单方法律行为，孙某丁完全可以立遗嘱减少甚至剥夺某位继承人的继承权，孙某丁也的确因此重新立了遗嘱，房子的一半转眼就易主了。

5. 国外的密封遗嘱

在国外很流行密封遗嘱，相较于其他遗嘱形式，密封遗嘱具有内容保密性、遗嘱保存人的多样性与灵活性、遗嘱制作的便利性、遗嘱效力转换的可行性，故各国继承立法多有密封遗嘱形式的规定。我国继承法律制度没有规定密封遗嘱的形式，但是老年人可以通过立律师见证遗嘱，尤其是《民法典》规定的录音录像遗嘱，就能有效保守遗嘱的秘密，指定律师事务所或者自己信任的继承人为遗嘱执行人，在继承开始时才由律师事务所公布遗嘱的内容。

风险提示

家家有本难念的经，立遗嘱绝不仅仅是一个法律问题，利益和情感纠缠在一起很难掰扯清楚。所以，立一份合理有效、妥善可行的遗嘱，既考验遗嘱人的智慧，也检验家庭成员之间互谅互让、团结和谐的家风。

案例 4：打印遗嘱的效力严格法律标准的裁判

李某 1（一审原告、二审上诉人）、李某 2（一审原告）、李某 3（一审被告、二审被上诉人）、李某 4（一审被告、二审被上诉人）系李某某（遗嘱人，2011 年 12 月 2 日去世）的子女；邓某 1、邓某 2、邓某 3、邓某 4（四人均为一审原告）系谢某某（2007 年去世）的子女，其中邓某 4 于 2010 年去世，张某某为邓某 4 的妻子，邓某 5 系邓某 4 的女儿。李某某与谢某某于 1984 年 6 月登记结婚，双方均系再婚。二人结婚时，双方子女均已成年。一审中，双方当事人对邓某 1、邓某 2、邓某 3、张某某、邓某 5 只继承谢某某名下的遗产，李某某名下的所有财产由李某 1、李某 2、李某 3、李某 4 继承或参照遗产分割均无异议。登记在李某某名下的位于 88 号的房产系李某某与谢某某的夫妻共同财产。

一审中，李某 1 提供了一份李某某于 2010 年 2 月 21 日所立“遗嘱”，其主要内容为：“……李某 1 因放弃生意照顾我失去了主要经济来源，我决定从个人财产卖房款中拿出五万元补贴她……我林业局住房卖出前的租金拿给李某1治病，卖出后拿出五万元给她，其余房款存入我个人账户；我去世后的账户余额由四个子女共同继承，谁无理取闹破坏团结就取消其继承权。”该份遗嘱为打印遗嘱，据李某1陈述，该份遗嘱系其以轮椅推父亲李某某到某打印部找打印员打印，后李某1先将李某某送回家，之后李某1请律师杨某某、段某到家，在杨某某、段某的见证下，由李某某亲自对该遗嘱签字确认，李某1向两位律师支付了见证费。据此，李某1拟证明李某某房屋遗产的价款首先由李某1享有5万元，且该房产由李某1享有产权。李某4、李某3对该份遗嘱的真实性、合法性均不予认可。

一审中，李某3亦出示1993年8月20日李某某亲笔立下的遗嘱一份，其主要内容为：“……1993年我所购建筑面积64.56平方米房屋，因全部房价款是我女儿李某3支付的，同时由她承担我晚年的生活照料，故我百年去世后，上项房屋及家具设备由李某3一个人继承，谢某某可终身居住使用，此嘱。”李某1认可该遗嘱为李某某亲笔书写，但认为本案继承应以李某某生前最后一次所立遗嘱为依据。

2012年2月27日，李某1、邓某1、邓某2、邓某3、张某某、李某2、邓某5因与李某4、李某3继承纠纷，起诉至县人民法院，其诉讼请求为：（1）李某某名下的位于88号的房屋一套，按照双方协商的10万元价格进行分割。谢某某的5万元房屋遗产由邓某1、邓某2、邓某3、张某某共同继承，每人继承12500元，李某某的5万元房屋遗产由李某1继承。（2）李某某个人收入余款45693元、抚恤金33580元、丧葬费2000元，共计81273元，由李某1、李某2、李某3、李某4各享有四分之一即20318.25元。

2012年10月18日，县人民法院作出一审判决，认为继承开始后，按照法定继承办理；有遗嘱的，按照遗嘱继承或者遗嘱办理。坐落于88号的房屋为李某某与谢某某的夫妻共同财产，二人各享有50%的份额，谢某某去世后，其个人享有的50%的份额由李某某、邓某1、邓某2、邓某3、邓某4五人各继承五分之一，据此李某某享有该房屋60%的份额，邓某1、邓某2、邓某3、邓某4享有该房屋40%的份额即各享有10%，其中邓某4继承的10%的份额在其去世后发生转继承由其妻子张某某及女儿邓某5继承所得。

关于李某某60%的房产份额的继承，双方分别举示了李某某的2份遗嘱。遗嘱为要式民事法律行为。依照《继承法》第17条的规定，自书遗嘱由遗嘱人亲笔书写，签名，注明年、月、日。代书遗嘱应当有两个以上见证人在场见证，由其中一人代书，注明年、月、日，并由代书人、其他见证人和遗嘱人签名。李某1出具的李某某的第一份“遗嘱”，既没有见证人在场（李某某口述遗嘱内容的现场），也没有代书人打印员的签名，不符合代书遗嘱的形式要件；关于该“遗嘱”能否认定为自书遗嘱，该院认为，自书遗嘱应由遗嘱人亲笔书写，而李某1提供的该份遗嘱显然不符合法律规定。李某1坚持认为该遗嘱事后得到李某某的签字确认，应该视为符合法律要求。从本案查明事实看，除李某1本人口述外，无其他证据证明该“遗嘱”系李某某亲自口述，即使有杨某某、段某见证该“遗嘱”由李某某事后签字确认，也难以认定该“遗嘱”为其真实意思表示，故认定该份遗嘱无效。

李某3、李某4出具的1993年8月20日李某某亲笔立下的遗嘱为李某某的亲笔，是其真实意思表示，虽李某某立该份遗嘱距其病逝长达18年，但李某某并未以其他有效方式改变自己的该份遗嘱，因此认定该份遗嘱有效。同时，该遗嘱内容载明由李某3承担李某某晚年的生活照料，因此该遗嘱应为附义务遗嘱。依照《继承法》第21条、《最高人民法院关于贯彻执行〈中华人民共和国继承法〉若干问题的意见》第43条之规定，遗嘱继承附有义务的，继承人应当履行义务。没有正当理由不履行义务的，经有关单位或者个人请求，人民法院可以取消他接受遗产的权利。经庭审查明，李某某自2003年年初至2011年12月去世8年多时间内，由李某1照顾了2年多，李某3照顾了1年多，李某4照顾了5年多。遗嘱继承人李某3履行了对李某某的照顾义务，虽然因丈夫生病未能持续照顾李某某，系有正当理由未履行该份遗嘱，因此法院认为李某3的行为不属于没有正当理由不履行义务的情形。同时，李某1、李某4也对父亲李某某尽了照顾义务，并且从照顾时间来看，二人照顾老人的时间比李某3更长。综合考虑上述情况，本着公平合理、家庭和睦的原则，在确认该份遗嘱合法有效的前提下，酌定李某某享有的上述60%房产份额由李某3、李某1、李某4平均分割各继承20%。

据此判决登记在李某某名下的坐落于88号的房屋由李某1享有20%的份额，邓某1享有10%的份额，邓某2享有10%的份额，邓某3享有10%的份额，张某某、邓某5享有10%的份额，李某3享有20%的份额，李某4享有20%的份额。

李某1不服一审判决，向中级人法院提起上诉。中级人民法院判决认为，本案争议的焦点是对1993年8月20日所立遗嘱和2010年2月21日所立遗嘱效力的认定。李某某于2010年2月21日所立的遗嘱，虽非李某某亲笔书写，但鉴于立该份遗嘱时李某某已年逾90岁高龄，亲自书写有一定困难，打印后由其本人签名并按捺手印是现代社会自书惯用方式，该遗嘱应视为李某某的自书遗嘱。且李某某对该遗嘱的签字确认过程经两名律师见证，证明该遗嘱是李某某的真实意思表示。根据《继承法》第20条规定："遗嘱人可以撤销、变更自己所立的遗嘱。立有数份遗嘱，内容相抵触的，以最后的遗嘱为准……"李某某于2010年2月21日所立的遗嘱为其最后所立遗嘱，对其遗产分割应以该遗嘱为准。但该遗嘱处分了李某某与谢某某的共同财产，对属于谢某某的财产部分的处分无效，而仅对属于李某某的遗产分割有效。二审判决：登记在李某某名下的坐落于88号的房屋中40%属于谢某某的份额由邓某1享有10%的份额，邓某2享有10%的份额，邓某3享有10%的份额，张某某、邓某5享有10%的份额。对该房屋中60%属于李某某的份额，在房屋变现后，从该60%的份额对应的价款中先行支付5万元给李某1，其余部分由李某1、李某3、李某4、李某2各享有15%的份额。

李某4、李某3不服二审判决，向中级人民法院申请再审。中级人民法院裁定驳回李某4、李某3的再审申请。

李某4、李某3不服二审判决，又向检察机关申请监督。2014年8月29日，检察院向高级人民法院提出抗诉。理由如下：

1. 原二审判决李某1、李某3、李某4、李某2四人各自享有房款余额15%的份额，系划分继承比例错误。因88号房屋60%的份额属于李某某，根据原二审判决认定为部分有效的2010年2月21日李某某所立“遗嘱”的相关内容，该房屋变现后应从该60%份额对应的价款中先行支付5万元给李某1，其余部分再由李某1、李某3、李某4、李某2四人平分，即各自享有剩余价款25%的份额，但原二审法院却判决上述继承人各自继承其余部分15%的份额，显然没有事实和法律依据。

2. 原二审判决认定李某某于2010年2月21日所立“遗嘱”为自书遗嘱且部分有效确有错误。《继承法》第17条第2款规定：“自书遗嘱由遗嘱人亲笔书写，签名，注明年、月、日。”可见“亲笔书写”是自书遗嘱的应有之义。而据李某1在一审中陈述，其于2010年2月21日以轮椅推李某某到某打印部先打印遗嘱内容，之后将李某某送回家中，李某1再找律师杨某某、段某到家中，见证李某某对遗嘱的签字过程。可见该遗嘱并非李某某亲笔书写，不符合法律规定的自书遗嘱的有效形式。加之，两律师并未亲眼见证遗嘱的形成过程，仅见证了李某某在遗嘱上签名，而当时李某某已年逾90岁高龄，距其辞世仅一年且久在病中，其神志是否清楚、打印的遗书是否其真实意思表示，李某1均未提供证据证明。并且，如果李某某亲笔书写遗嘱确有一定困难，法律另规定有公证遗嘱、代书遗嘱和录音遗嘱等方式来解决。但该“遗嘱”均不具备上述遗嘱的法律规定的有效形式，当属无效遗嘱。因此，原二审判决将不是李某某亲笔书写的“遗嘱”认定为自书遗嘱且合法有效确有错误。

高级人民法院受理本案后，裁定提审本案。高级人民法院作出判决认为，本案按何种方式继承，关键在于对李某某2010年2月21日和1993年8月20日两份遗嘱性质及效力的认定。

关于李某某2010年2月21日遗嘱的性质及效力。根据《继承法》第17条第2款规定："自书遗嘱由遗嘱人亲笔书写，签名，注明年、月、日。"打印遗嘱在法律层面究竟应解读为何种遗嘱，应重点审核遗嘱人是否对该打印遗嘱的形成与固化具有主导力或完全的控制力。本案中，按李某1述称，李某某并未亲自操作电脑和电子打印系统将其主观意思转化为文字记载保存即固化于书面文件上，李某某只是口述，制作该打印遗嘱的行为由打印店他人实施，从遗嘱的形成方式看，不符合自书遗嘱的法律要件，故其不应认定为自书遗嘱。从该遗嘱的形成方式看（李某某口述，而由他人实施制作该打印遗嘱），该遗嘱与代书遗嘱相似。而根据《继承法》第17条第3款规定："代书遗嘱应当有两个以上见证人在场见证，由其中一人代书，注明年、月、日，并由代书人、其他见证人和遗嘱人签名。"此遗嘱由打印店打印员实施了制作该打印遗嘱的行为，打印人应为代书人，在场人员除李某1、李某某外只有打印人，之后在该遗嘱上签字的二位律师并未见证该遗嘱的形成制作过程，二位律师既不是遗嘱的代书人，也不能称为法律意义上的遗嘱见证人，二位律师只能作为证人证明李某某在该遗嘱上的签名为真实的，由此，该遗嘱无代书人签名，也无两名见证人见证，故李某某2010年2月21日打印遗嘱因缺乏代书遗嘱的法定必备要件，属无效遗嘱。

关于李某某1993年8月20日遗嘱的性质及效力。双方当事人对李某某 1993 年 8 月 20 日遗嘱属亲笔书写并签名的自书遗嘱并无异议，该遗嘱理应为有效遗嘱。但该遗嘱的内容显示，遗产继承人李某 3 须承担李某某“晚年的生活照料”，然后才有遗产“由李某 3 一人继承”的表述，因此，该遗嘱为附义务的遗嘱。从法院查明的事实看，李某某的晚年生活由李某 1、李某 3、李某 4 三人照料，李某 3 只履行了遗嘱所附的部分义务，其未能履行虽有其客观原因，但未能全部履行遗嘱所附义务却是不争的事实，原一审法院既尊重遗嘱人的真实意愿，同时秉承公平合理、家庭和睦的原则，将遗嘱所涉遗产平均分给履行遗嘱所附义务的李某 1、李某 3、李某 4 三人继承，既符合法律规定，又兼顾情理，对此应予以认可。李某某 1993 年 8 月 20 日遗嘱所涉及的财产只有房产，本案所涉房产按 1993 年 8 月 20 日遗嘱继承，而除该房产外的其他遗产则按法定继承处理。故原一审判决将李某某除该房产外的其他遗产按法定继承判决由李某某四个子女平等继承，适用法律正确。综上，原二审判决适用法律不当，导致判决结果错误，应予以纠正。抗诉机关的抗诉理由成立，应予以支持。故判决撤销中级人民法院终审民事判决；维持县人民法院民事判决。①

法律要点

1. 对法律形式要件的遵守越来越重要

在这一起继承纠纷案中，二审法院认为李某某2010 年2 月21

① （2015）渝高法民抗字第 00004 号。

日遗嘱虽非遗嘱人亲笔书写，但鉴于立该份遗嘱时被继承人已年逾90岁高龄，亲自书写有一定困难，打印后由其本人签名并按捺手印是现代社会自书惯常方式，该遗嘱应视为自书遗嘱。且被继承人对该遗嘱的签字确认过程经两名律师见证，证明该遗嘱是被继承人的真实意思表示。可见，二审法院审查的是遗嘱人的真实意思是否确切，注重的是遗嘱人的合法权益保护。

二审法院推翻了一审认定，判决2010年律师见证遗嘱有效。在再审时，二审的改判又被高院判决否定，自书遗嘱形式的法律要件再次得到了遵循。从全国各地各级法院的判例来看，在几年前，注重遗嘱人真实意愿的类似本案二审法院的裁判精神的判决占据多数，但在近两年，注重法律规定的遗嘱形式要件的判决比例越来越高。笔者相信，对法律形式要件的遵守，将会成为未来遗嘱纠纷裁判的标准。

2.《民法典》新规化解了裁判困局

2018年6月，《北京市高级人民法院关于审理继承纠纷案件若干疑难问题的解答》中对打印遗嘱类型和效力的裁判思路作出相应的规定："继承案件中当事人以打印遗嘱系被继承人自己制作为由请求确认打印遗嘱为有效自书遗嘱的，人民法院不予支持。但确有达到排除合理怀疑程度的证据表明打印遗嘱由被继承人全程制作完成，并具备自书遗嘱形式要件的，可认定为有效自书遗嘱。打印遗嘱由被继承人以外的人制作的，应符合法律规定的代书遗嘱形式要件。"此裁判思路以打印是否由被继承人自己完成为标志，判断是否属于自书遗嘱还是代书遗嘱，如果能证明打印遗嘱由被继承人亲自独立完成，再加上其他形式要件，才可认定为有效自书遗嘱。如果符合代书遗嘱要件，由代书人打印，包括代书人有两名以上见证人见证，也可为有效。可见，北京市高级人民法院和重庆市高级人民法院对于自书遗嘱和代书遗嘱裁判标准的掌握基本上是一致的。

本案的所有判决都发生在《民法典》发布之前，当时打印遗嘱并非合法有效的遗嘱形式。《民法典》规定了打印遗嘱，本案李某某 2010 年 2 月 21 日的遗嘱完全符合《民法典》打印遗嘱的规定，该遗嘱在如今已经是明确的打印遗嘱合法形式了，不仅司法机关不会出现不同的认定，或许本案的纠纷也不会发生了。但是，本案坚持遗嘱的严格法律标准的裁判趋势将会越来越强，立遗嘱一定要重视法律的严密规范。

风险提示

虽然《民法典》增加了打印遗嘱这种法定遗嘱形式，并不意味着遗嘱人亲自制作一份打印遗嘱就可以被当作自书遗嘱。打印遗嘱必须有两名以上见证人现场见证，相较于代书遗嘱只是少了代书人要求。所以，遗嘱人亲自构思、输入、打印，而缺少见证人的遗嘱，同样是无效的。遗嘱规范多，行动需谨慎。

案例 5：代书遗嘱按手印未签名，先前《分家单》来佐证

赵某（2013 年 3 月 25 日去世）与曹某（2011 年 7 月 24 日去世）系夫妻关系，二人共育有三女二子，即长女赵某 6（于 2007 年去世）、长子赵某 1、二子赵某 4（于 2015 年去世）、二女赵某 2、三女赵某 7（于 2000 年去世）。赵某 6 与孟某某系夫妻关系，二人育有一女孟某。赵某4与琚某系夫妻关系，二人育有一女赵某3。赵某7与王某某系夫妻关系，二人育有一子王某。赵某1在本村另行分得了宅基地。

再审申请人赵某1、赵某2、孟某、王某因与被申请人琚某、赵某3继承纠纷一案，不服终审判决申请再审。

赵某1、赵某2、孟某、王某申请再审称：（一）司法实践中，有判例表明代书遗嘱不符合时空一致性的要求，无法证明遗嘱系立遗嘱人的真实意思表示因此遗嘱无效，本案中见证人称问完老人当天即打印后再次前往××苑小区，也不符合代书遗嘱一致性的要求，应属无效；（二）原审法院已认定被继承人赵某、曹某均具有小学文化程度，二人会写字，则根据我国的法律规定，琚某、赵某3提交的遗嘱无二人签字应属无效；（三）法院认定遗嘱是老人真实意思表示，系认定事实错误，法院已认定《分家单》无效，且老人的女儿对此不知情、不认可，则《分家单》与遗嘱的证据链不成立……

再审法院经审查认为，本案中，根据查明的事实，涉案院落房屋应属于曹某、赵某的遗产范围，曹某、赵某的继承人虽不能继承宅基地使用权，但可以依法继承涉案院落房屋，与涉案院落房屋对应的腾退补偿利益可视为遗产的转化形式。

一审中，琚某、赵某3提交落款日期为2005年8月25日，落款签字有：代笔“尹某新”、证人“勾某”“赵某4”、孝子“赵某1、赵某4”的《分家单》一份，载明：曹某、赵某两位老人居住房屋和宅基地经赵某1、赵某4兄弟二人协商同意，两位老人居住房屋和宅基地由赵某4继承。父母二老的经济赡养由赵某4负担，永远有父母二老的居住权。《分家单》上虽然没有赵某、曹某的签名，但一审中，赵某1对其在《分家单》上的签名予以确认，且认可《分家单》签订时赵某、曹某亦在场，一审法院根据上述事实并结合农村的习俗和赵某、曹某去世前所得到赡养的情况，认定《分家单》系赵某、曹某的真实意思表示、合法有效，并无不当。

关于遗嘱效力的问题，赵某、曹某所立遗嘱正文为打印件，打印人并非立遗嘱人，应视为代书遗嘱之形式，该遗嘱仅有手印，并无赵某、曹某的签字。赵某1、赵某2、孟某、王某主张赵某、曹某均具有小学文化程度，二人会写字，且立遗嘱人所按手印，无法证明系赵某、曹某所按，却并未提供充分的证据对其相关主张予以证明，对于其相关上诉主张，再审法院不予采纳。在遗嘱与《分家单》中体现出赵某、曹某对相关财产及赡养问题的处理上存在连贯性，遗嘱与《分家单》能够互相佐证，遗嘱系赵某、曹某真实意思表示再审法院亦予确认。

据此，再审法院驳回了赵某1、赵某2、孟某、王某的再审申请。①

法律要点

1. 有瑕疵的遗嘱被认定有效，辅助证据起到了关键支撑作用

本案之所以有一审、二审又再审，纠纷难解，主要原因是遗

---

① （2019）京民申6796号。

嘱在形式上不能满足法律的要求。本案之所以认定了只按手印没签名遗嘱的效力，一是遗嘱人的文化程度和习惯，二是《分家单》的佐证，缺一不可，法院判决已经是很勉强了。所以，立遗嘱还是咨询律师，或到专业机构作见证遗嘱，这样遗嘱效力才有保障。

2. 有瑕疵的遗嘱易导致家庭纷争

民事审理程序可以分为一审程序、二审程序和审判监督（再审）程序。一审程序包括普通程序和简易程序，普通程序是通常适用的诉讼程序，遗嘱纠纷基本都要采取普通程序。适用普通程序审理的案件，应当在立案之日起6个月内审结。有特殊情况需要延长的，由法院院长批准，可以延长6个月；还需要延长的，报请上级法院批准。第二审程序（又称上诉程序或终审程序），是指由于民事诉讼当事人不服地方各级人民法院尚未生效的第一审判决或裁定，在法定上诉期间内，向上一级人民法院提起上诉而引起的诉讼程序。由于我国实行两审终审制，上诉案件经二审法院审理后作出的判决、裁定为终审的判决、裁定，诉讼程序即告终结。审判监督程序即再审程序，是指由当事人申请，或由有审判监督权的法定机关和人员提起，由人民法院对发生法律效力的判决、裁定、调解书再次审理的程序。实践中，如果继承纷争一旦起诉到法院，多半案件都要经过两审，耗时需要近一年时间，有的要经过一年半左右。如果再经过再审，时间一般都要以年为单位计算了。继承纠纷诉讼不仅牵扯了全家人的许多精力，律师费、诉讼费、鉴定费等破费必不可少，关键是遗产分配长年纷争、对簿公堂成了后人割裂亲情、产生隔阂的导火索。立一份科学、有效、便于执行的遗嘱，对于逝后的家和永续意义重大。

风险提示

按手印是老百姓确认文书的传统做法，指纹虽然具有很高的辨识度，效力也与签名等同，但是在实践活动中却很少单独使用按手印的方式来缔结法律文书，因为单凭手印我们很难确认当事人的态度。

设想一下，在你睡得正香的时候有人偷偷“拿”你的手按了印泥“画了押”，真的出现纠纷了双方又各执一词，那孰是孰非就说不清楚了。所以，按手印最好不要单独使用。

四、遗赠需及时接受、遗嘱效力需专业保驾

遗赠，是指遗赠人用遗嘱的方式将个人财产的一部或全部于死后赠给国家、集体或法定继承人以外的人的一种法律制度，是遗嘱人以遗嘱处分其遗产的一种方式。遗赠财产的人叫遗赠人，承受遗赠财产的人叫受遗赠人或遗赠受领人。受遗赠人应在知道受遗赠后两个月内作出接受或者放弃的明确表示，到期未作明示的视为放弃受遗赠。如遗赠受领人先于遗嘱人死亡，则遗赠无效。

案例 1：明知继承开始却不知遗赠需要接受表示

张某 1 与张某 2 婚后先后生育长女张某 3、长子张某 4。张某 2 病故后，张某 5 入赘与张某 1 再婚，并生育儿子张某某（该案遗嘱人）。张某某母亲张某 1 于 1994 年 8 月去世，其父张某 5 于

2004年11月去世。1994年5月，蔡某某与张某某以夫妻名义共同生活，于2006年10月31日办理结婚登记手续，双方未生育子女。张某某于2006年12月4日病故，生前与蔡某某共同居住在张巷上10号三间二层楼房和张巷上9号的三间平房内。张某某于2006年11月19日在病重期间书写遗书一份，载明："我去世后，东面三间楼房使用权归我妻蔡某某，西面三间平房也归我妻蔡某某安身之处，如我妻蔡某某今后嫁人，三间平房归我侄子张某所有。"在遗书上有蔡某某、张某4、兄长朱某某、姐夫孙某某、蔡某1等作为见证人签名。遗书中所列张某系张某4之子、张某某之侄子。

法院另查明：蔡某某与张某6于2007年6月12日登记结婚，于2007年10月对三间平房进行修缮和墙面粉饰，2008年4月生育一女，同年11月在该平房内为女儿举办"百日酒"。

法院判决：遗嘱无效，驳回张某的起诉。①

法律要点

1. 通过遗嘱确立遗赠

本案中张某某亲笔书写遗书及签名、注明年、月、日，并经数名见证人见证签名，就其居住的房产予以处分，故其书写的遗书为自书遗嘱。从自书遗嘱的法定形式上看，堪称完美。

公民立遗嘱将个人财产赠给国家、集体或者法定继承人以外

① （2012）锡法湖民初字第0307号。

的人，为遗赠。张某系张某某之侄子，属于法定继承人以外的人，故本案案由为遗赠纠纷。张某在本案中提起的诉讼主张涉及两处房产，即张巷上9号平房与张巷上10号楼房，本案的争议焦点是上述两处房产是否应归张某所有。

关于张巷上10号楼房，因张某某书写的遗书中涉及遗赠的部分为张巷上9号平房，而楼房并未列入遗赠的范围，张某也非张某某的法定继承人，且不存在代位继承、转继承等情形，故张某要求判令张巷上10号楼房归其所有的诉讼请求，无法律依据，法院因此不予支持。

关于张巷上9号平房，因张某某所立遗嘱中就该处遗产的继承设定了约束内容，即“如我妻蔡某某今后嫁人，三间平房归我侄子张某所有”，该约束内容违反了婚姻自由的法律规定，故涉及遗赠的内容可能无效，张某无受遗赠权。

2. 接受遗赠需在两个月内作出明确表示

需要注意的是，即使排除蔡某某使用权的遗嘱继承，张某某的遗赠所有权的行为有效，根据法律规定，受遗赠人应当在知道受遗赠后两个月内，作出接受或者放弃受遗赠的表示。到期没有表示的，视为放弃受遗赠。本案中张某某死亡后，蔡某某与张某6于2007年6月起在张巷上9号平房结婚、共同生活、修缮房屋，且于2008年11月生育女儿举办“百日酒”。张某作为遗书持有人并居住在同村，应当知道张某某遗产内容中其受遗赠的“条件”已经成就，但张某在两个月内未作出接受遗赠的表示，依法应视为放弃受遗赠。因此，张某在本案中的诉讼主张，法院判决不予支持。

3. 家族财富信托是财富传承的有效手段

从本案事实判断，张某某属于劳动致富的一把好手，至少拥有一栋楼房和一处多间平房，又有年轻的妻子。从张某某的遗嘱内容看，其本意是对其扔下的可怜妻子的生活负一定责任，如果遗孀蔡某某不改嫁他人，楼房和平房都归蔡某某所有，以保障其有安身之处并有稳定的租金收入；如果蔡某某再婚有了新的依靠，那么，三间平房遗赠给侄子……张某某对身后事的安排可谓用心良苦。但是，根据我国继承法律制度，张某某的精心安排无法直接得到实现，不仅仅是因为其遗嘱内容涉嫌侵犯了蔡某某的婚姻自由，还因为这种遗赠本身就不具有可执行性，蔡某某继承了房产就有权利出售。其实不难解决这一难题，解决张某某的遗愿，就需要本书第三章第三节介绍的家族信托来帮助实现。家族信托，是指信托机构受家庭或个人委托，成立以实现家庭财富管理、传承和保护为目的的信托，包括但不限于管理资产的隔离保护、灵活私密的收益分配与资产的多元化配置、税收筹划与慈善安排等方面的服务。张某某可以通过与家族信托公司签订合同将三间平房，甚至连楼房一并变更为该公司所有，家族信托公司按约定负担蔡某某再婚前的居住和生活负担，以及如果蔡某某一直未改嫁为其养老送终，当蔡某某改嫁或者去世后，剩余资产或者收益归其侄子所有。

4. 《民法典》规定的居住权可以解决本案遗嘱人身后事安排之困

如果蔡某某再婚有了新的依靠，那么，三间平房遗赠给侄子……在《民法典》生效前，通过遗嘱无法实现这一遗愿。《民法典》有助于实现“以房养老”。以房养老，本是指老年人利用自己拥有产权的房产，提前将房屋产权变现，用于养老。《民法典》规定的居住权，大体形容是指房子是别人的，住户却既不算租户，也不用付房租。张某某立遗嘱将房屋所有权遗赠给侄子，可以让配偶在再婚之前或者有生之年一直居住遗留房产，当蔡某某再婚或者去世后房屋所有权才全部按遗赠转移给张某。

风险提示

首先，遗赠生效的前提是遗嘱有效，并在遗嘱生效后2个月内明确表示接受遗赠，否则丧失受遗赠权。其次，“西面三间平房也归我妻蔡某某安身之处，如我妻蔡某某今后嫁人，三间平房归我侄子张某所有”，《民法典》生效以后，该条应当这样立：西面三间平房归我侄子张某所有，我妻蔡某某嫁人前对三间平房拥有居住权。这样就不再有限制再婚之嫌，还体现出关怀之情。最后，民事权利的行使不得妨害他人合法权益。立遗嘱时，处分他人财产的、限制他人婚姻自由的，都妨害了他人的合法权利，这样的遗嘱内容是无效的。

案例2：错过接受遗赠期限，视为放弃受遗赠

孟某某为被告孟某1、被告孟某2之父。原告安某某在2008年7月经人介绍开始给孟某某做保姆，安某某在本案审理中提供两份《房屋权属状况信息》，记载坐落于省会城市一处面积为60.93m^2、一处面积为59.52m^2的两所房屋，分别于1998年9月和1999年5月进行了房屋所有权登记，登记的所有权人均为孟某某，两处房屋的共有人均为王某英（孟某某的母亲，2004 年去世）、张某莲（孟某某的妻子，2005 年去世）、被告孟某 2 及被告孟某 1，共有人均取得了共有权证。

原告安某某在本案审理中提供署名为“孟某某”、时间为“2008 年 8 月 8 日晚 8 时立”的《遗嘱》一份，内容为“自从老伴张某莲去世后，一直由安某某照顾我后半生，她无微不至的关怀，使我后半生非常幸福。为了感谢她，我将住房的份额给予安某某，这两处房屋的份额由她处置，任何人不得干预。特此声明。本人神志清醒，自愿给予安某某”。

法院认为，原告安某某与孟某某之间并无血缘关系，也无其他法定继承关系，因此其在起诉状中要求对房产根据孟某某的遗嘱进行分割继承，显然混淆了不同的法律关系。对此，被告孟某 1 及被告孟某 2 均提出了异议。此后原告安某某说明其主张本案涉及的法律关系为遗赠，要求按此法律关系处理。因其对原诉错误的法律关系已进行了纠正，被告孟某 1 答辩所称原告安某某未变更诉讼请求、应予驳回的意见法院不予采纳。

原告安某某提供了两份《房屋权属状况信息》，记载孟某某有两处房产，原告安某某在本案中主张其对房产享有权利，其在本案审理中说明比例应为 23. 30% 。对此，被告孟某 1 及被告孟某 2 均不予认可，并表示强烈的反对。综合双方在本案中的意见，争议的焦点集中在以下问题：

一、孟某某是否有权处分房产

原告安某某提起诉讼的依据是署名为“孟某某”、时间为“2008 年 8 月 8 日晚 8 时”立的遗嘱。依原告安某某提供的《房屋权属状况信息》，该两处房产的所有权人均为孟某某，还有被告孟某1、被告孟某2及王某英、张某莲等共有人。《物权法》第39条规定，“所有权人对自己的不动产或者动产，依法享有占有、使用、收益和处分的权利”，而赠与是指赠与人将自己的财产无偿给予受赠人、受赠人表示接受的行为。从孟某某对房产享有所有权的角度来说，其依法享有处分权，这种处分权应该包括赠与。但需要明确的是，该两处房产除孟某某外，还有其他的共有权利人，即被告孟某1、被告孟某2及王某英、张某莲。根据我国法律的规定，共有分为按份共有和共同共有，从《房屋权属状况信息》来看，未体现出孟某某、王某英、张某莲及被告孟某1、被告孟某2为按份共有，《物权法》对共有关系性质不明时的规定在第103条：“共有人对共有的不动产或者动产没有约定为按份共有或者共同共有，或者约定不明确的，除共有人具有家庭关系等外，视为按份共有。”依此规定，结合孟某某、王某英、张某莲及被告孟某1、被告孟某2之间的家庭关系，应认定以上诸人对房产为共同共有。被告孟某1及被告孟某2在本案审理中也说明其两人对该两处房产为共同共有。关于共有物的处分，《物权法》第97条规定：“处分共有的不动产或者动产以及对共有的不动产或者动产作重大修缮的，应当经占份额三分之二以上的按份共有人或者全体共同共有人同意，但共有人之间另有约定的除外。”按此规定，如果原告安某某提供的《遗嘱》确为孟某某本人书写，但因没有证据证明是孟某某书写《遗嘱》是经过了其他共有人的同意，因此其处分该两处共有房产的行为有不当之处。对此，被告孟某1及被告孟某2均作为一项答辩意见提出，依法律规定，其答辩意见有理。

二、原告安某某作为遗赠的受赠人是否在两个月内表示了接受，是否存在视为放弃受遗赠的情形

赠与是指赠与人将自己的财产无偿给予受赠人，受赠人表示接受的行为，该行为的成立包含两个方面的内容，一是赠与人的赠与行为，二是受赠人表示接受的行为。关于遗赠，《继承法》第 25 条第 2 款明确规定："受遗赠人应当在知道受遗赠后两个月内，作出接受或者放弃受遗赠的表示。到期没有表示的，视为放弃受遗赠。"在本案审理中，被告孟某 1 及被告孟某 2 提供证据（包括录音、证人证言）欲证明原告安某某早已知晓遗嘱内容而在两个月内未作出接受遗赠的表示，因此应视为其放弃受遗赠。而原告安某某则坚称其于 2012 年 12 月在整理物品时才发现该遗嘱，这样其于 2013 年 1 月 8 日提起本案诉讼，并未超过两个月的时间。但就本案查明事实，法院对原告安某某所述于 2012 年 12 月整理物品时才发现该遗嘱的主张不予认可。理由为：1. 孟某某死亡后，原告安某某与被告孟某 1、被告孟某 2 因为孟某某生前原居住的房屋发生纠纷，原告安某某于 2010 年 8 月 26 日即提起诉讼，此前双方对该房屋采用换锁等方式均分别或破门或占据，如果该房屋内尚有其他物品，特别是如本案遗嘱这样重要物品，在双方多次争执过程中仍能保存至 2012 年 12 月才被原告安某某发现，显然是不客观的。2. 被告孟某 1 提供的录音证据显示被告孟某 2 与原告安某某通话时，原告安某某多次提及本案涉及的遗嘱，并提及在 2010 年双方因打架在派出所处理时该遗嘱即已体现。3. 原告安某某在本案审理中提供两份《房屋权属状况信息》，

是对遗嘱中涉及孟某某的两处房屋在房管部门进行的调查，其中对一处房产的查询时间为“2012－08－29，14：29：02”，可以印证原告安某某早在2012年8月29日即已开始调查了解遗嘱所涉房产的情况。因此，综合以上几点，法院认为，原告安某某对遗嘱应早已知晓。假设该遗嘱确为孟某某本人所写，安某某却未在知道受遗赠后两个月内作出接受的表示，根据《继承法》第25条第2款的规定，“到期没有表示的，视为放弃受遗赠”。

综上，基于法院已查明事实及《物权法》《继承法》的相关规定，法院对原告安某某以遗嘱为依据，要求分割享有房产的诉讼请求不予支持。判决驳回原告安某某要求对房屋依据被继承人孟某某的遗嘱进行分割继承的诉讼请求。[①]

法律要点

1. 遗赠错过接受期，自作聪明终落空

根据判决查证的事实，原告安某某有可能早就拿到了遗嘱，并且在孟某某去世后一直伴随着纠纷住在了争议的房产中。如果真是这样，“在2010年双方因打架在派出所处理时该遗嘱即已体现”，安某某早就提出了遗嘱主张，并坚持住在了遗赠房产中，这种行为本身就是一种接受遗赠的有效行为表示。但是，根据原告安某某在法庭上的自认，2012年12月她才知道遗嘱的存在，这与其他证据矛盾不能被确认，安某某严重错过了接受遗赠的机会。

① （2013）槐民初字第75号。

2. 遗赠养老需经专业设计，遗嘱权才有保障

白头偕老走完一生，是人们所向往的，可是生死的事，总有一个会成为后走的那个孤独老年人。现代生活水平好了，很多老年人在物质上并不缺乏，往往空巢生活、精神孤寂是最难忍受的。所以，子女要多关心单身老年人的生活，老年人再婚难已经成为老年人权益保障的一大难题，老年人再婚、搭伴养老、非婚同居等老年人权益应当受到关注和法律的有效保护。受益的老年人立寄托心愿的遗嘱更应当寻求律师见证、公证等专业法律服务，不能留有遗憾，也不能让多付出的一方不仅得不到应得的馈赠，还承受骂名，结果使过世老年人好心办了坏事。

本案中，两处房屋都登记由孟某某一家三代五口人共有，安某某是后到孟某某家中当保姆的，只有孟某某生前能够通过遗言将房屋形成过程交代清楚，或留下客观证据，界定其在共同共有中的所占份额。如果没有证据证明孟某某在房产中的占有份额，即使遗赠有效，安某某也是较难以实现受遗赠权利的。

风险提示

老年人遗赠给照顾自己晚年生活的非继承人财产，因为受遗赠人权利保障相对较弱，更应当在立遗嘱时寻求专业帮助。另外，遗赠与遗嘱继承不同，遗嘱继承人默认即表示接受继承。而受遗赠人需要在知道遗赠两个月内，通过诉讼、公证、登报声明或实际占有等方式作出接受遗赠的明确意思表示，否则视为放弃遗赠。

五、家人签认遗嘱少意外

遗嘱虽然是单方法律行为，但是继承人如果均在遗嘱上签字确认，会在很大程度上提升遗嘱的效力，减少纷争。

案例 1：家庭财产安排，继承人签字确认有必要

被继承人周某某与妻子华某某婚后生育长子周某昌、次子周某 1、三子周某 4、长女周某 3、次女周某 2。华某某于 2000 年 6 月 22 日死亡。周某昌于 2003 年 11 月 30 日死亡。周某某于 2011 年 12 月 2 日死亡。

1999 年 4 月，周某某立下遗嘱 1 份。该遗嘱载明："我们生有三子二女，长子周某昌、次子周某 1、三子周某 4，现均已成家立业，但我们都已年老体弱多病，身边需要有人照顾。现房屋拆迁至靠近次子周某 1 处。经周某 1 夫妻同意负责照顾。1. 迁至后，在生活起居上有困难由周某 1 夫妇负责照顾（饮食起居分开），其他子女放心。2. 我们贫苦出身，并无遗产。3. 因周某 1 夫妇平时要多照顾我们，如我们百年后，决定将住房和生活用品，包括全部家具都给周某 1。4. 如果父母有病，需住院时仍要共同照顾和值班。5. 平时每星期需来探望（加班除外），以尽子女孝道。平时亦可电话联系。周某 3 路远，来去随她自由。以上决定父母同意、各子女愿意。"该遗嘱尾部有"父周某某、母华某某"的文字。在遗嘱反面书写有"该书已阅同意，尊重父母决定，请各弟妹遵照执行"的文字，并依次有"周某昌 99. 4. 18""周某 1""周某 4, 99. 4. 19""周某 3, 05. 7. 24""周某 2, 05. 7. 24"等签名和日期。诉讼中，周某 3、周某 4 质证认为，遗嘱尾部"华某某”的签名，由周某某代签，并非华某某本人所签。

另查明：301 室房屋原系公房，周某某通过房改优惠购房，于 2005 年 6 月 14 日取得房屋产权。

法院认为：公民可以依照法律订立遗嘱将个人财产指定由法定继承人的一人或者数人继承。2005 年 6 月 14 日前 301 室房屋系公有住房，周某某在 1999 年 4 月立遗嘱时尚无权处分该套房屋。2005 年 6 月 14 日，周某某通过房改优惠购房取得 301 室房屋产权，此时华某某已去世，该房应属周某某的个人财产，周某某对 301 室房屋享有占有、使用、收益、处分的权利。2005 年 7 月 24 日，周某 3、周某 2 在 1999 年 4 月遗嘱的反面签名，确认了遗嘱以及“该书已阅同意，尊重父母决定，请各弟妹遵照执行”等内容，应当视为周某某在取得 301 室房屋产权后，仍愿意按 1999 年 4 月所立的遗嘱处理其遗产，并要求周某 3、周某 2 签名确认，故上述遗嘱系周某某真实意思的表示，应属有效。301 室房屋应当按周某某的遗嘱予以处理，归周某 1 所有。故，判决 301 室房屋归周某 1 所有。①

法律要点

1. 公租房承租权继承与私产房所有权继承

遗嘱需要及时更新，尤其是不动产登记发生变化以后，遗嘱如果不及时更改或者重立，因为财产指向不足够明确，或者说不

① （2019）苏 0213 民初 5948 号。

能排除合理怀疑，就可能会影响到该项遗嘱的效力。

公租房承租权继承与私产房所有权继承不同，公租房承租权一般是以户为单位，承租权不宜做遗产分割，有居住权而无处分权。取得房产证以后，法律上的权属才有了确定，才可以按私产立遗嘱和继承。

2. 法定继承人的签字认可强化遗嘱效力

本案立遗嘱时，涉诉房产属于尚未房改购买的公房，周某某是承租人身份，便立遗嘱将未来必得的这套房产进行了处置，因为产权当时不属于周某某，如果本案在2005年取得房产权后没有周某某拿给几位继承人的新签字，一旦形成纠纷，该项遗嘱内容就可能被判无效。虽然根据当地政府规定，有的公租房也是可以继承继续承租，但承租权的继承和房产所有权继承的法律根据并不相同，并且因房改使公有变为私有，房屋虽然还是那套房，继承分配却差别较大。

风险提示

因为法律对自书遗嘱的形式要件要求较为严格，制定由遗嘱人自行完成，一般没有见证人在场，一般也不保留立遗嘱时相关情况的证据。而遗嘱是在遗嘱人去世以后才生效，一旦利益相关人提出异议，容易死无对证，从而导致遗嘱人的意愿无法实现。

类似本案情况，老年人最好以类似家庭会议备忘录等书面形式予以确定，继承人全都签字，即使本案老两口也只有一人签字，房屋产权也是之后取得，但由于出现纠纷时是可以按合同法规定进行审查的，就一般不会因是打印等因素而导致遗嘱内容的无效了，整体法律效力会更加有保障。

案例 2：遗嘱由全体继承人签字认可增强效力

原告宋某与张某系夫妻关系，婚后共同生育四个子女，3 个女儿分别为被告张某 3、被告张某 2、被告张某 4，儿子即原告张某 1。

2009 年 5 月 20 日，张某与原告宋某共同订立遗嘱，主要内容：一、我们百年之后，全部财产留给儿子张某 1 继承产权；二、儿子张某 1 从现在起，负担二老的生活起居、疾病治疗，百年后事办理的全部费用。三个女儿凭各自的经济状况和能力，尽最大的孝心孝敬老人。三、如若儿子不能很好地善待老人，作出对不起老人之事，三个姐姐应及时劝导，如劝导无效，三个姐姐有权一起提出变卖老人留下的财产，所得款项用于老人的日常生活、疾病治疗、后事办理费用，其中如有多余资金由子女均分，如资金不足由子女平摊。立遗嘱人处有张某、宋某的签字并摁手印，同意遗嘱人处有张某 1 和三被告的签字并摁手印。

2014 年 6 月 11 日，区房屋征收管理办公室（征收部门、甲方）与张某（被征收人，乙方）签订《房屋征收产权调换协议书》，主要内容：乙方被征收房屋坐落位置：×××；房屋产权号：××××；建筑面积：63.02 平方米。甲方向乙方支付补偿费：1. 被征收房屋评估补偿费 548522 元，套型公摊补助费 83106 元，合计 631628 元；2. 装饰装修及附属物补偿费 18064 元；3. 搬迁费 2520.8 元，电器迁移费 776 元，合计 3296.8 元；上述共计652988.8元。乙方选择产权调换，产权调换房屋坐落位置：项目改建规划区域内4号楼×室，建筑面积124.61平方米，安置房屋总价款1036755.2元，甲方收取乙方产权调换房屋总价款789045.3元。张某在规定期限内交付被征收房屋并一次性结清差价款49578元。

张某于2019年6月22日死亡。

庭审中，被告张某2以原告张某1在被继承人张某患病期间，其并未尽到应尽的赡养义务等主张遗嘱无效，应当按照法定继承；被告张某3与张某4均表示同意按照被继承人张某遗嘱所述内容，不再继承被继承人的财产份额。

法院认为，遗产是公民死亡时遗留的个人合法财产。自书遗嘱由遗嘱人亲笔书写，签名，注明年、月、日。被继承人张某与原告宋某于2009年5月20日所立的遗嘱，系二人自行书写、签名且注明日期，系张某和原告宋某对其名下合法财产所作的处分，法院予以确认。依据法律规定，继承人不得作为见证人，但涉案遗嘱虽有原告张某1及三被告的签字并摁手印，但该四人非以见证人的身份出现，而是以同意遗嘱人的身份出现，从一定意义上说，应视为该四人对张某和宋某所立遗嘱的一种认可，故被告张某2以该遗嘱有被继承人的见证为由等主张遗嘱无效的观点，法院不予采信。被告张某2称立遗嘱时，宋某和张某的年龄均为74岁，而被继承人张某却写自己年龄76岁，老伴宋某年龄为78岁，显然与事实不符，这证明其书写这份遗嘱时，意识模糊，不是其真实的意思表示，应当认定无效，理据不足，法院不予支持。被告张某2称原告张某1未尽赡养义务，被继承人张某的遗产应按法定继承处理的辩解，未提交证据证实，法院不予支持。

原告宋某与被继承人张某系夫妻关系，位于××区房屋系在二人婚姻关系存续期间，由被继承人张某名下房产置换而来，属于二人夫妻共同财产。被继承人张某死亡后，原告宋某享有该房屋的二分之一产权，该房屋的另二分之一产权按照遗嘱继承处理，归原告张某1所有。[①]

法律要点

本案遗嘱是一份非常科学的后事安排，反映出了一个传统大家庭的和睦，有了不同看法通过诉讼解决也属正常。

1. 全家人见证过的遗嘱不一般

继承人虽然不得作为遗嘱见证人，但全部继承人在遗嘱上签字并摁手印，并非以见证人的身份出现，而是以同意遗嘱人的身份出现，是对所立遗嘱的一种认可，其中谁再起纠纷就属于食言，难以受到法院的支持。在大家庭里可以公开的遗嘱，又不想找律师见证的老年人，采取家人共同署名的方式，是一种很明智的选择。如另一起遗嘱继承纠纷案，法院判决认为："原、被告已在遗嘱与晚年赡养及财产安排材料中签字，且被继承人宋某某已经按约定将钱分别给儿女，被继承人宋某某为防止死后子女为遗产发生争执，又请代书人、见证人到场，立有遗嘱，该遗嘱是宋某

① （2019）冀0102民初9969号。

某生前真实意思表示，合法有效，法院予以认定。原告夫妻也按遗嘱的约定将老人宋某某养老送终，能够证明原告按遗嘱已经履行义务，按遗嘱涉案房产应当归原告所有，五被告应当协助原告办理相关产权登记手续。”①可见，不同地区出现类似遗嘱，说明其很有群众基础，这种分家式晚年安排值得更多老年人借鉴。

2. 全家人见证遗嘱还可以增加生前契约功能

张某与宋某共同订立的这份遗嘱也是一份意定监护合同。意定监护在本书第三章第一节做了介绍，是指老年人在丧失或者部分丧失行为能力前可以确定自己的监护人。本案遗嘱先是确定儿子张某1是监护人，“如若儿子不能很好地善待老人，作出对不起老人之事，三个姐姐应及时劝导”，这等于是确定三个女儿为意定监护的监督人，授权监督儿子的监护行为。“如劝导无效，三个姐姐有权一起提出变卖老人留下的财产，所得款项用于老人的日常生活、疾病治疗、后事办理费用项，其中如有多余资金由子女均分，如资金不足由子女平摊”，这是对意定监护的变更之举。老年人如果神志仍然清醒，完全可以重立遗嘱来维护自己的权利。但是如果张某或宋某一旦出现失智状态，该遗嘱有四名子女的签名确认，该遗嘱就是一份有效的意定监护合同，也是一份意定监护监督合同。北京老龄法律研究会专家曾专门研究如何在意定监护合同中融入遗嘱，使老年人在头脑清醒时将意定监护、赡养约定和遗嘱一并处理，本案可谓一个很好的实例。

---

① （2019）辽0323民初3361号。

3. 涉案遗嘱也是一份赡养协议同意书

张某与宋某共同订立的这份遗嘱也是一份赡养协议同意书。对于张家四个子女来说，这份赡养人共同签署的文件是一份一致同意的赡养协议书，被赡养人张某、宋某签字认可，所以赡养协议发生了法律效力。

可见，这份遗嘱因为全家人签字认可，可以根据不同法律规范，对老年人发挥多重保障功能，遗嘱效力也同样具有多重保障。

风险提示

如果作为意定监护协议，被监护人和意定监护人必须签字。如果要发挥赡养协议功能，全部赡养人均需要签字才有效。

该案涉案遗嘱行动早、意思表示清晰、财产处分明确，同时对遗嘱人生前赡养和意定监护事项作出了妥善安排，还安排所有法定继承人进行了签字认可。虽然后来因为房屋拆迁征收、姻亲作用，在重大利益面前，还是出现了遗产纷争，但合法有效的遗嘱很好地保护了遗嘱人生前意志的实现。

六、遗赠扶养协议优先

遗赠扶养协议是一种重要的继承方式。遗赠扶养协议，是指遗赠人与扶养人之间订立的关于扶养人承担遗赠人生养死葬义务，遗赠人则将自己的个人合法财产在其死后全部或部分转归扶养人所有的协议。遗赠扶养协议制度是比较具有中国特色的遗产转移方式，随着我国人口老龄化和社会家庭逐步小型化，有些丧失自理能力的老人和病残者无人照顾，越来越显示出遗赠扶养协议制度的重要性。遗赠扶养协议的效力高于遗嘱。

案例1：有赡养人的遗赠扶养协议

王某有、李某珍生前系某县村民，二人系夫妻关系，共生育六个女儿，分别是原告王某6、王某2、王某3、王某4、被告王某5、被告王某1，原告王某6、王某2、王某3、王某4、被告王某5均已嫁入其他村集体独立生活，被告王某1与第三人杜某系夫妻关系，结婚后杜某将其户口迁入本村，其二人同为某县村民，王某有于1996年10月25日去世，李某珍于2004年7月4日去世。

1992年2月25日，王某有、李某珍夫妇与杜某签订了《关于王某有女婿杜某扶养岳父母契约》，该协议由案外人马某执笔，契约约定：杜某情愿扶养岳父母二老，岳父母去世后王某有所留房产归杜某所有。王某有、杜某与订立协议时证人吴某1、张某分别签名并加盖有村委会印章。协议签订后，杜某履行了赡养王某有的义务，未履行赡养李某珍的义务，1996年至2004年李某珍在原告王某6处居住生活。

一审法院认为，《继承法》规定：继承开始后，按照法定继承办理；有遗嘱的，按照遗嘱继承或者遗赠办理；有遗赠扶养协议的，按照协议办理。本案中，1992年2月25日，王某有、李某珍夫妇与杜某签订的《关于王某有女婿杜某扶养岳父母契约》，协议约定杜某情愿扶养岳父母二老，岳父母去世后王某有所留房产归杜某所有。该份契约由被告提交，虽然没有李某珍签名，但原告均认可其父母生前与第三人杜某签订过赡养协议，虽然认为该份契约纸张与四原告认可契约的纸张不一致，但其并未提交其他协议否认该协议，且结合作为原、被告双方证人执笔该协议的马某证言，能够证明协议系王某有、李某珍双方的意思表示。《关于王某有女婿杜某扶养岳父母契约》应为附条件遗嘱，所附条件为杜某对王某有、李某珍进行赡养，只有杜某履行约定义务时，遗嘱有效，否则遗嘱无效。协议签订前，第三人杜某与其妻子王某1与王某有、李某珍共同居住生活，协议签订后，虽然未在一起居住，但杜某履行了对王某有约定的赡养义务，四原告仅凭办理丧事时并非由杜某按民俗打幡抱罐否认杜某履行赡养约定，并未提供证据证实其主张，故原告主张缺乏可信度，王某有、李某珍所立遗嘱中涉及王某有遗产处分内容约定应为有效。李某珍自1996年至2004年在原告王某6处居住生活，对此事实原告提交了村委会证明和证人证言予以证实，上述证据能够相互印证，证实杜某未按协议约定履行赡养李某珍的义务，故王某有、李某珍所立遗嘱中涉及处分李某珍遗产部分的内容应为无效，李某珍的遗产应按法定继承进行继承。[①]

法律要点

1. 遗赠扶养行为主体必须是法定继承人以外的人

遗赠扶养行为主体必须是法定继承人以外的公民或集体组织。

① （2019）冀10民终2976号。

法律规定，被扶养人可以与公民或集体组织签订遗赠扶养协议，明确扶养人承担被扶养人生养死葬的义务，享有受遗赠的权利。在本案中，王某1是王某有、李某珍的女儿，是赡养人，“扶养人”杜某系王某1之夫，具有辅助赡养的法律义务。所以，本案一审判决将《关于王某有女婿杜某扶养岳父母契约》认定为附条件遗嘱，这是正确的。

2. 附条件遗嘱与遗赠扶养协议

在本案中，李某珍自1996年至2004年在原告王某6处居住生活，杜某未按协议约定履行赡养李某珍的义务，法院认为附条件遗嘱涉及处分李某珍遗产部分的内容应为无效，李某珍的遗产应按法定继承进行继承。

假如杜某不是王某有、李某珍的女婿，本案按遗赠扶养协议处理。在有赡养人的遗赠扶养纠纷案中，也常常有赡养人尽了一定的赡养义务，但遗赠扶养人只要没有主动违反履行扶养义务情形的，甚至被扶养人单方立遗嘱改变遗赠承诺，遗赠扶养协议仍然可以受到法律保护。在本案中，如果李某珍在原告王某6处居住生活，杜某（假设杜某不是王某有、李某珍的女婿）并不同意，是王某6的积极行为阻却了杜某的履行扶养义务，杜某仍然有权利根据遗赠扶养协议主张受遗赠的权利。

3. 遗赠扶养协议与收养协议

遗赠扶养协议与收养协议不同，它只产生财产关系和养老服务关系，不产生人身关系。遗赠扶养协议的订立并没有转换遗赠人和扶养人之间的身份关系，只是使扶养人承担了对遗赠人生养死葬的义务，遗赠人与其子女的人身关系及权利义务关系并未发生改变。遗赠人虽然常为孤寡老人，但是也存在遗赠人有法定赡养人的情况，即使扶养人按约定履行对遗赠人的扶养义务，遗赠人的子女也不可以就此推卸自己的法定赡养义务。遗赠人的法定继承人可以继承其在遗赠扶养协议约定财产范围以外的遗产，遗赠人也可以立遗嘱处分协议约定财产范围以外的遗产。

风险提示

在人们的传统观念中，特别是在农村，往往认为男人是一家之主，丈夫可以代表妻子，代表整个家庭，但这在法律上站不住脚。本案中王某有代表李某珍立了遗嘱，处分了李某珍的财产；被告杜某代表妻子王某1与岳父订立了附条件的遗嘱，都是受到了男权思想的影响，这种法律行为多数是不完全有效的。

案例2：被扶养人依法起诉解除了遗赠扶养协议

两被告李某、谢某系夫妻关系。2014年8月，原告杨某与二被告达成遗赠扶养协议，同年11月28日，原、被告签订遗赠扶养协议一份，协议主要内容为："1. 杨某同意将李某、谢某的户口迁入杨某名下；2. 李某、谢某负责杨某的养老送终，其中包括生前的生活费、医疗费、服装费等，李某、谢某保证杨某的生活水平达到本村村民平均生活水平及过世后的安葬事宜；3. 杨某去世后李某、谢某享有继承权；4. 此协议一式三份，杨某、李某及谢某各一份，公证机构存一份"，并在县公证处进行了公证。

2015 年 6 月，原、被告共同生活期间发生矛盾，后被告外出打工一直未回家。2017 年 3 月 21 日，原告向法院提起诉讼。

法院认为，公民可以与扶养人签订遗赠扶养协议，按照协议，扶养人承担该公民生养死葬的义务，享有受遗赠的权利。遗赠附有义务的，受遗赠人应当履行义务。遗赠扶养协议生效后，扶养人应按照协议充分、完全地履行扶养义务，对遗赠人进行生活照料、经济供养及精神赡养等，在遗赠人死后办理丧葬事宜，扶养人取得遗赠人的遗产。本案中原、被告于 2014 年 11 月 28 日签订的遗赠扶养协议系双方当事人真实意思的表示，且经过县公证处的公证，符合相关法律规定，该协议合法有效，双方应按照协议约定的内容履行各自的义务。依相关法律规定，扶养人与公民订有遗赠扶养协议，扶养人无正当理由不履行，致协议解除的，不能享有受遗赠的权利。本案中，原、被告签订的协议约定，二被告负责原告养老送终，包括原告生前的生活费、医疗费、服装费等，保证原告的生活水平达到本村村民平均生活水平及过世后的安葬事宜，但双方在共同生活期间发生矛盾，二被告外出后未履行扶养义务，现原告要求解除遗赠扶养协议，于法有据，依法判决解除原告杨某与被告谢某、李某于 2014 年 11 月 28 日所订立的遗赠扶养协议。①

---

① （2017）陕 0525 民初 358 号。

法律要点

1. 遗赠扶养协议的解除

我国《民法典》第1123条规定："继承开始后，按照法定继承办理；有遗嘱的，按照遗嘱继承或者遗赠办理；有遗赠扶养协议的，按照协议办理。"在财产继承中各种合法继承方式并存的，应首先执行遗赠扶养协议，其次是遗嘱和遗赠，最后才是法定继承。遗赠扶养协议一经签订，双方必须认真遵守协议的各项义务。如果扶养人不尽扶养义务，人民法院可以剥夺扶养人的受遗赠权。

我国法律虽然规定了遗赠扶养协议，但是有关协议的解除的事由，法律规定得不是很完善，所以老年人既要学会订立遗赠扶养协议，当自己的合法权益受到损害时，也要学会通过法院起诉主动寻求解除救济。

在司法实践中，扶养人与遗赠人订有遗赠扶养协议，扶养人无正当理由不履行扶养义务，遗赠人可以要求解除遗赠扶养协议。遗赠扶养协议不同于一般合同，如果扶养人不履行扶养义务导致协议解除，其已支付的供养费用一般依法不予补偿。这是法律对老年人权益的特别保护。如果是遗赠人无正当理由不履行保持约定财产完整安全而导致协议解除的，则应偿还扶养人已支付的供养费用。

2. 设立遗赠扶养监督人

笔者建议，最好在协议中设立遗赠扶养监督人。在遗赠扶养协议中，遗赠人通常是年老体弱之人，“久病床前无孝子”，扶养人有可能虐待被扶养人，或者是不完全、不按照约定内容履行扶养义务，并且扶养义务发生在遗赠人与扶养人之间，外人也不易察觉，易造成被扶养人有冤难伸的局面。因此，为了保护遗赠人受扶养的权益，最好在协议中确定遗赠扶养监督人。

遗赠扶养监督人既可以是基层组织、老年协会或社会组织，也可以是遗赠人的亲友个人，可以签订三方的遗赠扶养协议。协议可以约定，遗赠扶养监督人有权检查、抽查扶养人履行义务是否足额到位，是否有虐待被扶养人的现象，有权根据合同约定代理被扶养人控告、起诉扶养人。同时，也可以约定被扶养人处置遗赠财产的行为受其监督，在发现被扶养人有不当处分行为时，遗赠扶养监督人要及时提出异议和劝阻。还可以约定，在遗赠人死亡后由遗赠扶养监督人担任遗赠执行人。

更建议协议约定意定监护，一旦被扶养人丧失民事行为能力，扶养人成为被扶养人的意定监护人，遗赠扶养监督人也随之转为意定监护监督人，履行监护监督职责。

风险提示

老年人与扶养人签订遗赠扶养协议，是一种双向的、有偿的法律行为，一定要通过合同形式确定双方的权利和义务，条款要完备。为避免合同生效后扶养义务人不适当履行合同义务，遗赠扶养协议最好设有遗赠扶养监督人，监督扶养行为，维护遗赠人的合法权益。

案例3：老年人不可以随意解除遗赠扶养协议

被告刘某2和被告胡某是夫妻。原告刘某1是被告刘某2的大伯父。2003年10月29日，原告和二被告签订了遗赠扶养协议，并在县公证处办理了公证。协议约定二被告负责原告的生养死葬，原告将其宅基地使用权转让给二被告使用，原告的责任田由二被告负责耕种，并约定如二被告平时不尽扶养义务，原告有权将其个人财产另行处分。2016年4月，原告因琐事和其弟刘某3发生口角及肢体冲突，造成人身伤害和财产损失。后原告以二被告对其未尽扶养义务为由起诉二被告至法院，请求解除与二被告签订的遗赠扶养协议。

法院认为，公民可以与扶养人签订遗赠扶养协议。按照协议，扶养人承担该公民生养死葬的义务，享有受遗赠的权利。原告与其侄女夫妇签订遗赠扶养协议并在公证部门进行了公证，该协议成立并生效，受法律保护，二被告应按协议约定履行对原告生养死葬的义务并可在原告去世后享有其相应财产性权利。协议还约定，二被告如不尽扶养义务，原告有权将其个人财产另行处分。当事人对自己提出的主张，有责任提供证据。没有证据或者证据不足以证明当事人的事实主张的，由负有举证责任的当事人承担不利后果。原告主张二被告未对其尽扶养义务，对原告不闻不问，对原告的生活不能很好地照顾，还对原告进行无故殴打和谩骂，原告有病时，也不给原告医治，二被告对此予以否认。双方于2003年10月29日签订遗赠扶养协议，在十几年后的2016年原告才主张二被告自始未对其尽扶养义务，原告应提供证据证明其主张。原告未提供证据证明二被告有其主张的上述行为，应承担举证不能的证明责任。法院对原告的该项事实主张不予采信。遗赠扶养协议签订后，无法定或约定事由，任何一方不得单方变更或解除，应按协议履行。故法院对原告要求解除与二被告签订的遗赠扶养协议的诉讼请求不予支持。该遗赠扶养协议未解除，双方均应按协议约定继续履行相应的义务。原告与二被告本就是亲属，应妥善处理好双方发生的矛盾。二被告作为晚辈和扶养人，应尽职尽责地履行对原告的扶养义务，尽力消除原告的不满情绪，使原告度过安康的晚年。原告如仍有解除该遗赠扶养协议的意愿，且有二被告未尽扶养义务的相应证据，可另行起诉。依法判决驳回原告刘某 1 的诉讼请求。①

法律要点

1. 遗赠扶养协议的被扶养人也要遵守合同约定

因为没有查询到案卷材料，不知本案判决书中的刘某 3 是否是刘某 2 的父亲，但可以确定的是，刘某 1 提起解除遗赠扶养协议的诉讼是由其与刘某 3 动手打架引起的。

实践中，被继承人生前与他人订立过遗赠扶养协议，可是夜长梦多，被继承人又立了新遗嘱的情况时有发生，《最高人民法院关于适用〈中华人民共和国民法典〉继承编的解释（一）》第 5 条明确规定，在继承开始后，遗赠扶养协议优先于与其相抵触的遗嘱进行办理，与遗赠扶养协议内容相抵触的遗嘱内容部分无

① （2017）苏 0324 民初 1402 号。

效。很显然，老年人如果已经订立过遗赠扶养协议，就应当遵守协议的约定，不得擅自处分协议约定的财产，也不能试图通过立新的遗嘱改变遗赠扶养协议的效力，反而因新遗嘱与协议相抵触而导致遗嘱自身的无效。遗赠扶养协议的解除应当根据约定协商解除，或者法定解除情形出现后解除，遗赠人、扶养人都无权单独解除协议。

2. 打官司不能口说无凭，证据很重要

原告刘某1主张二被告未对其尽扶养义务，对原告不闻不问，对原告的生活不能很好地照顾，还对原告进行无故殴打和谩骂，原告有病时，也不给原告医治。如果其中任何一项事实存在，扶养人可能都会构成实质性违约，被扶养人有权根据协议主张解除遗赠扶养协议。如果扶养人殴打、谩骂或采取其他方法虐待被扶养人，被扶养人应当及时报警，既可以保护自己的人身安全，也可以保全扶养人违反协议的证据。

总而言之，老年人要有法律意识，只要是依法成立的协议，协议就是协议当事方之间的法律性文件，各方都要自觉遵守。若自己的权益受到了损害，一定要保留好相关证据，向法院主张自己的权利时，如果不能证明自己的主张，就要承担败诉的结果。

风险提示

合法的遗赠扶养协议就是老年人与扶养义务人之间的法律文件，再想解除并不容易，还可能需要赔偿。所以，事关生养死葬的重要文书，订立遗赠扶养协议一定要慎重。

案例4：五保户老人遗赠案

被继承人黄某昌于2017年9月10日死亡，生前为××经济社的社员。黄某昌父亲、母亲先于黄某昌死亡，仅生育黄某某、黄某昌。黄某某于2006年4月25日死亡，黄某某生育子女4名，分别为黄某2、黄某3、黄某4、黄某1。黄某昌本人终生未婚，未有亲生子女、养子女或继子女。黄某1并非××经济社的农业家庭人口。

2004年3月10日，黄某昌享有××经济社股份额1份。位于××的宅基地129平方米于2013年7月登记，权利人为黄某昌。黄某昌自1997年后成为农村五保供养对象，但黄某昌与××经济社等未签订书面农村五保供养协议，亦未明确黄某昌死亡后遗产是否由集体经济组织受遗赠。因黄某昌前期选择分散供养，××经济社依法向其发放供养款项，并由其本人签收。2009年7月后，黄某昌以患有高血压为由申请入住镇敬老院集中供养。自2009年7月至死亡前，黄某昌一直在镇敬老院居住生活，并由镇敬老院直接负责其日常起居、饮食及疾病治疗等，相关费用由镇敬老院与××经济社结算。2009年至2017年，黄某昌因病多次被送往镇人民医院住院治疗，其间镇敬老院具体负责支付医疗费及护理费等，黄某1曾前往医院探视黄某昌并负担部分护理费。黄某昌后因脑血管疾病于2017年9月10日在镇敬老院死亡，××经济社委托镇敬老院在该院内处理相关丧葬事宜，并支付相关丧葬费用。黄某昌在敬老院集中供养期间，黄某1等人前往镇敬老院探视，但未负担其日常的起居、饮食及医疗费等。黄某昌死亡后，黄某1等人前往镇敬老院具体操办丧葬事宜。

黄某1现持2014年1月11日遗嘱1份等诉至一审法院，请求判令黄某昌名下位于××号房屋及股权1份遗赠给黄某1。经查，《遗嘱》打印载明以下内容："立遗嘱人：黄某昌。住址：××号。本人现年81岁，在立遗嘱时精神正常、头脑清醒，具备完全民事行为能力。为妥善处置本人身故后遗产，现立遗嘱如下：本人黄某昌现有财产：1. 位于××的房屋一间。2. ××经济社第4股份合作社股权壹份。本人身故后，上述财产全部由我侄儿黄某1继承。因我年纪较大，自书遗嘱不便，特委托我侄儿黄某1代我订立本遗书，由我阅后签名确认、盖指模。我特别声明，这是我自愿的真实意思。本遗嘱一式二份，我本人、遗嘱继承人各执一份，继承开始时由继承人申请实施。立遗嘱人：黄某昌（签名捺印）。日期：2014年1月11日"。上述内容中，除立遗嘱人签名及日期一栏手书"黄某昌"及填写具体年、月、日外，其余内容均为电脑打印。黄某颜、黄某3则以见证人名义在前述遗嘱上签名捺印，并手书身份证号码及联系电话等。

××经济社否认遗嘱上"黄某昌"签名的真实性，并向一审法院申请对黄某昌签名真实性进行笔迹鉴定。鉴定机构得出鉴定意见：依据现有条件，倾向认定落款日期为"2014年1月11日"的遗嘱上"立遗嘱人"处"黄某昌"的签名字迹与"黄某昌"样本字迹是由同一人书写形成。

黄某1就遗嘱形成过程、黄某1及××经济社就黄某昌生养死葬、住院治疗等事实提供曹某某、曾某某、苏某某、黄某4等人书面证言，并申请何某、冯某、曹某某、曾某某等出庭作证。黄某1另提供收款收据、医疗费发票、住院病历、入院记录、出院记录等拟证明其负责支付黄某昌住院期间护理费及其他部分开支，并负责操办黄某昌丧葬事宜等。经查，曹某某、曾某某、苏某某、黄某4等称黄某1向其支付黄某昌住院期间的护理费以及支付黄某昌丧葬费用等，但前述人员未证实黄某1负担黄某昌住院期间治疗费及日常起居饮食费用等。

一审法院认为，黄某1与××经济社并非被继承人黄某昌的法定继承人，黄某昌死亡时并无法定继承人，黄某1现持有黄某昌签名的遗嘱，前述遗嘱所涉遗产包括黄某昌名下的房屋及股权归属与××经济社等集体经济组织有密切关系，故黄某1与××经济社的诉讼主体适格。

黄某昌自1997年后成为农村五保供养对象，并由××经济社供养，但黄某昌与××经济社未签订农村五保供养协议，亦未签订其他协议在其生前处分前述财产，故黄某昌的遗产仍应按照《继承法》的规定处理。《继承法》第5条规定，继承开始后，按照法定继承办理；有遗嘱的，按照遗嘱继承或者遗赠办理；有遗赠扶养协议的，按照协议办理。虽然黄某昌生前为农村五保供养对象，但黄某昌亦未与××经济社签订遗赠扶养协议，故××经济社不能以遗赠扶养为由取得黄某昌遗产的继承权。黄某1、××经济社等并非黄某昌的法定继承人或代位继承人等，故黄某1、××经济社不得依法定继承取得黄某昌的遗产。

黄某1现以所持遗嘱要求继承黄某昌遗产，一审法院确认前述遗嘱确实由黄某昌本人签名。黄某1称前述遗嘱实为遗赠扶养协议，但该遗嘱仅由黄某昌以立遗嘱人名义单方签名捺印，遗嘱未反映或证实扶养人应承担生养死葬义务的内容，黄某1事实上亦未负担黄某昌生养死葬的义务，故该遗嘱不符合遗赠扶养协议的构成要件，并非遗赠扶养协议。黄某1并非黄某昌的法定继承人，被继承人黄某昌以立遗嘱将其遗产赠与黄某1，因此，黄某昌前述立遗嘱处分其个人财产的行为应为遗赠。根据《继承法》第17条规定，被继承人立遗嘱方式仅限于公证遗嘱、自书遗嘱、代书遗嘱、录音遗嘱、口头遗嘱，该法条亦对如何订立前述遗嘱作出明确规定，因此，被继承人所立遗嘱必须符合前述规定方可有效。本案中，黄某1所持书面遗嘱并非由黄某昌本人书写，亦非公证机关办理，故前述遗嘱并非自书遗嘱、公证遗嘱、录音遗嘱或口头遗嘱，故应核实其是否符合代书遗嘱的形式要件。

《继承法》第17条第3款规定，代书遗嘱应当有两个以上见证人在场见证，由其中一人代书，注明年、月、日，并由代书人、其他见证人和遗嘱人签名。该法第18条又规定，下列人员不能作为遗嘱见证人：（一）无行为能力人、限制行为能力人；（二）继承人、受遗赠人；（三）与继承人、受遗赠人有利害关系的人。黄某1所持遗嘱已由遗嘱人黄某昌签名、注明日期，并由黄某3、黄某2以见证人名义签名，但遗嘱载明“特委托我侄儿黄某1代我订立本遗书，由我阅后签名确认、盖指模”，何某出庭作证述称遗嘱由其代书但未作为见证人签名，显然，遗嘱载明内容与何某陈述自行矛盾且违背基本的日常生活法则，黄某1、何某、黄某3、黄某2等人对此未作出合理解释。另，黄某3、黄某2与黄某1为同胞姐弟关系，受遗赠人与见证人有利害关系，黄某3、黄某2依法不能作为遗嘱见证人。因此，遗嘱不符合代书遗嘱的形式要件，代书遗嘱应属无效。同时，即便黄某昌所立遗嘱系其生前的真实意思表示，但黄某昌自1997年起由××经济社五保供养，黄某昌明知承担生养死葬义务的集体经济组织依法享有受遗赠的权利，但黄某昌仍将其遗留的全部财产赠与黄某1，且未告知集体经济组织相关事宜或偿还相应费用，违背了诚实信用、恪守承诺、公序良俗等民事活动基本原则，该行为不应提倡及予以包容。综上，黄某1不能依照遗赠取得黄某昌的遗产。

综上所述，黄某1的诉讼请求，于法无据，一审法院依法予以驳回。

二审期间，黄某1提交证据如下：1.《黄某昌养老待遇发放明细表》；2.《市养老保险死亡待遇支付明细表（农转城）》；3.《股份证分配款明细》，上述证据材料拟证明黄某昌发放的养老待遇96889.71元，属于黄某昌的个人收入，被上诉人没有对黄某昌尽到供养义务，黄某昌以其个人收入供养自己，养老保险死亡待遇的款项由三被上诉人的工作人员周某嫦领取；4.《丧葬费发票》《遗体火化证明》《户口注销证明》《居民死亡医学证明书》；5. 办理黄某昌丧事的相关费用证明；6. 骨灰存放证明以及骨灰格出售及管理费票据，上述证据材料拟证明黄某昌死后料理后事、丧葬费的费用由黄某1支付，被上诉人没有支付款项；7. 黄某4证明材料，拟证明黄某4没有签收黄某昌死亡补助金的事实；8. 曹某某证明材料、苏某某证明材料、陈某某证明材料、刘某某证明材料；9. 黄某昌护工、黄某昌亲属以及黄某昌熟人出具的证明材料；10. 医疗收费票据2张；11. 护理用品收据，上述证据材料拟证明从2009年至2017年9月，黄某1从不间断地照顾黄某昌的事实，部分护工费、医疗费、护理用品费均由黄某1支付；12. 黄某昌生日酒席费用收据；13. 房屋修缮费用收款收据，上述证据材料拟证明黄某1照顾黄某昌的日常起居生活；14. ××股份合作经济社××铁路项目征地补偿社员分配表、××股份合作经济社物流园项目征地留用地货币折算款社员分配表、××股份合作经济社物流园项目征地补偿款社员分配表及三次征地户代表签名表，上述证据材料拟证明被上诉人没有依法通知黄某昌参加征地补偿会议以及没有依法向黄某昌发放征地款的事实；15. 曾某某的证明材料，拟证明曾某某于2017年5月24日至2017年6月15日、2016年11月28日至2016年12月31日并未在××医院护理黄某昌的事实。曾某某也没有签镇敬老院出具的证明，没有收到相关款项，曾某某仅在2015年11月3日至11月13日护理过黄某昌，护理费100元一天；16. 曹某某的证明材料，拟证明曹某某于2015年11月、12月、2016年1月、5月、6月、7月并未负责护理黄某昌的事实，曹某某没有签过敬老院出具的证明，没有收到相关款项；17. 照片一组，拟证明黄某1一直照顾黄某昌住院及日常生活。

被上诉人××经济社质证称，均不确认上述证据所证明的内容；村所有五保户每年的股份分红由生产队掌握，生产队按100元/月/人支付生产队的五保户供养费，不足部分由村补给，2005年前生产队几乎没有收入，不存在分红，另外黄某昌股份分红是否占有或挪用以及占用或挪用是否有依据等，是另一法律关系，与本案不存在关联性；据反映，村或生产队没有为黄某昌开设银行账户，至于其本人是否开设，被上诉人不清楚；五保户的生养死葬的费用与开支均由村集体承担与负责，被上诉人已严格依据市政府及镇人民政府关于五保户供养的相关规定执行；丧葬费的相关支出已由村集体承担，且已支付2000元，至于五保户死后其亲戚是否另行举办仪式，召集亲戚并收取帛金等，均属于自愿行为，并非五保户死后村集体的法定义务；周某某是村工作人员，负责社保工作，据村民反映，一直以来该村共几十个五保户均由村集体及生产队负责供养，承担他们的吃、穿、住、医、葬等全部费用与开支，几十年内风平浪静，虽然政策鼓励认养，但从来没有人愿意认养，愿意接他们回家颐养天年，但近一二年，由于该村征地，村集体的股份值钱了，人的贪婪显现出来，没有利益就没有冲突，但利益之外，道德、公序良俗同样重要；本案中，黄某1没有举证证明其曾经供养过、照顾过黄某昌。

二审法院另查明：黄某颜系黄某1的亲戚，何某系黄某2的丈夫。二审法院认为，一审法院认定黄某昌所立遗嘱不符合代书遗嘱法定的形式要件，为无效遗嘱正确，法院予以维持。[①]

法律要点

1. 农村五保供养老年人

五保供养老年人，是指农村中无劳动能力、无生活来源、无法定赡养扶养义务人，或虽有法定赡养扶养义务人但无赡养扶养能力的老年人。五保，主要包括保吃、保穿、保医、保住、保葬。根据规定，五保实行集中供养和分散供养相结合；根据五保对象的意愿，可吸收五保户入敬老院集中供养，五保户入院自愿，出

① （2019）粤20民终252号。

院自由；实行分散供养的，应当由乡镇政府或农村集体经济组织、受委托的扶养人和五保对象三方签订五保供养协议。有学者指出，“遗赠扶养协议就是在我国农村五保制度的基础上形成和发展起来的”①。

2. 五保供养老年人如何选择供养关系

随着经济社会的不断进步，老年人逐渐有了财富的积累，如果无赡养扶养义务人的老年人不想享受五保待遇，是老年人的自由，更是老年人的权利，也给社会减轻了负担，是值得鼓励的。而既申请了五保待遇又擅自处分自己财产的，则违反了公平正义原则，是不可取的。但是，如果承担五保责任的乡镇政府或农村集体经济组织没有与五保老人签订遗赠扶养协议，五保老人通过与他人签订遗赠扶养协议并实际获得了生活照料、经济供给的养老支持和丧葬等支持，只要不违反法律规定，这样的遗赠扶养协议就是有效的。本案中如果黄某昌与黄某1有遗赠扶养的明确约定，黄某1也按约定承担了对黄某昌的扶养义务，黄某1就有权根据约定获得遗赠。但是，遗赠扶养协议需要有书面合同的形式，一般要有公证或见证，履行义务要有一定的证明，黄某1负有举证义务。在本案中，因五保合同的形式不符合法律规定，而黄某1实际负担了五保责任范围的开支，村集体接受了遗赠财产，黄某1是可以就自己的扶养付出另行主张权利的。

---

① 刘春茂主编：《中国民法学·财产继承》，人民公安大学出版社1990年版，第491页。

风险提示

遗赠扶养协议不可以签约“两家”，老年人若想另行签订遗赠扶养协议，必须先依法解除原有的遗赠扶养协议。

案例5：遗赠扶养协议战胜生效调解书

法院经审理认定事实如下：

1. 被告姚某某与叶某某于2002年结婚，双方均系再婚，叶某某与其前妻育有一子一女，被告姚某某与其前夫育有两子一女，长子徐某3、次子徐某4、女儿徐某1。原告徐某2与被告姚某某之子徐某4系夫妻关系，被告徐某5系徐某3与其前妻戴某某之子。1999年1月15日，徐某3和徐某4签订《分家书》一份，徐某3分得三间二层楼房，徐某4分得四间平房。徐某3分得的楼房即案涉的三间二层楼房，该楼房于1998年5月30日登记于徐某3名下。

2. 2005年5月10日，法院对戴某某诉徐某3离婚纠纷一案作出民事判决，其中判决准予戴某某与徐某3离婚，双方婚后共同修建的一间辅助用房以及1999年1月徐某3和徐某4分家析产时徐某3分得的三间二层楼房均归徐某3所有，尚欠的债务10300元由徐某3负责清偿。

3. 2008年12月8日的《遗赠扶养协议书》载明：“徐某3因患疾病，身体衰弱，生活不能自理，妻子与其离婚，有一子年纪尚小，父亲已去世，母亲姚某某已年老，家中无人照料，长期以来依靠弟媳徐某2照顾。经双方邀约，愿意签订遗赠扶养协议，并请村长赵某、村民某某震作证，请某法律服务所法律工作者顾某某代书，双方承诺履行以下协议。一、徐某3愿意将自己的三间二层楼房、一间辅助用房全部赠给徐某2，徐某2在徐某3去世后即受领上述全部财产，徐某3同意徐某2拆除现有辅助用房，对原三间二层楼房进行改造及装潢室内设施、新建围墙等。二、徐某2保证继续悉心照顾徐某3，至徐某3去世之前供给其衣、食、住、行、医疗等全部费用，徐某2除已还清徐某3建房所欠外债10300元外，还需还清徐某3生活及治病所欠外债，徐某3去世后由徐某2负责安葬。三、本协议自签订之日起生效。”《遗赠扶养协议书》除有徐某3和徐某2的签名、捺印外，另有在场人姚某某的签名、捺印，有证明人赵某的签名、证明人××震的签名、捺印，有证明单位村民委员会和见证单位某法律服务所的盖章。《遗赠扶养协议书》签订后，原告徐某2对案涉房屋进行了装潢。2010年12月23日，徐某3去世。

4. 2018年1月3日，法院立案受理徐某5诉姚某某继承纠纷一案，徐某5向法院请求依法对三间二层楼房徐某3遗产进行分割，经法院主持调解，双方自愿达成如下协议：一、三间二层楼房（现登记在徐某3名下）归徐某5所有，徐某5提供该楼房的一个房间给姚某某居住使用；二、徐某5自本调解书生效之日起每月给付姚某某生活费500元，承担姚某某医疗费的一半；三、姚某某后事的相关费用由徐某5承担一半。法院于2018年2月1日作出民事调解书，对上述协议内容予以确认，该民事调解书业已生效。

本案争议焦点为：一、2008年12月8日的《遗赠扶养协议书》是否合法有效，原告徐某2能否取得案涉房屋的所有权；

二、民事调解书主文第一条是否损害原告徐某2的民事权益，如损害原告徐某2的民事权益，应如何处理。

关于争议焦点一，法院认为，遗赠扶养协议是指遗赠人与扶养人签订的，遗赠人的全部或部分财产在其死亡后按协议规定转移给扶养人所有，扶养人承担对遗赠人生养死葬义务的协议。本案中，原告徐某2提交的其与徐某3于2008年12月8日签订的《遗赠扶养协议书》，不仅有协议签订人徐某2和徐某3的签名和捺印，而且有证明人、在场人、证明单位和见证单位的签名、捺印或盖章，亦有原告徐某2申请的证人赵某、徐某1等的到庭证实，两被告虽提出异议，但并未提供足以反驳的相反证据，故对《遗赠扶养协议书》的真实性，法院予以确认。《遗赠扶养协议书》的内容未违反相关法律规定，应为合法有效，法院亦予以确认。两被告关于《遗赠扶养协议书》应为无效的抗辩理由，无事实和法律依据，法院不予采纳。

关于原告徐某2能否取得案涉房屋的所有权的问题。首先，2005年民事判决判令徐某3承担其与戴某某婚姻关系存续期间所欠的债务10300元，而从《遗赠扶养协议书》的内容来看，该10300元的债务已由徐某2代为偿还；其次，依据原告徐某2所申请的证人赵某、张某、徐某6、徐某1等的证言，足以证实《遗赠扶养协议书》签订后原告徐某2已履行了协议约定的相关义务；最后，《遗赠扶养协议书》明确载明“徐某2在徐某3去世后即受领上述全部财产”，故两被告辩称原告徐某2主张权利已超过诉讼时效的抗辩理由，依法不能成立。综上，原告徐某2作为扶养人，已承担了徐某3生养死葬的义务，其应享有受遗赠的权利，三间二层楼房应属原告徐某2所有。

关于争议焦点二，法院认为，第三人因不能归责于本人的事由未参加诉讼，但有证据证明发生法律效力的判决、裁定、调解书的部分或者全部内容错误，损害其民事权益的，可以自知道或者应当知道其民事权益受到损害之日起六个月内，向作出该判决、裁定、调解书的人民法院提起诉讼，请求成立且确认其民事权利的主张全部或部分成立的，人民法院改变原判决、裁定、调解书内容的错误部分。本案中，徐某3和徐某2已就案涉房屋签订了《遗赠扶养协议书》，在该协议书合法有效的情况下，法院在徐某5诉姚某某继承纠纷一案中，徐某2未参加诉讼，且徐某2未参加诉讼不能归责于徐某2本人，在此情形下，徐某5与姚某某达成调解协议，将案涉房屋确认归徐某5所有，并由徐某5提供该楼房的一个房间给姚某某居住使用，损害了原告徐某2的合法权益，故该民事调解书主文第一条（即三间二层楼房归徐某5所有，徐某5提供该楼房的一个房间给姚某某居住使用），依法应予撤销。

据此判决撤销2018年民事调解书主文第一条；登记在徐某3名下的三间二层楼房归原告徐某2所有。[①]

法律要点

1. 案外第三人依法撤销诉讼权利的行使

本案是一起案外第三人依法撤销诉讼的案件。《民事诉讼法》

① （2018）苏1283民初2033号。

第 56 条关于诉讼第三人和第三人异议之诉规定："对当事人双方的诉讼标的，第三人认为有独立请求权的，有权提起诉讼。对当事人双方的诉讼标的，第三人虽然没有独立请求权，但案件处理结果同他有法律上的利害关系的，可以申请参加诉讼，或者由人民法院通知他参加诉讼。人民法院判决承担民事责任的第三人，有当事人的诉讼权利义务。前两款规定的第三人，因不能归责于本人的事由未参加诉讼，但有证据证明发生法律效力的判决、裁定、调解书的部分或者全部内容错误，损害其民事权益的，可以自知道或者应当知道其民事权益受到损害之日起六个月内，向作出该判决、裁定、调解书的人民法院提起诉讼。人民法院经审理，诉讼请求成立的，应当改变或者撤销原判决、裁定、调解书；诉讼请求不成立的，驳回诉讼请求。"该条法律规定出台的背景是，伴随着我国经济发展，出现了部分诚信缺失的现象，一些虚假诉讼案件浮出水面，因为案外第三人申请审判监督程序保障自身权利作用有限，才在我国民事诉讼制度修订中加入了第三人撤销之诉制度。第三人撤销之诉的设立目的在于通过法律赋予案外第三人启动有关侵害其权益的法院生效裁判之诉讼程序的权利和主体资格，使该案外第三人获得对抗生效判决不利影响的便捷救济途径。2015 年 2 月颁布实施的《最高人民法院关于适用〈中华人民共和国民事诉讼法〉的解释》第 304 条和第 423 条明确了执行程序内执行异议是执行异议之诉以及案外第三人申请再审的必经程序。但在执行程序外的第三人撤销之诉，如果没有《民事诉讼法》第 56 条第 3 款的救济途径，的确存在诉讼制度的漏洞，本案徐某 2 的维权路还真的很难走。《最高人民法院关于适用〈中华人民共和国民事诉讼法〉的解释》规定，人民法院若对一个案件裁定再审，案外第三人提起的第三人撤销之诉应当与再审案件合并审理。如有证据证明原诉讼当事人存在恶意串通损害案外第三人合法权益的情形，人民法院则应先行审理第三人撤销之诉，因为此时对一个可能存在虚假诉讼情形的案件进行再审不如审理第三人撤销之诉更为经济。因此，本案法院立案和判决的做法是很正确的。

2. 案外第三人依法撤销诉讼权利的意义

原《物权法》第 28 条规定生效判决可以直接引起物权变动。由于形成判决或调解书生效可以在不需要执行的情况下消灭既存的法律关系而创建新的法律关系，案外第三人的合法权益便会在其不知情的情况下被侵害，这也是虚假诉讼泛滥的原因。在恶意诉讼中，一旦诉讼双方当事人出现恶意串通行为，作为中立裁判者的法官由于和当事人之间掌握信息的不对称且对当事人缺乏有效的监督，很难发现其存在的问题。法官在当事人恶意串通面前，其揭示案件事实、保护实体权益的作用荡然无存，反而在一定程度上成为虚假诉讼的“帮凶”。

风险提示

因不能归责于本人的事由未参加诉讼，但有证据证明发生法律效力的判决、裁定、调解书的部分或者全部内容错误，损害了老年人民事权益的，其可以自知道或者应当知道其民事权益受到损害之日起 6 个月内，向作出该判决、裁定、调解书的人民法院提起诉讼。如果错过了 6 个月期限没有提起诉讼，那么就只能走申诉程序了，诉讼程序相对复杂、耗时。

同时，类似本案姚某出于疼爱孙子徐某5的动机，通过诉讼手段，将本按照遗赠扶养协议属于徐某2房屋，确权给徐某5，于情可以理解，于法却不能成立。这就是法不容情的地方。这也提示我们，在生活中要增强法律思维，用法律知识为我们保驾护航。

七、涉外遗嘱纠纷

案例1：境外订立的遗嘱，对位于中国境内资产进行处置的案件

张某1、张某2系被继承人张某3之女。2016年11月5日，张某3于加拿大去世。

关某要求继承张某3在某某中心、某某文化公司两个企业的名下股权（50%），并就其主张向法院出示如下证据：

1. 遗嘱及认证材料。张某3在加拿大所立遗嘱系一份打印遗嘱，“立遗嘱人”处显示有“张某3”的手写签名并摁有手印，“见证人”处显示有“卢某”及“H某”手写签名，落款日期为2016年10月16日（机打）。遗嘱内容为：“立遗嘱人：张某3。我今年78岁，现患病，身体可能随时发生意外，故特立遗嘱，表示我对自己所有财产在我去世之后的处理意愿。现我在精神清醒的情况下立此遗嘱，对我的财产加以明确，并对我所拥有的财产提出如下处理意见：(1) 我与关某共同工作并一起生活已经十几年，且我愿意她来照顾我的晚年生活，我愿意跟着她，直至我生命结束的善后安置。我将我所拥有的某某中心、××名园公司、某某文化公司，上述三个企业的所有全部股份、财产及征地补偿款全部赠与关某女士并继承，用于我张某3养老、看病、生活。任何人不准以任何理由谋夺此款。（2）我有两个女儿张某2、张某1，她们不继承我的任何财产。（3）此遗嘱于温哥华2016年10月16日上午10点正式生效。（4）特立此遗嘱，希望各方都遵照执行。（5）本遗嘱共一式一份，经公证机关公证后，由关某执行。”该遗嘱并载有H某的印章（H某律师及地址）。

2. 张某3生前视频，视频中张某3口述将其名下所有财产赠与关某。

3.《声明及委托》。关某称其在张某3去世两个月内表示接受遗赠，并委托黄某处理一切事项。该证据载有如下内容：鉴于张某3先生于2016年11月5日在加拿大病逝，遵其遗嘱，本人关某特声明及委托如下：①本人接受张某3先生《遗嘱》关于某某中心、××名园公司、某某文化公司的股权赠与。②本人授权黄某先生全权处置上述公司的一切事项。③本人承诺向黄某先生提供一切必要条件，以保证上述公司依法健康运营。④本《声明及委托》自本人签名之日起生效。声明及委托人：关某。2016年12月12日。黄某作为证人出庭作证并出示微信聊天记录。黄某作证称：“张某3去世以后，我多次找张某1，告知她关某接受张某3遗赠。张某1不同意，还找了一些人围攻我，我因此报警，也找街道协助处理这些问题。在2016年11月11日，以街道农工商联合总公司的名义散发公告，提醒住户和各单位不要听信张某1言行，要求张某1停止一切经营活动……”

4. 街道农工商联合总公司出具的《公告》及工商信息，《公告》内容为：“××名园内各单位、住户：××名园公司法定代表人张某3先生于2016年11月5日在加拿大因病去世。2016年10月23日张某3发表《法人声明》，称自2016年10月23日起，撤销对张某1的委托及一切任命，责令其停止一切经营活动及对外办公。2016年10月22日《法制晚报》国际版已登载××名园公司单位公章及法人人名章作废的声明。因此，张某1已无权再代表××名园，其以××名园的名义所进行的各项活动，如收取房租或其他款项以及签署的各种文件均属无效……街道农工商联合总公司2016年11月11日。”工商登记信息显示，街道农工商联合总公司系集体所有制企业，其出资人为区人民政府。

5. 法定代表人授权书及法人声明。法定代表人授权书载有如下内容：兹有某某中心、××名园公司、某某文化公司，法定代表人张某3授权关某全权处理以上三个企业的所有一切事宜。时间直至以上三个企业恢复原有法人登记。法定代表人签字：张某3（手写并按捺手印）。被授权人签字：关某（手写并按捺手印）。落款日期为2016年9月25日。

一审法院认为，本案系典型的在中国境外订立的遗嘱，对位于中国境内资产进行处置的案件。本案核心争议点在于对域外所立遗嘱效力的判定。

（一）准据法的选择

对于域外遗嘱效力的判定，准据法是首先需要解决的问题。《涉外民事关系法律适用法》第32条规定，遗嘱方式，符合遗嘱人立遗嘱时或者死亡时经常居所地法律、国籍国法律或者遗嘱行为地法律的，遗嘱均为成立。第33条规定，遗嘱效力，适用遗嘱人立遗嘱时或者死亡时经常居所地法律或者国籍国法律。通过上述法律规定，我们可以发现，《涉外民事关系法律适用法》第32条系对于遗嘱是否成立的判断，在充分尊重及认可订立遗嘱的意思自治的基础上进行价值判断。认定遗嘱成立后，根据《涉外民事关系法律适用法》第33条的规定，进一步判断遗嘱是否有效。本案中，张某3生前已经在加拿大生活，且其订立遗嘱时及死亡时均在加拿大哥伦比亚省，因此对于其所立遗嘱的成立以及是否有效均可适用加拿大哥伦比亚省法律。

本案接下来涉及的是域外法的查明问题。诉讼中，法院释明双方当事人充分利用有效渠道查明加拿大关于遗嘱的相关法律规定。关某向法院提交《WILLS，ESTATES AND SUCCESSION ACT》（《遗嘱，遗产和继承法》）和翻译文本。

《WILLS，ESTATES AND SUCCESSION ACT》第13章第36条（谁能做出遗嘱）规定，年满16岁或者精神上有能力的人可以作出遗嘱。16岁以下的人所作的遗嘱无效。其第37条（如何建立有效的意愿）规定，遗嘱必须是以书面形式，由遗嘱制造者在其最后签署，或在最后签字必须由遗嘱制造者确认为他或她，同时有两名或多名见证人出席，并且在遗嘱人在场的情况下由2名或以上的见证人签署。本案中，张某3订立遗嘱时已年满16周岁，以书面形式订立，本人签署名字，且同时有包括律师在内的2名见证人出席并签字。故张某3在加拿大所立遗嘱成立并生效。

（二）域外证据的认定

因张某3所立遗嘱系境外形成，故该证据材料需履行相应的公证认证规定。本案中，关某已向法院提交加拿大哥伦比亚省政府对H某身份的认证以及我国驻温哥华总领事馆的认证材料，可以认定其已经经过相关的公证及认证流程。故张某 3 在加拿大形成的遗嘱成立并有效，且已经相关部门进行公证和认证，在本案中可以作为有效遗嘱。

（三）遗嘱的实体问题

本案涉及遗嘱内容为“……我与关某共同工作并一起生活已经十几年，且我愿意她来照顾我的晚年生活，我愿意跟着她，直至我生命结束的善后安置。我将我所拥有的某某中心、××名园公司、某某文化公司，上述三个企业的所有全部股份、财产及征地补偿款全部赠与关某女士并继承，用于张某 3 养老、看病、生活。任何人不准以任何理由谋夺此款。我有两个女儿张某 2、张某 1，她们不继承我的任何财产……”对此，张某 1 和张某 2 称遗嘱写明“用于张某 3 养老、看病、生活”，故此系财产的代管，而非财产的处置，内容上并非遗嘱。法院认为应当对该份遗嘱进行综合全面的解读，结合上下行文，张某 3 明确表示将其所拥有的全部股份、财产及征地补偿款全部赠与关某并继承，且明确写明两个女儿不继承其任何财产，此系张某 3 对其生前财产的处置行为。再结合普通人的思维惯性和一般行文方式，法院认为该份遗嘱的性质上仍属于遗嘱，而非财产的代管声明。

本案中，关某在张某 3 去世后两个月内已经明确表示接受财产赠与，现其仅主张继承上述两家企业中张某 3 名下的 50% 的股权，于法有据，法院对此不持异议。张某 2 和张某 1 的辩称意见，法院不予采纳。据此一审法院判决：一、被继承人张某 3 名下持有的某某中心 50% 的出资份额由关某继承取得；二、被继承人张某 3 名下持有的某某文化公司 50% 的股权由关某继承取得。

二审认为，本案争议的焦点系张某3在境外形成的诉争遗嘱是否真实有效，关某依照该诉争遗嘱内容主张权利能否得到法院支持的问题。

关于张某3在境外形成的诉争遗嘱是否真实有效问题，诉讼中张某1、张某2曾对该诉争遗嘱的认证程序合法性提出质疑，并提交证人证言及相应书证，但上述证据仅能体现出当事人从表象角度阐释出自己的观点，并不能有效认定该诉争遗嘱认证（含公证）程序的违法性，故综合考虑到上述认证（含公证）程序系经过法定部门作出，且目前相关部门始终未对此作出过否定性评价，故二审法院对该诉争遗嘱的认证（含公证）程序的真实有效性予以认定。至于本案应适用何国法律问题，应做如下考虑：无论本案适用何国法律均应是以事实的存在为考量的基础，这从当事人所提交的加拿大相关法律中亦可体现，而该诉争遗嘱在加拿大通过有效认证（含公证）程序已经确认了相应的事实成立，同时结合张某3本案生前的视频录像内容可推知，张某3生前确曾明确表示将其名下相关财产遗赠给关某，且该意思表示从未做出过撤销，故上述情况已经可以推定出该诉争遗嘱存在的真实性。诉讼中，张某1、张某2虽对该诉争遗嘱中张某3签字的真实性提出质疑并申请笔迹鉴定，但因双方始终不能提供共同认可的比对样本，考虑到即使进行鉴定也需要多份双方共同确认的比对样本才能有效进行，故二审法院综合上述情况对于张某1、张某2要求进行笔迹鉴定的主张不予采信。基于上述情况的存在，一审法院对该份诉争遗嘱的真实有效性予以确认并无不当，应予维持。至于张某1、张某2主张关某未能在有效期内表示接受赠与，根据现有证据尚难充分证明张某1、张某2上述主张成立，二审法院对此不予采信。

综上所述，判决驳回上诉，维持原判。[①]

法律要点

1. 国外的律师见证

加拿大属于英美法系国家，没有类似我国的公证员设置，H某律师也是兼职公证人，也就是加拿大的见证律师。根据有关法律规定，H某律师见证需要我国驻当地领事馆进行认证，才能在国内相当于公证。

在英美法系国家，律师见证是很普遍的法律事务，本案中张某3死亡证明及认证材料，也是先经过H某律师见证的。在国外（包括我国港澳台地区）进行的涉外继承法律事务中，使用我国律师见证的比率要远高于公证，见证使用频率和事项也比国内高很多和复杂，一是移民国外人数较多的方向大都是英美法系国家，如美国、英国、加拿大、澳大利亚、新西兰等国，英美法系国家普遍使用律师见证；二是律师在英美法系国家的社会地位很高，相比我国公证员具有较大优势；三是大陆法系国家的公证人多是自由职业者，如法国公证人全部是自由职业者，德国有80%公证人由律师兼职，故我国律师见证在大陆法系国家也很受欢迎；四是我国香港地区、澳门地区在客观上都比较排斥内地的公证，尤

① （2019）京02民终7529号。

其是香港地区几乎全部选用内地的律师见证。

2. 涉外继承纠纷

本案是一起在国内进行的涉外继承案件，随着我国改革开放的不断深入，全球化发展的不断加快，中国的很多家庭成员呈现出国籍多元化和资产配置全球化的特点。源于三十多年前的移民高潮，当年的移一代已日渐衰老和陨落，其国内不动产等财富的传承具有现实的急迫性，涉外遗产继承的事件不断发生。

根据我国《涉外民事关系法律适用法》的规定，涉外法定继承，适用被继承人死亡时经常居所地法律，但不动产法定继承，适用不动产所在地法律；遗嘱方式，符合遗嘱人立遗嘱时或者死亡时经常居所地法律、国籍国法律或者遗嘱行为地法律的，遗嘱均为成立；遗嘱效力，适用遗嘱人立遗嘱时或者死亡时经常居所地法律或者国籍国法律；遗产管理等事项，适用遗产所在地法律；无人继承遗产的归属，适用被继承人死亡时遗产所在地法律。至于夫妻财产关系，当事人可以协议选择适用一方当事人经常居所地法律、国籍国法律或者主要财产所在地法律；当事人没有选择的，适用共同经常居所地法律；没有共同经常居所地的，适用共同国籍国法律。

风险提示

张某3将其所拥有的全部股份、财产及征地补偿款全部赠与关某继承，且明确写明两个女儿不继承其任何财产，这样的身后事安排无疑对于张某3企业的持续经营最为有利。但是，如果张某3基于对企业的考虑才不得已立此遗嘱，其完全可以通过财富信托方式，不仅可以保持企业的完整性，企业进一步发展以后，还可以兼顾对于两个女儿及其后代日后生活的合理安排。

涉外继承除了管辖难、送达难、取证难、判决承认与执行难以外，还存在以下风险：

1. 外国法适用、查明与解释之难。跨境继承可能适用相关国家实体法，因此需对外国法进行查明和解释。上述司法案例均适用外国法，因所属法域法律体系复杂，且与中国法存在法律冲突，对外国法的查找及论证将增加案件难度。

2. 涉外主体权利保障之难。涉外继承一方当事人为外籍人士，常年居住于境外，对境内财产的情况了解极少，即使权利被侵害，将难以得到保障。

3. 遗嘱效力认可之难。没有遗嘱，容易产生继承纠纷，但遗嘱不是万能的，有遗嘱也经常因法律冲突发生争议，有时甚至激化矛盾。

案例2：遗嘱部分有效的无人继承遗产案

谢某芳（马来西亚籍）临终前，在汕头市某医院两位医护人员的见证下，制作了录音遗嘱，内容共三条：其一，剥夺唯一亲人何某1（谢某芳的独子）的继承权；其二，存款350万元和生前所居汕头市别墅由生前宠物狗阿黄继承，委托小区物业代为实施；其三，管理宠物狗阿黄所需费用由物业管理者从350万元中列支。2011年4月，谢某芳去世。其子何某1要求继承全部家产，遭到代管遗产的别墅区物业管理公司阻拦，遂状告物业公司，要求排除妨碍。法庭上，何某1委托的律师与物业公司委托的律师围绕该案的定性、法律适用各执一词。争议焦点包括如何认定谢某芳生前所立遗嘱的效力、本案中涉外继承关系的性质及其法律适用等。原告主张该涉外遗嘱全无效，其将本案中涉外继承关系的性质识别为涉外法定继承；被告认为该涉外遗嘱全有效，其将本案定性为涉外遗嘱继承。法院在裁判此案时，没有接受“全有”或“全无”的效力认定主张，而是依法判断该遗嘱部分有效、部分无效，结合遗嘱内容认定涉案遗产为无人继承遗产，进而援引相关冲突规范确定准据法，做出本案判决。

关于谢某芳遗嘱的效力，依据规定可以适用中国继承法或马来西亚继承法令，但无论依据哪国法律，谢某芳所立遗嘱第 2 条在涉案国家的继承法中均无被认定为有效的法律依据。经查明，1959 年出台的《马来西亚联合邦遗嘱法令》并未规定动物可以作为继承人。该法第 20 条规定：“被继承人在遗嘱中可将财产遗赠给任何人而不受限制。”这一条中的“任何人”，原文为“any person”，仅指人，不包括陪伴动物，故谢某芳所立遗嘱第 2 条无效。谢某芳所立遗嘱第 1 条与第 3 条符合法院地法中华人民共和国继承法和与本案有关的马来西亚联邦法律的规定。谢某芳立遗嘱剥夺了其唯一合法继承人继承其遗产份额的资格，而其所指定的继承人不能得到法院支持，因此，法院将谢某芳所立遗嘱中有权处分的遗产识别为涉外无人继承遗产。[①]

① 梅宏：《论国际私法上的先决问题与主要问题——基于教学创新的涉外继承案》，载《甘肃政法学院学报》2019 年第 3 期。

法律要点

1. 遗嘱惩罚不孝彰显正义

本案谢某芳老人通过行使遗嘱权剥夺了独子何某1的继承权，很好地教训了不孝儿子，具有深刻的教育意义，该案已经被多所高校学生精心编演搬上了舞台，在学生中和社会上反响强烈。其实，遗嘱人还可通过遗赠剥夺法定继承人的继承权。即使谢某芳老人没有立遗嘱剥夺何某1的继承权，根据《民法典》第1125条的规定，继承人故意杀害被继承人的，丧失继承权，并且丧失的继承权永远不可恢复。

本案当中，何某1对其生母实施家庭暴力，当时我国《反家庭暴力法》尚未颁布实施。在笔者研究的侵犯老年人权益的案件中，近一些年来，不知感恩的“啃老者”、无所事事的“巨婴族”、打爹骂娘的不孝子越来越多，老年人现在如遇类似情况，不仅可以通过立遗嘱剥夺其继承权，还可以依据《反家庭暴力法》申请人身安全保护令。

2. 人身安全保护令

人身安全保护令，是一种民事强制措施，是法院为了保护家庭暴力受害人及其子女和特定亲属的人身安全而作出的民事裁定。也就是说，在遭受家庭暴力的情况下，受害老年人可向法院申请人身安全保护令。经过调查核实后，法院将下发民事裁定书，要求被申请人禁止虐待、遗弃、殴打、威胁、骚扰申请人，甚至会根据情况禁止或限制被申请人在申请人的住所或者其他特定场所一定范围内的活动。人身保护令法律规定的出台，将事后惩罚施暴者转变为事前保护受害者，开辟了国家公权力介入家庭暴力防治的新途径。这是运用民事强制措施保护家暴受害方的一项新规范，也是法院贯彻以人为本理念，参与平安建设的举措之一。①

3. 涉外继承法律适用

本案也是一起涉外继承案件，根据我国《涉外民事关系法律适用法》的规定，遗嘱效力适用遗嘱人立遗嘱时或者死亡时经常居所地法律或者国籍国法律。谢某芳是生活在中国的马来西亚籍华人，其所立遗嘱的效力只要符合中国或马来西亚国法律其中之一，就会被判有效，形式要件相对宽松。但是，在本案中因两个国家所涉法律规定一致，所以并无意义。

4. 无人继承遗产处理

本案法院将谢某芳遗留的别墅等财产判为无人继承遗产。所谓无人继承遗产，是指没有继承人以及受遗赠人承受的遗产。包括：(1) 死者无法定继承人，也未立遗嘱指定受遗赠人，生前未与他人订立遗赠扶养协议；(2) 被继承人的法定继承人、遗嘱继承人全部放弃继承，受遗赠人全部未接受遗赠；(3) 被继承人的

---

① 老年人遭遇家暴后如何向法院申请人身安全保护令，以及如何发挥保护令维护老年人权益的作用，可以参阅陈洪忠编著：《老年人权益维护案例精选与解析》，中国法制出版社2018年版，第195~204页。

法定继承人、遗嘱继承人全部丧失继承权，受遗赠人全部丧失受遗赠权。本案属于第3种情况。

因被继承人死亡不能为遗产的主体，则须判决确认该遗产的归属。我国《民法典》第1160条规定："无人继承又无人受遗赠的遗产，归国家所有，用于公益事业；死者生前是集体所有制组织成员的，归所在集体所有制组织所有。"①遗产归国家或者集体所有制组织所有的同时，取得该遗产也应在取得遗产的实际价值范围内清偿死者生前所欠的债务。遗产因无人继承又无人受遗赠归国家或者集体所有制组织所有时，若有继承人以外的依靠被继承人扶养的缺乏劳动能力又没有生活来源的人，或者继承人以外的对被继承人扶养较多的人提出取得遗产的请求，人民法院应视情况适当分给遗产。

风险提示

根据我国和马来西亚国家的法律规定，本案都不可以通过遗嘱将遗产留给动物，同时认定剥夺独子继承权遗嘱有效，所以判决认定为无人继承遗产，归国家所有，遗嘱人的遗愿没有完全实现。老年人如有本案的想法，完全可以将遗产委托设立慈善基金，聘请信誉好的律师担任慈善信托监察人，专门奖励孝老行为突出的人士，既弥补了心中的愤恨和遗憾，也促进了社会文明的伟大复兴；也可以订立生前契约，有偿购买死后的长期祭奠服务，"孝子""坟前香火"也都是可以购买的……尽量避免出现遗嘱的

① 在原《继承法》第32条基础上，增加了归国家所有的遗产要用于公益事业的规定。

部分无效。

据全国妇联调查统计，老年人是家庭暴力的主要受害群体，14%的老人遭遇过家暴。家暴受害者平均遭受35次家暴后才选择报警。由于“家丑不可外扬”的传统观念根深蒂固，使得很多老人面对家庭暴力时，往往选择沉默和忍耐，这也导致了更多极端事件的爆发。近期，甚至出现儿子活埋亲娘的人伦惨剧，这既是家庭问题，也是社会问题。遭遇家暴的老年人，要积极地用法律武器维护自身权益，要学会申请人身保护令。

八、丧偶儿媳、女婿为第一顺序继承人案件

《民法典》第1129条规定，丧偶儿媳对公、婆，丧偶女婿对岳父、岳母，尽了主要赡养义务的，作为第一顺序继承人。

案例1：丧偶儿媳判列为第一顺序继承人

张某与杨某某系夫妻关系，双方共生育三子一女，长子杨某4、次子杨某3、三子杨某5、女儿杨某6；杨某3与沙某系夫妻关系，双方共生育一女一子，女儿杨某1、儿子杨某2，杨某3于2006年7月因病去世，杨某3父母随沙某及其子女共同生活；杨某某于2014年去世，张某继续随沙某及其子女生活至2017年。在2004年10月22日，杨某3、沙某夫妻购买了101号房地产一幢，房屋建筑面积121平方米，连同宅基地一宗，价款6万元。同年10月25日，杨某3、沙某夫妻办理了产权登记：房屋所有权人归沙某、杨某3共有；集体土地使用证土地使用者沙某。同年11月3日，杨某3、沙某夫妻以该房地产作为抵押向银行借款7万元，借款期限10年，年利率5.31%，借款用于建房，每月还

本金600元、利息按季结息。上述借款沙某于2011年11月3日结清，归还借款本金7万元，支付利息19703.88元。在2011年9月7日，沙某母女签订《家庭协议》并向××县公证处申请公证，协议载明："沙某、杨某3夫妇于2004年购买了一幢房屋。并办理了产权证，产权登记为沙某、杨某3共有。因杨某3于2006年7月病故，女儿已成年……经家庭成员协商，达成以下协议：一、同意将上述房产处分给女儿杨某1所有，并由杨某1办理产权变更登记手续，费用由其承担……"次日，××县公证处对上述《家庭协议》出具公证书。之后杨某1于同年10月办理了上述房产的产权变更登记手续，取得房产证。至2017年9月25日，上述房屋被县人民政府征收，总共获得征收补偿款850,153元。另查明，2006年6月27日（杨某3去世前），杨某3在本单位发生了借款2万元；2018年9月8日，张某的子女杨某4、杨某5和杨某6书面声明，自愿放弃对父亲杨某某继承案涉遗产的继承权，放弃继承遗产的份额全部赠与母亲张某所有。

一审法院认为，房屋系杨某3生前与其妻子沙某于2004年10月共同购买并办理了产权登记手续，为杨某3、沙某夫妻共同共有，杨某3于2006年7月去世，该共同财产50%份额属于杨某3生前留下的遗产，杨某3生前未留下遗嘱，未签订遗赠扶养协议，故该遗产应当由其法定继承人予以继承。杨某3生前在与妻子共同购买房屋后于2004年11月3日即以所购买的房屋和土地抵押向银行借款7万元，该借款属于夫妻关系存续期间共同债务，按每月还本600元计算至杨某3死亡前一个月即2006年6月共计20个月应归还借款本金1.2万元，利息为6195元，剩余本息系沙某在杨某3死亡后归还，故关于夫妻共同债务的银行贷款确定杨某3死亡时其个人所占份额为35754.44元，另外，杨某3向单位借款2万元发生于夫妻关系存续期间，但没有证据证明该借款用途以及偿还情况，故也应确定为杨某3生前个人债务。我国《继承法》规定，继承遗产应当清偿被继承人依法应当缴纳的税款和债务，故本案中杨某3生前留下遗产确定为397199.28元。本案杨某3死亡后其第一顺序继承人为妻子沙某、女儿杨某1、儿子杨某2、父杨某某、母张某，作为继承人应当本着互谅互让、和睦团结的精神，协商处理继承问题。《继承法》第13条规定同一顺序继承人继承遗产的份额，一般应当均等。对生活有特殊困难的缺乏劳动能力的继承人，分配遗产时，应当予以照顾。对被继承人尽了主要扶养义务或者与被继承人共同生活的继承人，分配遗产时，可以多分。本案杨某3死亡继承开始时子女尚未独立生活，沙某在杨某3死亡后抚养孩子，清偿双方主要共同债务（银行贷款），在分配时予以照顾，适当多分。故上述继承人对杨某3的遗产397199元（小数点后不计）分配如下：张某、杨某某各分得7万元，沙某、杨某1、杨某2各分得85733元；杨某某所继承的份额在其死亡后发生法定继承，杨某3先于杨某某死亡，由子女杨某1、杨某2代位继承，杨某某的其他子女表示所继承份额归母亲张某所有，故杨某某继承杨某3遗产的7万元，50%即3.5万元归张某，另50%即3.5万元作为其遗产分配如下：张某继承2.8万元，杨某1、杨某2继承7000元。以上张某共应当继承儿子杨某3和丈夫杨某某的遗产共计13.3万元，因沙某、杨某1已经按《国有土地上房屋征收与补偿协议书》《国有土地上房屋征收与补偿补充协议书》约定领取相应房屋征收补偿款，上述款项由沙某、杨某1向张某支付。本案中，沙某与杨某1签订的《家庭协议》虽然对张某夫妻不具有约束力，但该协议系沙某与杨某1双方自愿签订，对当事人双方具有约束力，杨某2未向一审法院提出诉讼请求，且认可了上述家庭协议，故沙某及其子女之间对于101号房产的处分意见应当允准。综上所述，对张某向一审法院提出的诉讼请求，一审法院部分支持。判决：由杨某1、沙某于本判决生效之日起20日内支付张某101号房屋征收补偿款13.3万元。

杨某1、沙某不服一审判决，提起上诉。

二审法院认为，关于张某享有前述征收补偿款中属遗产部分（389111.28元）多少份额的问题：

1. 杨某某死亡前。在杨某3死亡后杨某某死亡前，此时杨某3的继承人为：杨某某、张某、沙某、杨某1、杨某2五人。二审庭审查明：本案中杨某3死亡继承开始时子女尚未独立生活，沙某在杨某3死亡后抚养孩子，清偿双方主要共同债务（银行贷款），故根据《继承法》第13条规定："同一顺序继承人继承遗产的份额，一般应当均等。对生活有特殊困难的缺乏劳动能力的继承人，分配遗产时，应当予以照顾。对被继承人尽了主要扶养义务或者与被继承人共同生活的继承人，分配遗产时，可以多分……"在计算继承份额时可予照顾，适当多分。故法院酌定：张某、杨某某各享有6.5万元。沙某、杨某1、杨某2各享有86370.43元。

2. 杨某某死亡后。此时杨某某享有的6.5万元亦产生继承，但因杨某3先于杨某某死亡，故此时的遗产继承人有张某、沙某、杨某3（杨某1、杨某2代位继承）及杨某某的其他3个子女共六人。本案查明双方亦认可自杨某3去世后，杨某某一直与沙某、杨某1、杨某2共同生活至杨某某2014年去世，而张某一直共同生活至2017年，由此可以确定沙某对杨某某尽了主要赡养义务，故根据《继承法》第12条规定："丧偶儿媳对公、婆，丧偶女婿对岳父、岳母，尽了主要赡养义务的，作为第一顺序继承人。"应将其列为杨某某遗产的第一顺序继承人，且杨某某的其他子女明确表述将自己享有的份额赠与张某。故此时，张某享有的份额为54167.75元。由于双方对一审法院关于杨某2的诉讼请求，沙某、杨某1对张某享有份额的履行方式并未提出异议，法院予以确认。因此，张某享有101号房屋的征收补偿款份额总计为：119667.75元。故如前，一审法院认定本案主要事实清楚，计算张某享有征收补偿款的比例、标准恰当，但对杨某3遗产范围确认及未将沙某列为杨某某第一顺序继承人不当，法院依法予以纠正。

二审法院判决撤销一审判决，由沙某、杨某1于本判决生效之日起20日内支付张某101号房屋征收补偿款119667.75元。[①]

法律要点

本案虽有房屋继承公证，但本案是一起法定继承纠纷案件。

1. 法律鼓励非赡养义务人的孝老行为

本案杨某3在2006年因病去世时，两个孩子尚未成年，杨某

① （2019）云26民终581号。

3的父母杨某某、张某跟着杨某3及杨某3的妻子沙某生活。因为杨某3没有留下遗嘱，第一顺序继承人是其父、母、妻、女儿、儿子五人。杨某3的父亲2014年去世，至杨某3与沙某共同财产房屋2017年被征收拆迁，杨某3母亲也一直与儿媳一家三口一起生活。本案涉及的遗产都属于杨某3的遗产，判决张某继承杨某某的5.4万余元，也全部是转继承[①]而来的。

张某老人还有三个亲生的子女，次子杨某3去世后，老两口仍然一直与儿媳、孙子、孙女共同生活，因为房子拆迁才离开，随后到法院起诉儿媳、孙女去分割去世儿子的遗产，会让人感到有一些心情沉重。

从法律规定看，杨某3赡养父母是应尽的法律义务，张某起诉主张继承子女的遗产也是法定的权利，在法治社会越来越深入的时代背景下，无可厚非。但在杨某3去世后的13年间，在还有三位有赡养能力的儿女存在的情况下，非赡养义务人儿媳、孙子女一直与老人共同生活，扶助照顾老人，孝老精神难能可贵。如果杨某3生前立下遗嘱，将遗产遗留给未成年的两个孩子作为抚养费和学费，可能也就没有本案的纷争了。

虽然杨某3没有遗嘱，杨某某也没有留下遗嘱，但是根据《民法典》第1129条规定，丧偶儿媳对公婆，丧偶女婿对岳父母，尽了主要赡养义务的，作为第一顺序继承人。二审法院根据原《继承法》的此项规定认定非赡养义务人的儿媳沙某为第一顺序继承人，体现了法律对非血亲、非赡养义务人的格外关照和对

---

① 转继承：是指继承人在被继承人死亡之后，遗产分割之前，因为某种缘故尚未实际取得遗产而死亡或被宣告死亡，其应继份额转由他的法定继承人继承。

孝老、敬老的推崇。可是，本案中沙某继承了公公的十二分之一的遗产，该遗产本又是自己的夫妻共同财产的一部分，是丈夫的遗产转继承而来。可见，法律对尽了主要赡养义务儿媳的关怀。在本案中，因为公婆本身没有房产和其他财产，或者是因为婆婆还在世，有意不去主张继承公公的遗产，总之这种关怀在该案中体现的意义并不明显。

2. 有关继承权诉讼时效问题

继承权诉讼时效，是指继承人请求人民法院保护其继承权而提起诉讼的法定期间。原《继承法》第 8 条规定："继承权纠纷提起诉讼的期限为二年，自继承人知道或者应当知道其权利被侵犯之日起计算。[①] 但是，自继承开始之日起超过二十年的，不得再提起诉讼。"这里 2 年和 20 年，就是继承权的诉讼时效。2 年期间可以中止、中断和延长，但 20 年的期间只能延长，不能中止和中断。

原《最高人民法院关于贯彻执行〈中华人民共和国民法通则〉若干问题的意见（试行）》第 177 条规定："继承的诉讼时效按继承法的规定执行。但继承开始后，继承人未明确表示放弃继承的，视为接受继承，遗产未分割的，即为共同共有。诉讼时效的中止、中断、延长，均适用民法通则的有关规定。"继承法规定继承权纠纷提起诉讼的期限为 2 年，据此，二审法院认为本案诉讼时效为 2 年。一审法院根据原《民法总则》第 188 条，"向

---

① 《民法典》第 188 条规定，向人民法院请求保护民事权利的诉讼时效期间为 3 年。

人民法院请求保护民事权利的诉讼时效期间为3年。法律另有规定的，依照其规定。诉讼时效期间自权利人知道或者应当知道权利受到损害以及义务人之日起计算。法律另有规定的，依照其规定”的规定，加之继承权为民事权利，认定本案诉讼时效为3年。可是，原《民法总则》生效了，载有民法分则的《民法典》在判决时尚未颁布，原《继承法》仍然有效，法律另有规定的，并不适用原《民法总则》的规定。一、二审判决对于诉讼时效起始时间认定是一致的，并未超过2年，所以这一改变认定虽并无实际意义，却是法院判决的应有之义。现在，《民法典》已无继承权诉讼时效的特殊规定，继承权适用3年的一般诉讼时效。

在本书案例中，存在多起遗嘱人的配偶比自己早去世20多年的，遗嘱争议几乎都有的一个焦点，就是诉讼时效20年的问题。依据最高人民法院（1987）民他字第12号的《最高人民法院关于继承开始时继承人未表示放弃继承遗产又未分割的可按析产案件处理问题的批复》原《最高人民法院关于贯彻执行〈中华人民共和国民法通则〉若干问题的意见（试行)》第177条以及原《物权法》第29条规定，不少法院在审理继承案件时，对于其中的继承开始后继承人未表示放弃继承，遗产又未分割而诉争遗产的案件按析产纠纷作了处理。也就是说，继承开始时，继承人对遗产单独享有所有权或共同享有所有权，如未发生权利被侵害的事实，继承人之间发生的纠纷应为所有权纠纷，自然谈不上诉讼时效的起算。所以，对于家庭成员占有使用的房屋遗产，超过20年后，可以适用物权法的规定，诉讼时效可能仍然存在。

风险提示

本案对尽了主要赡养义务的继承人判决多分了部分遗产，但是，并不是所有的继承纠纷都能够依法关照到尽孝心多的子女。哪一个子女对自己好，其实老年人心中都有数，与其留给日后法院被动判决有限调整，还不如老年人在生前通过立遗嘱主动安排好。

根据《民法典》的规定，继承权适用3年的诉讼时效，当事人在知道或应当知道自己的继承权受到侵害3年之内，提起诉讼的，受法律保护。当事人应当在诉讼时效期间内积极主张自己的权利，避免超过3年而得不到法律的保护。

案例2：所尽赡养义务突出才能列入第一顺序继承人

何某、孔某某生育何某2、何某3、梅某、何某4、何某5、何某1六个女儿和何某10一个儿子。2000年何某去世，未立遗嘱。2017年6月孔某某在家中去世。2008年何某10去世，何某10与雷某生育子女何某6、何某7。孔某某去世前，2011年4月28日，雷某与孔某某、何某1三人签订分地协议，证人王某、杨某、何某8、石某，但该协议双方签字后未捺手印。2013年8月30日，孔某某与何某1又达成《房地产遗赠赡养老人协议书》，当时在场子女有何某2、何某3、梅某、何某4、何某5；同日孔某某、何某1向县公证处将《房地产遗赠赡养老人协议书》公证，公证处于当日作出公证书；2017年8月17日，雷某、何某7向公证处提出复查申请，要求撤销公证书，2017年12月12日，县公证处作出公证复查处理决定、撤销公证书决定、撤销公证书公告及撤销公证书备案函。孔某某生前遗留下8.86亩茶叶地的安置补助款为531600元。

一审法院认为，本案为继承纠纷。《继承法》第 3 条规定，遗产是公民死亡时遗留的个人合法财产，包括：（一）公民的收入；（二）公民的房屋等七项。本案所涉公民的收入及其他合法财产：孔某某生前遗留下的合法财产为 8. 86 亩茶叶地的土地安置补助款 531600 元。针对争议焦点，评析如下：

一、关于《房地产遗赠赡养老人协议书》是否有效问题

该协议违反《继承法》第 3 条、第 16 条，《农村土地承包法》第 15 条，《公证法》第 39 条的规定，何某 1 赡养母亲孔某某是应尽的法律义务，不能以赡养为条件，与自己的母亲签订协议以遗赠的形式享有孔某某的财产，农村土地属集体所有，孔某某无权处分集体财产，且该协议违背相关法律规定。双方签订的《房地产遗赠赡养老人协议书》无效。

二、关于孔某某遗留下的房屋（包括住房、伙房）、水田 3. 5 亩、宅基地及菜园子的继承问题

《土地管理法》第 8 条规定，农村和城市郊区的土地，除由法律规定属于国家所有的以外，属于农民集体所有；宅基地和自留地、自留山，属于农民集体所有。《农村土地承包法》第 16 条规定，家庭承包的承包方是本集体经济组织的农户，孔某某遗留下的房屋（包括住房、伙房）、水田 3. 5 亩、宅基地及菜园子属于村民委员会 × × 村民小组集体经济组织所有；不属于孔某某个人遗产处置范围，应由 × × 村民小组集体经济组织处理。

三、关于 8. 86 亩茶叶地安置补助款 531600 元由哪些人继承的问题

根据《继承法》第 3 条第 1 项规定公民的收入，孔某某生前

遗留下的合法遗产为 8.86 亩茶叶地土地安置补助款 531600 元，现仍在县国土资源局封存；《继承法》第 10 条规定，遗产按照下列顺序继承，第一顺序：配偶、子女、父母。何某 1、何某 2、何某 3、梅某、何某 4、何某 5 系第一顺序继承人；《继承法》第 12 条规定，丧偶儿媳对公、婆，尽了主要赡养义务的，作为第一顺序继承人。雷某可以作为第一顺序法定继承人；《继承法》第 11 条规定，被继承人的子女先于被继承人死亡的，由被继承人的子女的晚辈直系血亲代位继承。代位继承人一般只能继承他的父亲或者母亲有权继承的遗产份额。何某 6、何某 7 系孔某某的孙女，继承已死亡父亲何某 10 的份额。孔某某生前遗留下的合法财产 8.86 亩茶叶地的土地安置补助款 531600 元，由何某 1、何某 2、何某 3、梅某、何某 4、何某 5、何某 6、何某 7、雷某平均享有继承权。庭审中何某 1、何某 2、何某 3、梅某、何某 4、何某 5 主张共同继承人平均分配土地安置补助款的意见，予以支持。

一审判决：孔某某生前遗留下的合法财产 8.86 亩茶叶地的土地安置补助款 531600 元，由何某 1、何某 2、何某 3、梅某、何某 4、何某 5、何某 6、何某 7、雷某各继承 59066.67 元。

二审法院认为，本案争议焦点为：一、《房地产遗赠赡养老人协议书》是否有效，上诉人何某 1 能否受赠孔某某留下的房屋（包括住房、伙房）、水田 3.5 亩、宅基地及菜园子。二、8.86 亩的茶叶地安置补助款 531600 元应如何分配及继承。

《继承法》第 31 条规定，公民可以与扶养人签订遗赠扶养协议，按照协议，扶养人承担该公民生养死葬的义务，享有受遗赠的权利。《婚姻法》第 21 条规定，子女对父母有赡养扶助的义务。法院认为，上诉人何某1作为孔某某的女儿，其对孔某某具有法定的赡养义务，其与孔某某签订的免除部分子女赡养义务的《房地产遗赠赡养老人协议书》与法律规定的子女对父母的法定赡养义务相悖。《农村土地承包法》第16条规定："家庭承包的承包方是本集体经济组织的农户……"其本质特征是以本集体经济组织内部的农户家庭为单位实行农村土地承包经营。家庭承包方式的农村土地承包经营权属于农户家庭，而不属于某一个家庭成员。本案中，家庭承包经营的水田、菜园子不属于孔某某个人财产，只能以户为单位，仍由该农户的其他家庭成员继续承包经营。对案涉房屋，上诉人何某1、何某2、何某3、梅某、何某4、何某5亦不能提供证据证实协议处置的案涉房屋系孔某某的个人财产。综上，《房地产遗赠赡养老人协议书》的签订主体、协议内容违反法律规定，一审法院认定《房地产遗赠赡养老人协议书》无效并无不当，故上诉人何某1、何某2、何某3、梅某、何某4、何某5请求按照《房地产遗赠赡养老人协议书》由上诉人何某1受赠孔某某留下的房屋（包括住房、伙房）、水田3.5亩、宅基地及菜园子的请求无事实和法律依据，法院不予支持。

关于焦点二，对8.86亩茶叶地的土地安置补助款531600元的分配问题。法院（2017）云31民终389号民事判决认定何某户1998年土地承包经营权证上登记的6人，分别为何某、孔某某、何某10、雷某、何某7、何某6。何某、何某10均于征地前死亡，上诉人何某6现为公务员，已不具有××村民小组集体经济组织成员资格，上诉人何某1于1994年外嫁后又于2005年回到××村民小组生活至今，其户口在雷某户下，其在嫁入地未分得土地，也不再耕种嫁入地的家庭承包经营的土地，上诉人何某1具有××村民小组集体经济组织成员资格，上诉人何某1有权参与8.86亩茶叶地的分配。上诉人何某6、何某7、雷某提出应按法院（2017）云31民终389号民事判决确定的份额分配8.86亩茶叶地的土地安置补助款531600元，鉴于在法院（2017）云31民终389号案件中上诉人何某1放弃分配茶叶地征收补偿款，该判决并未确定上诉人何某1的份额，在本案中上诉人何某1并未放弃分配8.86亩茶叶地的土地安置补助款531600元，故8.86亩茶叶地的土地安置补助款531600元应首先在孔某某、雷某、何某7、何某1中进行平均分配，即孔某某132900元、雷某132900元、何某7132900元、何某1132900元。

《继承法》第3条规定，遗产是公民死亡时遗留的个人合法财产，包括：（一）公民的收入；（二）公民的房屋、储蓄和生活用品；（三）公民的林木、牲畜和家禽；（四）公民的文物、图书资料；（五）法律允许公民所有的生产资料；（六）公民的著作权、专利权中的财产权利；（七）公民的其他合法财产。《继承法》第10条规定，遗产按照下列顺序继承：第一顺序：配偶、子女、父母。本案第一顺序继承人为何某1、何某2、何某3、梅某、何某4、何某5、何某10。根据《继承法》第12条“丧偶儿媳对公、婆，丧偶女婿对岳父、岳母，尽了主要赡养义务的，作为第一顺序继承人”的规定，孔某某的儿子何某10去世后，上诉人何某1一直随孔某某居住生活，孔某某的衣食起居均由上诉人何某1照料，一审认定上诉人雷某对孔某某尽了主要赡养义务并作为第一顺序继承人参与继承不当，法院予以纠正。又根据《继承法》第11条“被继承人的子女先于被继承人死亡的，由被继承人的子女的晚辈直系血亲代位继承。代位继承人一般只能继承他的父亲或者母亲有权继承的遗产份额”的规定，对孔某某应得的132900元可作为遗产在继承人中进行平均分配，孔某某的第一顺序继承人为何某1、何某2、何某3、梅某、何某4、何某5、何某10，孔某某之子何某10先于孔某某死亡由何某10的女儿何某6、何某7代位继承何某10的份额。对该孔某某132900元，应由何某1、何某2、何某3、梅某、何某4、何某5各人继承18985.71元，由何某6、何某7共同代位继承18985.71元。一审判决各继承人各继承59066.60元不当，法院予以纠正。

判决撤销一审判决；8.86亩茶叶地的土地安置补助款531600元，由上诉人何某1享受151885.71元，由何某2、何某3、梅某、何某4、何某5各享受18985.71元，雷某享受132900元，由何某7享受142392.87元，由何某6享受9492.87元。①

法律要点

1. 丧偶儿媳雷某是否可以列为第一顺序继承人

一审判决认为，雷某可以作为第一顺序法定继承人，并判决雷某继承了孔某某的遗产。

二审法院认为，原根据《继承法》第12条“丧偶儿媳对公、婆，丧偶女婿对岳父、岳母，尽了主要赡养义务的，作为第一顺

---

① （2019）云31民终537号。

序继承人”的规定，孔某某的儿子何某10去世后，上诉人何某1一直随孔某某居住生活，孔某某的衣食起居均由上诉人何某1照料，一审认定上诉人雷某对孔某某尽了主要赡养义务并作为第一顺序继承人参与继承不当，予以纠正。

虽然原《继承法》规定丧偶儿媳可以作为第一顺序继承人，但前提条件必须是对公、婆尽了主要赡养义务。一审判决只是列了法律根据，却没有列举雷某对婆婆尽了赡养义务的任何事实。相反，2016年12月6日，雷某向法院申请了财产保全，申请将86岁婆婆名下征地安置补助补偿费531600元予以保全冻结，直至婆婆孔某某去世，该款尚未解冻。[①] 本案不仅没有发现雷某尽了主要赡养义务的事实，向司法机关申请冻结年迈、生活不能自理的婆婆名下资产和向法院起诉婆婆，这与经济供给和精神慰藉的基本赡养义务也似乎背道而驰。所以，二审判决在考察雷某的赡养行为以后予以改判，是正确的。

2. 如何代位继承

一审判决，代位继承人何某6、何某7与第一顺序继承人平均享有继承权也是明显违反法律规定的。代位继承人一般只能继承他的父亲或者母亲有权继承的遗产份额，所以，何某6、何某7依法只能共同享有一份遗产，二审予以纠正也是正确的。

《民法典》增加了新规定，在第二顺序继承人继承中，被继承人的兄弟姐妹先于被继承人死亡的，由被继承人的兄弟姐妹的

---

① （2016）云3124民初467号。

子女代位继承。《民法典》将代位继承进行了完善。

3. 事实认定的根据如何罗列

一审判决“庭审中何某1、何某2、何某3、梅某、何某4、何某5主张共同继承人平均分配土地安置补助款的意见，予以支持”。笔者没有在一审判决书中找到何某1等六人的这一意见表述，事实依据没有列明。相反，一审判决书记载，何某1、何某2、何某3、梅某、何某4、何某5主张的是“每个原告应继承孔某某应得的茶叶地征收补偿款和安置补助费的六分之一”，也就是主张的是按照遗嘱继承，一审判决是完全持否定态度的。

4. 本案的核心是孔某某的遗愿是否可视为遗嘱，赡养协议是否有效

首先，该协议实质是一份合法的赡养协议。

赡养协议，是指赡养人就履行赡养义务与被赡养人订立的协议，或赡养人相互间为分担赡养义务订立的协议。“赡养人对被赡养人具有法定的赡养义务，赡养是无偿的，被赡养人享有受赡养权并不以履行一定义务为对价，赡养协议的双方当事人不存在买卖对价关系，他们之间只是协商如何将赡养责任进行合理的分配。”[①] 如果被赡养人作为赡养协议的一方，全部赡养人作为协议的另一方，被赡养人有权在协议中自愿处分遗产，其内容符合法

---

① 陈洪忠、陈娟、韩洪、赵维娟、殷新丹：《养老法律那些事儿》，知识产权出版社2015年版，第24页。

律规定条件的，相关内容依法可按自书遗嘱对待。

《老年人权益保障法》第20条规定："经老年人同意，赡养人之间可以就履行赡养义务签订协议。赡养协议的内容不得违反法律的规定和老年人的意愿。基层群众性自治组织、老年人组织或者赡养人所在单位监督协议的履行。"赡养协议具有以下几个特征：（1）赡养协议的协商必须先征得被赡养老年人的同意；（2）赡养协议签订主体为赡养人和被赡养人；（3）赡养协议是一种单务且属于为被赡养人利益签订的协议，其中的赡养人均为义务人；（4）赡养协议不得违反法律规定和老年人的意愿。

我国社会老龄化已经越来越严重，老年人的晚年生活及其保障问题日益为社会所关注，并且已经成为我国的一个严重的社会问题。订立赡养协议符合我国法律的有关精神，也符合社会主义道德的要求。负有赡养义务的子女应该积极履行协议，对于社会和法院而言，应当大力提倡和依法保护。

《房地产遗赠赡养老人协议书》虽然存在"房地产遗赠"等个别不确切表述，但是老百姓误将遗嘱表述为"遗赠"是常见的一种情形，我们应当根据当事人的真实意思表示来确定协议的性质，何况协议书名称还包含有"赡养老人协议书"七个大字，怎么可以视而不见。在老人过世以后，竟然无视合同当事人的真实意思表示，抠个别字眼大做文章，既无事实根据也无法律依据，老年人的合法权益被旁落，背离了公平正义，很是令人费解。

协议书一方为被赡养人孔某某，另一方为赡养人何某1。同时，其他赡养人全都在协议上的"子女"后面签名按手印。也就是说，签订本协议的当事方已经包括了被赡养人和全部的赡养义务人，完全符合法律规定。从内容上看，协议条款包含了赡养义务的主要内容，由何某1照顾孔某某的起居，“何某1负责经济供养，生活照料、生病住院和精神慰藉，直到养老送终。孔某某所需的各项赡养费用和物质由六姐妹各自的经济状态协商负担”，“老人去世时，何某1付三分之二的丧葬费用，其余的三分之一由五姐妹来分担处理”，并没有遗漏任何赡养义务人的赡养义务。一审判决“该协议违背相关法律规定”，二审判决“（协议）主体、协议内容违反法律规定”，但是，具体违反的是哪部法律和哪个条款并未列明，没有法律根据。

从一、二审判决书来看，没有人质疑孔某某的协议书上签名和其真实意思表示，赡养义务已经按约定履行完毕，各位赡养人均坚持主张协议书有效。所以，从目前的证据和判决书的有关事实看，该协议书是一份合法的赡养协议书，并得到了实际履行，尤其在全国都在推动意定监护等保护老年人合法权益的法律举措之下，赡养协议更应当受到法律的保护。

其次，该协议包含有孔某某合法的自书遗嘱。

根据原《最高人民法院关于贯彻执行〈中华人民共和国继承法〉若干问题的意见》第40条规定：“公民在遗书中涉及死后个人财产处分的内容，确为死者真实意思的表示，有本人签名并注明了年、月、日，又无相反证据的，可按自书遗嘱对待。”本案中，在协议书中“孔某某养老送终后自愿将自己的房屋（包括住房、伙房）甘蔗地10亩、水田3.5亩、制药厂边1.5亩、宅基地及菜园子归何某1，别的子女不得干涉强占；老人去世时，何某1付三分之二的丧葬费用，其余的三分之一由五姐妹来分担处理；

茶叶地约8.86亩由六姐妹平均分配”，这些就是孔某某的遗嘱内容。况且，协议书第6条对于孔某某生前与儿媳妇（雷某）的财产已经进行了分割处理，也都做了清楚的交代。孔某某的意思表示真实具体，孔某某亲自签名、按手印，有具体年、月、日。所以说，该协议书依法也是一份有效的自书遗嘱。

与自书遗嘱的法律要求不同，赡养协议中的遗嘱内容按自书遗嘱对待的“自书遗嘱”，法律并没有遗嘱人要以亲笔书写的形式的要求。因此，本案《房地产遗赠赡养老人协议书》主文采用打印形式，并不影响将协议书认定为孔某某的自书遗嘱。

协议书中可视为自书遗嘱的内容完整、合法，法定形式非常完善，孔某某没有受到胁迫，意思表示真实，遗嘱所附条件均得到了满足……老年人如此符合法律规定的具体遗嘱，未能得到应有的尊重和保护，实属遗憾。

最后，公证书的撤销不影响赡养协议和遗嘱的效力。

2013年8月30日，《房地产遗赠赡养老人协议书》签订后，县公证处即对该协议书进行了公证，制发了（2013）第270号公证书。2017年8月17日，雷某、何某6向县公证处提出复查申请，要求撤销该公证。2017年12月12日，县公证处作出（2017）第01号撤销公证决定。笔者目前尚无撤销公证的档案材料，在此不对撤销原因妄加猜测。

合同公证是公证员代表国家对于合同合法性、真实性的现场见证，公证或者不公证，或者公证后又撤销了以前的公证，并不当然能够得出原合同无效的结论。

风险提示

本案的赡养协议中所包含的遗嘱内容中，孔某某将无权私自处分的农村集体所有的宅基地和承包责任田列入了遗嘱处理范围，导致法院据此判决了遗嘱无效，很是遗憾。

农村宅基地和家庭承包地的所有权归村集体，农民以家庭为单位享有宅基地使用权和土地承包经营权，具有强烈的身份属性和福利性质。遗嘱人去世后，还有其他家庭成员在世的，可以继续以家庭为单位使用宅基地和经营承包地，没有其他家庭成员的，由村集体收回。总之，宅基地和承包地按现行法律不属于农民个人财产，不得作为遗产进行处置。但宅基地上的房屋和附属设施作为个人财产是可以继承的，因此造成的房地分离问题，有待于下一步农村土地三权分置改革给出答案。

九、老年人应促成子女达成赡养协议

前一节案例中涉及了赡养协议。为了更好保障养老生活，老年人最好促成子女达成生效赡养协议，也可以通过分家协议、家庭会议纪要等形式将赡养义务置于其中，便于子女间以及社会对赡养义务履行的监督，增强养老资金的保障系数。

案例1：赡养协议未经被赡养人同意不得解除

父亲去世前，三子女就母亲张老太的赡养问题达成协议，约定每人每月付给母亲500元赡养费。岂料一年后，张老太将房产无偿赠与了儿子李某1，这下大女儿李某2、小女儿李某3都不愿意了。

2014年12月，张老太将李某2、李某3、李某1三子女起诉至区人民法院，要求三被告支付每月赡养费500元（自2014年6月起）并承担本案诉讼费。开庭时，张老太因远在广东委托了代理律师出庭，小女儿李某3委托代理人出庭声称，2013年4月所签订的赡养协议三方并没有实际履行，自己也不同意继续履行；母亲张老太自己有退休工资、存款和积蓄，经济收入较高，生活较为宽裕，不属于没有经济能力，属于法律上明确规定的不需要一定给付赡养费的范畴；此外，李某3还认为，本案是儿子李某1假借母亲张老太名义起诉，实际是李某1为了侵占母亲财产所为；因此不同意给付母亲张老太每月500元赡养费。

大女儿李某2未到庭参加诉讼，但向法院提交了书面答辩意见，也不同意按照每月500元的标准支付原告张老太赡养费。理由是：第一，2013年4月的赡养协议系三子女所签订，并非与张老太签订，该协议已经于2014年11月正式解除，李某2已于2014年11月将《解除赡养协议通知书》邮寄送达至被告李某3、李某1处，在李某3、李某1签收后，2014年11月28日，该协议即已解除；第二，本案起诉并非母亲张老太本人意思表示，起诉书上的笔迹并非母亲本人签名，是李某1假借母亲名义将女儿告上法庭；第三，2013年4月协议中明确约定："母亲张老太养老居住房屋在有生之年不允许变卖和处分，留作晚年自用"，母亲张老太已将位于乌市价值40多万元的房屋无偿赠与李某1，李某1表示自愿承担赡养及照顾母亲张老太的义务，李某1的行为导致赡养协议中的客观情况发生了根本变化，故应解除该赡养协议；第四，原告张老太每月有固定退休养老金3000多元，加之还有个人积蓄存款7万元，经济收入较为富裕，不需要子女再给付赡养费。

被告李某1未到庭参加诉讼，但向法院提交了书面答辩意见，同意每月支付赡养费500元。

法院经审理查明，原告张老太系退岗家属，每月有养老金及其他生活补贴等近3000元收入。张老太与其丈夫李某结婚后生育长女李某2、长子李某1、次女李某3三个子女。2013年4月，长女李某2起草了一份“赡养协议”，协议约定：“一、母亲现有一套住房在有生之年不允许变卖，留作晚年自用，闲置期间可以酌情出租，但房屋租赁租金属母亲所有。二、母亲有自己的养老收入，三子女需分别轮流承担陪伴照料义务，母亲由哪位子女照料陪伴，其他两位子女需每月支付500元赡养费，并于每月30日前汇入指定账号。”签订该赡养协议时，原告张老太知道且同意该份赡养协议的内容。协议签订以后，母亲先在大女儿李某2处生活，后于2013年11月底至2015年开庭时在广东与儿子李某1一同生活，之前李某1也按月向母亲支付赡养费。大女儿李某2和小女儿李某3给母亲按月支付赡养费至2014年5月，后得知母亲将房子无偿赠与李某1之后，李某2和李某3不再给母亲支付赡养费用。2014年11月25日，李某2通过EMS给李某3、李某1邮寄了解除赡养协议通知书，李某3收到通知书后书面表示同意解除赡养协议。

针对李某3和李某2曾先后提出原告的诉状及其授权委托书非本人签名并申请签名的真伪进行笔迹鉴定的问题，法官考虑到原告张老太年事已高，且在广东生活，不能亲自参加庭审，法官通过电话与其沟通后，张老太于 2015 年 3 月在广东当地公证处为民事起诉状及代理人的授权委托书分别办理了签名公证和委托公证。

法院认为：根据《婚姻法》规定，子女对父母有赡养扶助的义务，子女不履行赡养义务时，无劳动能力或生活困难的父母，有要求子女给付赡养费的权利。该条规定了赡养义务作为一项基本的法定义务，因其涉及最基本的身份血缘关系和基本的社会公德，属于法定强制性义务，不能由赡养人随意解除。而该条文也明确规定了赡养对象为“无劳动能力或生活困难的父母”，即父母只要符合无劳动能力或者生活困难中的一项，子女就应当对其履行赡养义务，而并非“无劳动能力且生活困难”。本案中，原告张老太在本案诉讼期间已经 83 岁高龄，达到法律规定可以认定为无劳动能力标准，即使其每月有固定收入，也并不影响其向子女要求给付赡养费。

同时，《老年人权益保障法》第 19 条第 2 款规定：“赡养人不履行赡养义务，老年人有要求赡养人给付赡养费等权利。”该法第 20 条规定：“经老年人同意，赡养人之间可以就履行赡养义务签订协议。赡养协议的内容不得违反法律的规定和老年人的意愿……”从该条规定来看，赡养协议必须满足以下条件：一是订立主体仅限于赡养人之间；二是赡养协议的形式必须以书面为之；三是赡养人签订的赡养协议须征得被赡养老人同意后才有效。本案中，被告李某 2、李某 3、李某 1 作为赡养人，2013 年 4 月就赡养母亲张老太事宜签订书面协议，张老太知道且同意该协议，且协议签订后，被告李某 2、李某 3 按照该协议实际履行了六个月，李某1实际履行了五个月。虽然被告李某2辩解称该协议的解除通知书已经书面邮寄给李某1，而李某1在收到协议后因未向法院提起诉讼而导致该协议解除，但是由于子女的赡养义务具有法律强制性和人身性且涉及基本的社会公德，赡养协议与一般合同法中的协议性质并不相同，其解除条件与合同法中协议解除条件亦不相同，赡养义务不能以单方协议的形式予以免除，故被告李某2的辩解理由不能成立，法院对此不予采纳。2013年4月的赡养协议合法有效，应当继续履行。最终法院判决大女儿李某2、儿子李某1、小女儿李某3各自给付张老太自2014年6月起至2015年3月止10个月的赡养费共计5000元，于判决生效10日内付清。[①]

法律要点

1. 赡养协议的解除

合同一经签署成立，就具有法律效力，当事人各方都必须严格遵守，适当履行，不得擅自变更或解除。这是我国法律所规定的重要原则。只有在主客观情况发生变化使合同履行成为不必要或不可能，合同继续存在已失去积极意义，将造成不适当的结果的情况下，才允许解除合同。

合同解除分为合意解除和法定解除两种情况。合意解除，是指当事人各方通过协商同意将合同解除的行为。法定解除，是指合同解除的条件由法律直接加以规定的解除。本案中，李某2通

---

① 最高人民法院公布49起婚姻家庭纠纷典型案例之四十：张老太与子女赡养纠纷案。

过 EMS 给李某 3、李某 1 邮寄了解除赡养协议通知书，李某 3 收到通知书后书面表示同意解除赡养协议。即使不考虑协议性质，合同三方之一的李某 1 不同意解除合同，仍达不到合议解除的法律要求。况且，赡养协议经过被赡养人同意生效后，未经被赡养人同意，赡养人就不能协商解除赡养协议，法院判决是正确的。并且，如果老年人身体健康，或者物价上涨等原因导致约定的经济供给标准不足以维持养老需要时，被赡养老年人还有权要求提高赡养费标准。但是，如果赡养协议没有约定经济供给标准变动机制条款，经济供给标准变化后，有可能适用情势变更合同解除原则，就是当履行合同出现困难，若履行即显失公平，法院裁决合同解除的情形。在这种情况下，需要变更相应约定，或者重新签订新的赡养协议。

2. 赡养协议内容必须属于赡养人有权处分的范围，老人处分个人财产不影响赡养协议履行

本案赡养协议约定："母亲现有一套住房在有生之年不允许变卖，留作晚年自用，闲置期间可以酌情出租，但房屋租赁租金属母亲所有。"这一条约定并不属于赡养人有权处分的内容，对于被赡养母亲没有约束力，并且不会受到法律的保护。

然而，由于此条约定的客观存在，赡养人经济供给可能会受此条内容影响而约定的数额偏高。如果合同订立时的情势发生了变化，赡养人经济供给占赡养人收入比重过大，被赡养人经济条件又尚好，赡养人提出相应的诉讼主张，法院可以判决适当降低经济供给数额，但不会免除经济供给义务。本案每月 500 元供给

水平并不高，赡养人的诉求也并非主张数额的调整，法院未予考虑调整，也是正确的。

风险提示

老年人有权立遗嘱处分个人遗产，也有权在生前将自己的财产予以出租、出售、出借或者赠与他人，继承人无权干涉，更不能以赡养相要挟或者阻碍。也就是说，老年人有权监督约定赡养义务的履行，也有权不受赡养协议内容限制另行立遗嘱。

赡养协议是赡养义务人就如何履行对被赡养人的赡养义务达成的一致意见，协议主体虽然是赡养人，但其生效和解除都要征求被赡养人的意见。赡养协议是一种合同，但不是普通的合同，主要区别在于，赡养协议是以血缘、亲情和赡养老人的法定义务为基础和目的。赡养协议中经常存在赡养义务人处置被赡养人财产的内容，未经被赡养人同意的，相关内容无效。

案例 2：赡养、分家协议

魏某 6 和吕某系夫妻关系，二人共生育五名子女，分别为魏某 1、魏某 2、魏某 5、魏某 3 和魏某 4。魏某 6 于 2011 年 7 月 29 日去世，吕某于 2018 年 11 月去世。

2009 年 4 月 12 日，魏某 6、吕某在村委会负责人闫某某、刘某某的见证下形成关于老人的赡养协议。协议约定，1. 当事人：老人魏某 6、吕某。2. 子女，长女魏某 1、次子魏某 4、二女魏某 3、三女魏某 5、四女魏某 2……5. 现有财产：房屋伍间，有叁份地树。由于二位老人年老多病，生活不能自理，经以上人员协商达成如下协议。魏某 6 由二女魏某 3、三女魏某 5 赡养，并分得房屋东两间半，地树壹份。吕某由次子魏某4赡养，分得房屋西两间半，地树贰份。

2011年9月17日，魏某4从核桃树上堕落摔伤，造成二级残疾。

2012年，吕某曾以赡养纠纷将魏某1、魏某4、魏某3、魏某2诉至法院，法院经审理作出判决：魏某1、魏某4、魏某3、魏某2自2012年12月1日开始每人轮流赡养吕某两个月。

2015年1月7日，委托人：魏某6，委托人代表：魏某4与村经济合作社签订《农村土地承包经营权流转委托书》。《农村土地承包经营权流转委托书》载明：一、委托流转土地面积、位置及用途：三岔村社员魏某6将1998年1月1日与村经济合作社签订的散生果树和土地承包合同中的散生果树、土地委托村经济合作社出租给××旅游开发有限公司，总金额为107640元；二、2015年至2020年承包金39000元；三、2020年至2025年承包金42900元；四、2025年至2028年承包金25740元。魏某4已领取2015年至2020年的承包金39000元。

一审法院认为，本案案由为法定继承、分家析产纠纷，本案将一并解决各当事人的财产分割问题。

魏某4提供自己书写吕某的遗嘱，不符合自书遗嘱的形式要件，亦不符合代书遗嘱的要件，法院无法采纳。

2009年4月12日，魏某6、吕某在村委会负责人见证下形成关于老人的赡养协议中约定：魏某6由二女魏某3、三女魏某5赡养，并分得房屋两间半，地树壹份。吕某由次子魏某4赡养，分得房屋西两间半，地树贰份。虽然在魏某4腿摔伤后，本案的其他子女亦履行了赡养义务，魏某4受伤后确实发生了关于老人的赡养协议约定之外的情形，但直至吕某去世前，吕某仍然没有撤销该份关于老人的赡养协议，且魏某4系唯一具有村集体经济组织成员身份，故法院仍然认定关于老人的赡养协议的效力，因此魏某4仍然分得房屋西两间半和地树贰份。房屋拆迁后，魏某4取得了××室房屋居住使用相关权益。

对于魏某1、魏某2要求××室房屋居住使用相关权益的四分之一份额归魏某1、魏某2各自享有的诉讼请求，因魏某4取得了××室房屋居住使用相关权益，法院不予支持；对于要求魏某4支付魏某1、魏某2的2012年至2020年承包地流转金、2020年至2025年承包地流转金、2025年至2028年承包地流转金的诉讼请求，因父母已将地树分给魏某5、魏某3和魏某4，法院不予支持；对于魏某4要求位于××村楼房1单元121室的房屋居住使用的相关权益归魏某4享有的诉讼请求，因涉案楼房尚未取得产权证书，法院予以支持；对于魏某4要求土地流转金39000元归其所有的诉讼请求，法院根据其份额支持26000元；对于魏某3要求××室房屋居住使用的相关权益的四分之一份额归魏某3享有的诉讼请求，因魏某4取得了××室房屋居住使用相关权益，法院不予支持；对于魏某3要求魏某4支付魏某3 2012年至2020年承包地流转金13000元的诉讼请求，法院支持6500元；对于其要求魏某4支付魏某3 2012年至2020年承包地流转金3230元的诉讼请求，法院不予支持；对于魏某3要求魏某4于2020年1月1日支付魏某3 2020年至2025年承包地流转金14300元、魏某4支付魏某3 2020年至2025年承包地流转金3575元、魏某4于

2025年1月1日支付魏某3 2025年至2028年承包地流转金8580元、魏某4支付魏某3 2025年至2028年承包地流转金2145元的诉讼请求，因该项流转金未实际发生，法院不予支持，可待实际发生后另行主张；

对于魏某5要求××室房屋居住使用的相关权益的五分之一份额归魏某5享有的诉讼请求，因魏某4取得了××室房屋居住使用相关权益，法院不予支持；对于其要求魏某4支付魏某5 2012年至2020年承包地流转金13000元的诉讼请求，法院仅支持6500元；对于其要求魏某4支付魏某5 2012年至2020年承包地流转金3230元的诉讼请求，法院不予支持；对于其要求魏某4于2020年1月1日支付魏某5 2020年至2025年承包地流转金14300元、魏某4支付魏某5 2020至2025年承包地流转金3575元、魏某4于2025年1月1日支付魏某5 2025年至2028年承包地流转金8580元、魏某4支付魏某5 2025年至2028年承包地流转金2145元的诉讼请求，因该项流转金未实际发生，法院不予支持，可待实际发生后另行主张。

一审法院据此判决：魏某4于判决生效后十日内分别给付魏某5、魏某3 2012年至2020年承包地流转金6500元；魏某4享有2012年至2020年的承包地流转金26000元（已由魏某4领取）；位于××室房屋居住使用的相关权益由魏某4享有；驳回魏某1、魏某2的全部诉讼请求；驳回魏某5、魏某3、魏某4的其他诉讼请求。

二审法院认为，依法成立的合同，受法律保护。2009年4月12日赡养协议系当事人的真实意思表示，合法有效。该协议约定，魏某6由二女魏某3、三女魏某5赡养，并分得房屋东两间半，地树壹份。吕某由次子魏某4赡养，分得房屋西两间半，地树贰份。根据查明的事实，魏某4具有村集体经济组织成员身份。魏某4于2011年9月17日摔伤致残。后人民法院判令魏某4与其他子女轮流对吕某履行赡养义务。在此情况下，吕某生前并未变更或撤销关于老人的赡养协议，协议中亦无关于魏某4未独自履行赡养义务即变更分得相应财产份额的约定，其他子女亦未因此提出变更或撤销该协议的请求，一审法院认定魏某4依协议分得房屋西两间半和地树贰份，并在房屋拆迁后取得××室房屋居住使用的相关权益，并无不当。魏某1、魏某2、魏某3上诉主张关于老人的赡养协议属于附条件的赠与行为，该协议未生效，缺乏事实及法律依据，二审法院不予采纳。魏某1、魏某2、魏某3上诉主张一审判决未对关于老人的赡养协议约定之外的财产进行分割，但本案一审审理过程中各方当事人均未就其他财产提出过争议并明确具体诉讼请求，其该项上诉主张，缺乏依据，二审法院不予支持。

根据本案查明的事实，2015年1月7日委托人魏某6、委托人代表魏某4与村经济合作社签订农村土地承包经营权流转委托书，约定2015年至2020年承包地流转金为39000元，庭审中各方对魏某4已领取上述承包地流转金的事实均无异议。一审法院依据关于老人的赡养协议约定各方当事人所享有的财产份额，判令魏某5、魏某3各享有2020年前的承包地流转金6500元，魏某4享有2020年前的承包地流转金26000元数额正确，但期间应系2015年至2020年，二审法院对此予以纠正。因2020年之后的承包地流转金尚未实际发生，魏某5、魏某3可待实际发生后另行主张。魏某1、魏某2、魏某3上诉要求对2020年之后的承包地流转金进行分配，缺乏事实依据，二审法院不予支持。

综上判决：维持一审判决第4项、第5项；撤销一审判决第6项，即撤销驳回魏某5、魏某3、魏某4的其他诉讼请求。[①]

法律要点

本案的赡养协议中还包含了分家协议，二者相对具有独立性。赡养协议是赡养人之间对赡养义务分担进行的约定，经过被赡养人同意后生效。分家协议是相关财产权利人之间对财产占有、使用、受益、处分权利达成的分割协议，一旦签订即具有法律效力。

1. 赡养协议得到了全面保护

本案的一、二审判决均严格保护了赡养协议的各项约定，协议中没有约定魏某1、魏某2的权利，相关诉请均未受到支持，凸显了魏某6、吕某老两口主导的赡养协议的效力。赡养协议在村委会负责人闫某某、刘某某的见证下形成，协议由老人魏某6、吕某老两口和五名子女共同签署，形式上也很完善，值得学习。

2. 不告不理原则

不告不理原则，是法院审理的基本原则之一，作为民事诉讼法的基本原则，表现为法院审理民事纠纷的范围由当事人确定，

① （2020）京03民终189号。

法院无权变更、撤销当事人的诉讼请求。本案二审中，魏某1、魏某2、魏某3上诉主张一审判决未对关于老人的赡养协议约定之外的财产进行分割，被法院驳回。原因是一审审理过程中各方当事人均未就其他财产提出过争议并明确具体诉讼请求，也未缴纳相关诉讼费，根据不告不理原则，一审未予审理，也就不会在二审法院的审理范围内。

3. 赡养纠纷

本案中，吕某曾以赡养纠纷将四子女诉至法院，法院经审理作出判决：四子女自2012年12月1日开始每人轮流赡养吕某两个月。赡养父母是我国公民的法定义务，是不可以附加任何条件的。即使有赡养协议，在被赡养人需要时，有权要求赡养人付出更多的赡养义务。

赡养纠纷案件的权利主体是老年人，义务主体是老年人的子女或其他具有赡养义务的人。与其他财产案件相比，赡养案件最大的区别是赡养纠纷具有直接的身份属性。根据法律规定，儿子、女儿均是赡养义务人，在赡养纠纷中都是适格被告。但是，儿媳、女婿是否能够成为赡养纠纷被告呢？《老年人权益保障法》第14条第3款规定："赡养人的配偶应当协助赡养人履行赡养义务。"也就是说，赡养人配偶有法定的协助赡养义务，赡养人配偶因此与被赡养人产生了法律上的权利义务关系，是赡养纠纷的适格被告。

风险提示

赡养协议通常涉及赡养义务的划分以及与之相对应的家庭财

产划分、处分，协议中既有利益区分还有亲情纠葛，一旦遇到拆迁、征地等重大利益诱惑，容易产生纠纷，所以，在协议中应尽可能对各种情况约定清楚，最好请律师等专业人员提供帮助。

解决赡养协议纠纷需要注意：（1）赡养人及其配偶可以作为共同被告，因赡养人配偶为必要共同被告，被赡养人不得单独以赡养人配偶为被告提起赡养诉讼，不能单独割裂义务人，越过赡养人而直接起诉赡养人配偶；（2）如果赡养人早逝，除了被赡养人与赡养人配偶订立有遗赠扶养协议①，其配偶一般不可以被列为赡养纠纷的被告；（3）如果赡养人与其配偶离婚了，其配偶不再有协助赡养义务了，也就不可以再成为被告。

案例3：赡养协议被判解除

饶某某（现年82岁）与丈夫育有三子二女，长子陈某1、长女陈某2、次子陈某3、三子陈某4、次女陈某5。五子女为履行好赡养母亲义务，经过共同协商，于2011年9月5日签订《赡养母亲协议书》，协议书第1条约定建立赡养母亲基金，向银行开立账户，各子女每年于固定期限上缴赡养母亲基金金额5000元，赡养基金由陈某5负责财务管理；协议第2条约定母亲住院期间或家中需人照顾，如雇用保姆，其雇用工费每月1000~3000元不等，经兄弟姐妹三人以上（含三人）同意，即可支出使用。协议第3条对饶某某现有住房出售后的价款进行处置，并表示在今后房屋出让价款中对原产权人梁某某（陈某2之夫）补偿2万元，对陈某3垫

① 被赡养人与赡养人配偶订立有遗赠扶养协议：例如，在我国一些农村地区，一些没有儿子的家庭会与入赘家门的女婿签订遗赠扶养协议，以女婿赡养自己为条件而赠与女婿房屋或其他财产。

付1.4万元予以补偿。饶某某及五子女均在协议中签字。协议签订后各子女未按照协议实际履行，长子陈某1于2018年去世。

2017年12月2日，由陈某1牵头，饶某某侄儿饶某1、饶某2（娘舅家代表）及陈某3、陈某5在场参与结算，对饶某某1997年手术费用，以及自2007年至2017年11月各项费用进行结算，开支总额为182363元，5人平均应承担36472.6元。结算单记载，陈某1已投入7.2万元，陈某2已投入1.5万元，陈某4已投入1000元，陈某5已投入3.3万元。并注明"从2008年~2014年妈妈生活应补给陈某3共75600元"。结算清单由饶某2书写，在场5人均签名。

2018年2月11日，经各子女协商将母亲饶某某送入县私人养老院照顾。2017年11月27日至2018年3月20日，陈某3支付饶某某生活费、护理费、医疗费13723.5元。2018年3月20日，陈某4将饶某某从养老院接回案涉房屋居住，陈某3与陈某4签订了"母亲饶某某交接移交单"，从当日起，饶某某随陈某4生活。饶某某于2019年5月、10月先后两次住院，陈某4支付医疗费17774.67元，陈某2交付陈某4被赡养人饶某某生活费、医疗费3000元。

另查明，饶某某自2002年起先后随陈某5、陈某2生活，2007年、2008年跟随陈某3生活，2009年至2018年2月20日，独自生活，日常生活由陈某3管理、照顾较多。

法院认为，子女赡养父母，是中华民族的传统美德，也是法定义务。饶某某年事已高且无收入来源，原、被告作为饶某某的子女，均应履行对饶某某的赡养义务。陈某3基于赡养协议约定和2017年11月前母亲生活费、医疗费等开支的结算约定，对其经手支付的合理部分共计271686.5元，要求各被告承担相应的份额，予以支持。各被告辩解生活费75600元不应计算，陈某2、陈某4辩解未参与清算，不予认可，经法院审查，2017年12月2日的结算票据中并无结算清单注明补偿期间的生活费支出项目，约定饶某某生活费按月900元计算，符合本地生活水准，结算清单效力在证据认定中已作分析，故对被告辩解均不予采信。陈某1已经去世，无赡养义务，陈某3称陈某1家属表示愿意继续承担相应份额，法院不予干预。陈某3自愿要求按照5个子女进行费用分摊，予以准许，故5子女每人应分摊的费用为54337元，其中陈某2已支付1.5万元，陈某4已支付1000元，陈某5已支付3.3万元，故陈某2应支付给陈某3共39337元，陈某4应支付给陈某3共53337元，陈某5应支付给陈某3共21337元。陈某3诉请陈某4支付34980元，低于陈某4应承担的53337元，予以支持。陈某2辩称，实际交付2万元，但未提交证据证明，陈某3亦不予认可，不予采信。2018年3月20日后，饶某某跟随陈某4生活，陈某3无权对陈某4赡养母亲期间费用主张处分，如有争议可另行处理，本案不予审理。

2011年9月5日《赡养母亲协议书》系5个子女与饶某某签订的，经过饶某某同意，系各方真实意思表示，根据《老年人权益保障法》第20条第1款的规定：经老年人同意，赡养人之间可以就履行赡养义务签订协议……该协议合法有效，但该协议签订后各方均未实际履行，庭审中陈某2表示愿意履行赡养母亲的义务，但抗辩协议中的字不是其签的，协议对其不发生效力。陈某4表示愿意履行赡养母亲的义务，但对涉案房屋购房款1.4万元不认可为陈某3垫付，不同意继续履行该协议。陈某5表示愿意履行赡养母亲的义务，但不愿意负责管理财务。陈某3表示陈某1应承担的义务由其和陈某1妻子承担。原、被告方均表示愿意赡养母亲，但协议内容除了规定各子女每年缴纳5000元的赡养费以外，更多约定的是对饶某某现住房屋如何处置分配问题。法院认为，该协议从签订起就未实际履行，协议人之一陈某1已故，原、被告方也明确或者以自己的行为表明不履行协议内容，协议已不具备履行条件，故对陈某3请求各被告继续履行《赡养母亲协议书》不予支持；陈某3请求对垫付母亲购房款1.4万元进行分摊亦不予支持。

综上判决，陈某2支付给陈某3垫付的母亲赡养费39337元；陈某4支付给陈某3垫付的母亲赡养费34980元；陈某5支付给陈某3垫付的母亲赡养费21337元；驳回陈某3的其他诉讼请求。①

法律要点

1. 赡养协议解除的判决理由

本案赡养协议在形式上符合法律的规定，所以法院判决首先认定该赡养协议合法有效。法院基于赡养协议的法律规定，认为该协议从签订起就未实际履行，协议人之一陈某1已故，其余赡养人也明确或者以自己的行为表明不履行协议内容，协议已不具备履行条件，故对陈某3请求各被告继续履行《赡养母亲协议书》不予支持。也就是说，该赡养协议订立时，一是饶某某处分

① （2019）闽0725民初1197号。

房产占据了协议的主要篇幅，二是赡养人基于一种理想，想为母亲建立起一个较为充足的赡养“基金”，而不是基于必要的赡养义务，因自始赡养“基金”就没有建立起来，赡养人对于履行赡养义务又在法庭上作出了庄严承诺，法庭认为陈某3要求继续履行赡养协议确实已无必要，故不予支持。

2. 赡养协议的解除应尊重被赡养人的意见

法院的该判决很可能是正确的，也可能实现了公平正义的法律效果。但在笔者看来，赡养协议一经依法成立，赡养是赡养人的法定义务，赡养人此后协商一致也无权解除，赡养协议的解除还应当尊重被赡养人的意见，如果被赡养人不同意解除赡养协议，赡养协议就对每一位赡养人都继续具有法律约束力。判决书中没有看到法庭征询饶某某的意见，很是遗憾。

3. 赡养协议设计不科学，作用就不会发挥出来

在本案中，虽然各赡养人就履行赡养义务的态度都还是积极的，但对被赡养人饶某某的赡养却很被动。如果赡养人多，加上赡养人的配偶、子女的数量也就更多了，对赡养义务的履行很容易出现不一致而产生纠纷。本案可能就是这种因素导致的赡养人之间的纷争，类似纠纷相对较多，既影响到老年人晚年生活的稳定和质量，也容易造成家庭矛盾和纠纷升级。客观上，赡养协议是解决多子女赡养问题的最佳“尚方宝剑”，有时会成为赡养人平衡孝心与配偶关心难题的钥匙。所以，子女较多的老年人应当早做筹划，本案中既然能够签订赡养协议，事先应当咨询专业律

师，根据家庭情况，利用好强大的保障被赡养权的法律条款，科学设计赡养义务分担，老年人既可以充分享受被赡养权，更可以掌握晚年生活的主动权，又可以利导子女更加和睦相处，乐享生活无忧、子孙绕膝的夕阳红。

另外，本案的《赡养母亲协议书》可能包含有饶某某处分房屋的遗书内容，即使赡养协议被判无效，也不影响该协议中遗书的效力，如果遗书部分是饶某某的真实意思表示，房屋也是饶某某可以处分的合法财产，依法可以视为饶某某的自书遗嘱。

风险提示

如果子女发展尚可，老年人应当充分利用自己的财产安排好晚年生活和身后事。如失智后的人身财产监护和代理、丧葬礼仪、祭奠安排、精神传颂、财富传承、慈善信托等，相关愿望的实现应当咨询律师，避免被骗，避免因相关法律文件无效而留下不可弥补的遗憾。

图书在版编目（CIP）数据

民法典时代如何立遗嘱 / 陈洪忠，陈子钧，邢在峰著. —北京：中国法制出版社，2021. 4

ISBN 978-7-5216-1649-1

Ⅰ. ①民… Ⅱ. ①陈… ②陈… ③邢… Ⅲ. ①遗嘱-继承（法律）-研究-中国 Ⅳ. ①D923. 54

中国版本图书馆CIP数据核字（2021）第024977号

责任编辑 韩璐玮 王紫晶　　封面设计 杨泽江

民法典时代如何立遗嘱

MINFADIAN SHIDAI RUHE LI YIZHU

著者/陈洪忠，陈子钧，邢在峰

经销/新华书店

印刷/三河市国英印务有限公司

开本/710毫米×1000毫米 16开　　印张/18 字数/168千

版次/2021年4月第1版　　2021年4月第1次印刷

中国法制出版社出版

书号 ISBN 978-7-5216-1649-1　　定价：68.00元

北京西单横二条2号 邮政编码100031　　传真：010-66031119

网址：http://www.zgfzs.com　　**编辑部电话：010-66071862**

市场营销部电话：010-66033393　　**邮购部电话：010-66033288**

（如有印装质量问题，请与本社印务部联系调换。电话：010-66032926）